死生学年報

2021

● 臨床死生学の意義

東洋英和女学院大学
死生学研究所編

目　次

2

目　　次

〈論文〉

戦時講話『死ぬということ』
——第一次世界大戦時の A.E. ホッヘの死生観——

松下　正明

はじめに

　2020 年の死生学研究所の連続講座として、本タイトルで講演を行った。2019 年の日本精神医学史学会での講演（松下 2019）を基底にしたものだが、2019 年の講演が死生学研究所の山田和夫所長の目に留まり、死生学に密接に関連する話題であるという理由で、今回の連続講座に指名された次第である。精神医学史学会での講演は学会機関誌『精神医学史研究』で論文化（松下 2020）しているので、本稿はそれらの講演や論文と重複するところが多いが、ここではできるだけ死生学の問題として論じてみたい。

　A.E. ホッヘ（Alfred Erich Hoche）は、20 世紀前半における司法精神医学の専門家として、ドイツ精神医学界の重鎮であった E. クレペリンの疾患単位論を否定して症状群学説を提唱した者として、S. フロイトへの厳しい批判者として、長年にわたってのフライブルク大学精神科教授として、第一次世界大戦後のヴァイマル体制時の 1920 年、法学者の R.A. ビンディングとの共著で、著書『生きるに値しない生命の抹殺を認める』（以下、「生きるに値しない生命の抹殺論」）を刊行し、1930 年代のドイツ第三帝国におけるヒトラーの精神障害者の安楽死政策の理論的根拠を提起した者として、精神医学史上よく知られた人物である。

　そのホッヘが、1918 年 11 月 6 日、第一次世界大戦の終戦直前に、フライブルク大学内で、「死ぬということ」という市民向けの戦時講話を行ったが、その講話、つまり、ホッヘの死生観が、精神障害者を生きるに値しない生命とみなし、その抹殺的安楽死を勧めた「生きるに値しない生命の抹殺論」に先駆する思想として位置づけられるという仮説を述べることが本稿の目的である。

1. ホッヘの略伝 (Degkwitz 1987；Seidel 1999；松下 2020)

ホッヘの簡単な略歴を紹介しておく。

ホッヘは、1865 年 8 月 1 日、ドイツ、ザクセン州のヴィルデンハイムで生育した。父親は牧師であった。ベルリン大学、ハイデルベルク大学で医学を学び、1888 年に卒業、ハイデルベルク大学の小児科助手となった。1890年、同大学精神科の C. フュルストナー (1848-1905) 教授から誘われて、精神科の助手となった。1891 年、フュルストナーは、ストラスブルク大学教授に転任することになり、ホッヘもそれに伴って、医長として同大学に赴任することになった。同年、精神医学の教授資格をとり、私講師となり、8 年後の 1899 年、員外教授に任命された。

1902 年 10 月 1 日、フライブルク大学精神科の正教授に任命された。ホッヘ 37 歳のときである。爾来、1933 年 9 月 30 日、68 歳で、退任するまで、31 年間にわたってフライブルク大学教授の職を続けた。この間、1914 年 7月、第一次世界大戦が勃発し、1915 年、戦争で子息を失った。1918 年 11 月、ドイツ帝国の敗戦によって大戦は終末を迎えるが、その間、ホッヘは、銃後にあって、大学教授として、市民への戦時体制を支えることになる。また、1917 〜 18 年、ドイツ祖国党のバーデン地区の責任者になった。

戦後のヴァイマル体制時代のホッヘは、1920 年、ビンディングとの共著で上記した著書「生きるに値しない生命の抹殺論」を刊行するが、その後、専門分野では、司法精神医学関連論考が比較的多く公刊された。しかし、学問的にはとくに目ぼしい業績はなく、1920 年代は、政治的活動については不詳だが、それまでの大学教授としての仕事を淡々と続けることに終始した。

また、ホッヘは、精神科医としての活動以外に、詩人や小説家として文学活動を行っていたが、その活動は 1920 年代に目立ったようである。彼のペンネームは、アルフレート・エリック。詩集・小説としては、『ドイツの夜』(1921)、『馬鹿げた遊び、新ドイツからの光景』(1921)、『無神論者の死』(1923) がある。

ヒトラーが政権を奪取した 1933 年、妻がユダヤ人であるという理由もあって、ホッヘは、自ら大学教授を辞することになった。その後、バーデン・バーデンで余生を送っており、その間、自伝『年輪』を著している。

1943 年 5 月 16 日、逝去。享年 77 であった。

2. フライブルク大学時代のホッヘ

　フライブルクは、ドイツ南西部の、ライン川上流に位置するバーデン地域にある旧都である。また、フライブルク大学は、1457 年に創立されたドイツでも伝統ある名門大学で、人文・社会・自然科学の分野で数多くの著名な人物を輩出している。ちなみに、ホッヘが在籍した 1902〜1933 年の時期、大学教授の同僚には、哲学者の H.J. リッケルト（在籍 1896〜1915）、E.G.A. フッサール（在籍 1916〜1928）、歴史家の F. マイネッケ（在籍 1906〜1919）がいた（Seidler, 1991）。

　30〜40 代のホッヘは、かなり積極的、活動的な学者であった。フライブルク大学に赴任してからすぐに、学内でも頭角を現わした。1905〜06 年、医学部長に選ばれ、1910〜11 年には学長に就任、1913〜14 年、再び、医学部長に任じられている（Seidler 1991）。

　フライブルク大学医学部の精神科は、1884 年に設置された。初代の教授は H. エミングハウス（1845–1904）（在籍 1886〜1902）、第 2 代がホッヘ（在籍 1902〜1933）であった（Degkwitz 1987；Seidler 1991）。

　筆者は、ホッヘの精神科医時代を、以下の 4 つの時期に分ける。

　1）1890 年から 1902 年までのストラスブルク時代、彼の学問的関心は、神経解剖学、神経病理学、精神生理学、司法精神医学であり、とりわけ、司法精神医学領域では、彼の編集で、『司法精神医学ハンドブッフ』が刊行された。『ハンドブッフ』は、1901 年に初版、1909 年に第 2 版、1934 年に第 3 版が刊行され、当時の司法精神医学の標準的な教科書として評価が高かった。とくに、第 3 版は、当時のドイツ司法精神医学の主要なメンバーが執筆陣に加わり、ホッヘの『ハンドブッフ』として、洛陽の紙価を高めた。日本では、その一部である「刑法、刑事訴訟法」の項が荻野了によって全訳され、精神神経学雑誌に 10 回に分けられて掲載されるほどであった（1937〜1938 年）。2）1902〜1913 年、フライブルク大学教授赴任から第一次世界大戦の勃発までの時期、3）1914〜1918 年、第一次世界大戦の時期、後述するように、愛国者としての側面が明らかになった時期でもある、4）1919〜1933 年、世界大戦の終焉後、ヴァイマル体制期からヒトラーが政権

を奪取するまでの時期で、この間は、精神医学の面ではほとんど業績をあげることはなかった。

　とくに第2期は、精神医学一般、臨床精神医学、精神病理学などと一括できるような精神医学固有のテーマを論じ、精神医学における臨床・研究においてもっとも充実し、ドイツ精神医学界ではトップランナーとして認知されるようになった時期である。この時期での代表的な論考は、1912年に公刊された「精神医学における症状群の意義について」、およびそれに先駆した1906年のドイツ精神医学医学会での、クレペリンの疾患単位論を批判・否定した講演である（松下2017）。

3. 第一次世界大戦時代のフライブルク

　1914年6月28日、オーストリア＝ハンガリー帝国の帝位継承者フランツ・フェルディナント大公夫妻がサラエボで暗殺されたサラエボ事件が発生、7月危機を経て、同年7月28日、オーストリア＝ハンガリー帝国がセルビアに宣戦布告して、いわゆる第一次世界大戦が始まった。ドイツ、オーストリア＝ハンガリーに、最終的にはオスマン、ブルガリアが加わった中央同盟国とフランス、イギリス、ロシアに、ベルギー、日本、イタリア、アメリカ合衆国などが加わった連合国との争いで、当初、1914年のクリスマスまでには終結するとの予想に反し、両者の闘いは、種々の戦役を経て膠着状態に陥り、西部戦線では、中央同盟国と連合国がそれぞれ塹壕を掘って対峙するという状況が続いた。

　第一次世界大戦中、ドイツ南西部にあるフライブルクは、西部戦線といわれるフランス・ベルギーからフランス東部までの長い塹壕の東端近くに位置している。西部戦線に近いということで、フライブルクでは戦争による直接的被害は大きかった。

　1914年だけでも、フライブルク人口の4%にあたる3,388人が死亡した。ドイツ各地での平均よりも有意に高い数値であった（Chickering 2007）。1914年から1918年の間、フライブルク市の人口死亡率は増加し、死は、市内の至るところで体験された。市内の全世帯の6%で戦死者を抱え、家族の誰かに死亡者がみられていた（Chickering 2007）。

　さらに、戦争による兵士や一般市民への被害に加えて、1918年春、アメ

リカに発生した、いわゆるスペイン風邪が、1918 年秋には、ヨーロッパ全体に急速に拡大・蔓延してきた（速水 2006）。フライブルクもそれに巻き込まれ、多数の市民がインフルエンザによって斃れていった（Chickering 2007）。戦争死より、インフルエンザ死の方が数としては多かったといわれる。

　しかし、スペイン風邪の流行・蔓延は、兵士や一般市民に知られると士気に関わるとされ、中央同盟国や連合国ともに、各国では秘密にされていたとされる（速水 2006）。

　このような時期、ホッヘは、大学での要職に就いていたこともあって、フライブルクでの名士として市民の間によく知られるようになり、市民を対象とした市民講座や講演会等に積極的に参加するようになった（Chickering 2007）。そのような銃後の社会にあって、戦争への勝利を願い、戦争継続への意志を強く表明し、いわゆる愛国者としてのホッヘが形成されてくる。

4. ドイツ祖国党

　1917 年 7 月 19 日、ドイツ帝国議会で、多数派（社会民主党が主体）によって、戦争和解の講和を求める「平和決議」が採決された。当時の、戦線の膠着状態、兵士や民間にみられる厭戦ムードなどの影響があった。

　一方、ドイツ帝国議会での平和決議には、全国的にも反対運動が発生し、1917 年 9 月 2 日、東プロイセンのケーニヒスベルクで、ドイツの全面的勝利、反帝国議会を目的として、ドイツ主戦派による大衆組織「ドイツ祖国党」が結成された（山田 1986）。創設の中心となったのは、後のカップの一揆で知られた W. カップであった。この組織は、軍部、政府、保守党、経済界、国粋派団体から支援を受け、1918 年夏には、ドイツ全国で 200 万以上の党員、2,500 以上の地方支部を擁するにいたった（山田 1986）。

　そして、フライブルクでも支部が形成され、その支部長にはホッヘが任じられた。 フライブルクでは、ホッヘは、保守派、愛国者として、帝国議会における平和決議に対する熱烈な反対者として、よく知られていく（Chickering 2007）。

　なお、この大衆組織は、1918 年 11 月のドイツの敗戦とともに、解散されたが、類似の大衆組織が戦後のヴァイマル体制下でも創設され、後のヒト

ラー出現のきっかけとなっていく。フライブルク大学で、ホッへの同僚でも
あったドイツの著名な歴史家 F. マイネッケは、その著のなかで、「ドイツ祖
国党は、ヒトラー出現のための完全な前段階であった」と述べている（マイ
ネッケ 1974）。

5. 戦時講話『死ぬということ』

　1918 年、第一次世界大戦は、膠着していた西部戦線が動き出し、両軍の
激しい戦闘に米軍が加わったこともあり、戦線は連合軍が優位に立ち、ドイ
ツ軍は戦線から後退するようになる。中央同盟国側の劣勢とともに、国内の
中に厭戦気分が横溢するようになり、ドイツでは革命が生じた。1918 年 11
月 4 日に、オーストリア＝ハンガリーが連合国と停戦協定を結び、同年 11
月 10 日、ドイツ帝国のヴィルヘルム 2 世がオランダに亡命、11 月 11 日、
ドイツも連合国と休戦協定を締結することになった。1918 年 11 月 11 日を
もって、ドイツは敗戦、第一次世界大戦の終結とされる。4 年 3 か月余りの
戦争であった。ちなみに、第一次世界大戦では、中央同盟国、連合国合わせ
て、軍・一般人の戦死者や行方不明者は 2 千万人以上、戦傷者を含めると 4
千万人以上の人に損害が生じたといわれる（Berghaln 2009）。
　さらに、上述したスペイン風邪の蔓延による死亡者は、大戦における死亡
者の数倍に及ぶと推定されるほど（速水 2006）、深刻な影響をヨーロッパ
諸国に及ぼすことになった。
　戦争とインフルエンザ流行によって、フライブルクでも、死者の数は激増
してきた。死ぬことは、今や、日常生活ではありふれた現象となってきたの
である。墓地は死者で溢れ、死を悼んで、市内のあちこちで泣き叫ぶ声を聞
くことも普通の光景となった（Chickering 2007）。
　そのような状況のもと、ホッへは、ドイツの敗戦となる日の 5 日前の
1918 年 11 月 6 日、フライブルク大学で、市民向けの戦時講話を行った。
タイトルは、『死ぬということ』（Hoche 1919）であった。

　講話は、「死が世界を支配している。戦地では、死は、若者や成人を殺め、
銃後の社会では、悪疫の衣を装って、すべての家々の門戸を叩き、女性や子
どもたちの命を奪っていく」という文言から始まる。なお、疫病というのは

おそらく当時流行していたが、一般市民には秘密にされていたスペイン風邪のことであるが、冒頭の文言で、悪疫の衣を装ってと婉曲に述べるだけで、講話のなかではスペイン風邪の流行を語ることはまったくなかった。

　ホッヘの講話は、のちに講話録（Hoche 1919）として 30 ページほどの薄い印刷物として公刊されるが、その講話録は、内容によって、章・項分けがなされるということはなく、最初から最後までのひと続きの文章という構成をとっている。しかし、ここでは、分かりやすく、筆者がホッヘの講話の内容に沿って便宜的に項目分けをし、その項目に従って、以下講話を紹介することにする。

　1）講話の目的は。
　講話は、死と死ぬことを自然科学の対象として語ることを目的とするとし、まず、死の科学的定義をする。そこで、死と生を絶対的に対比するものとみなすことは誤りであることを強調する。身体の組織を考えると、身体の一部が死につつあるときに、一方では回復、新生する組織もある。絶えず進行している死ぬことと一方で新生することとの両方をもった身体によって人間性の全体が創られていく。つまり、死の科学的定義として、死と生を絶対的な対比として捉えることを否定するのであった。

　2）人はどのようにして死ぬのであろうか。
　戦争で身体がばらばらになって死ぬこともあれば、脳の一部の延髄の傷害で呼吸や心臓が止まることもある。結局のところ、死ぬことの過程にとって、心臓と呼吸が決定的である。意識はまったく必要ではない。有機体全体が同時に死ぬわけではない。身体のある部分は心臓より先に死ぬこともある。しかし、「死ぬ瞬間」とされる時間は、心臓の停止と同じとするということにされている。

　3）死に際して、人は何を経験するのだろうか。
　死に際して、意識はまったく明瞭であるというのは間違いである。死に際して、意識や痛みがなくなるのが普通であるし、死に際しての顔貌を素人なりに解釈するのも間違いである。実際の死では、痛みも意識もない神経の急激な切断は一般に痛みを伴わない。溺れ、首つり、墜落から助かった人の報

告でも、苦しみは何もなかったという。また、死の際、昔の生活が思い出されると言われているが、空襲で死にかけた人の経験ではそんなことはなかったという。生々しい情動、怒り、不安、興奮、身体的痛みは意識には上ってこないという現象はよく知られており、戦争での経験でもそうである。

「死との闘い」を経て死に至ると通俗的にはいわれているが、それも否定的である。

4) 人は、死ぬことをどのように理解しているのだろうか。

人は、生の苦しみを乗り越えて、死の安らぎの世界に行くことを望んでいる。

死が、居心地の良い時間を過ごすという確信した目標として理解されているのかどうか、あるいは、擦り剥けた肩から長期間着けていた軛を外す目標として理解されているのかどうか。よりよき生への移行が迫っているという内的確信をもつ者たちこそがもっとも穏やかに死ぬことになる。

戦地で、多くの戦士たちの死への準備は何に依っているのかという問いは私たちにも関心が深いが、多くの戦士たちは、上述したような死の理解で、生への執着を捨て、死への準備をしていると思われる。

5) 人は、死に際して、何を怖れているのだろうか。

身体的痛みでもないし、死が未経験であるという理由でもない。怖れることに関して、2つの不安がある。1つは、生の終わりは、自我の完全な否定であり、「魅力ある生、現存在の美しい習慣」を放棄することであるから、そのことへの不安であり、2つは、死後の世界で生じることへの不安、個人の生が死後の世界でも連続しているかどうかという不安である。

死後の世界については、原始時代から、様々な見方、考え方があった。古代人の埋葬物をみると分かるように、個人の生が死後の世界でも続いているという考えである。人の個人性が死後の世界に続いていることの人間の表象の種類は多い。

煉獄、天国、古代ゲルマン人の戦死者の霊が住むという宮殿。これらの場所は、生への意欲、死への不安において、自己を否定したくないことへの表現形態であったともいえる。

このように、これらの不安が解消されれば、死を恐れることはないという

のがホッヘの講話での中心的テーマであった。

　6）何故、人は自らの自由意志で死を選ぶのだろうか。
　最後に、ホッヘは、自殺のことに触れる。とくに、冷静で思慮深い人が、是非の判断を熟慮の上で、自由意志による死を選ぶことがある。そのような自死の形態を清算自殺とホッヘは称するが、その理由として、繊細な精神にとって、世界の卑劣な人間、嘘や中傷・誹謗の増加に対して、また理性的な世界秩序への信頼が動かされることに対して、その重圧に耐えられないのだろうが、しかし、たとえそうであっても自殺は絶対に避けなければならない。

　ホッヘは、以上のことを述べたうえで、以下のように結語する。現在、死の意味を理解することは、生の意味を理解すると同様、空しい努力に終わっている。しかし、死に際して大事なことは、死の意味を理解することである。若者たちが戦地で死ぬことを嘆いてはならない。たとえ生の期間が短くても、正しく生きてきた生はそれ自体価値を有していると思うことが死を理解することでもある。

　ホッヘの講話を簡単に要約したが、彼の主張は、戦時中のドイツにあって、戦地にいる、あるいは戦地に向かう若者たちの「死と死ぬこと」の意義を、一般市民に語ることであり、とくに、これまでの短い生を正しく生きていれば（明白に記述しているわけではないが、ホッヘの講話全体の印象からいえば、ホッヘにとって、正しく生きることは、戦争でドイツの勝利のために戦うことを意味しているように思われる）、若くして死ぬことを怖れる必要はない、死には意味があり、それを理解することが大事であると訴えることであった。
　ホッヘの講話の背景には、大戦での徹底抗戦、反平和決議という、ドイツ祖国党の幹部としての、あるいは、20世紀初めから1918年までの時期、ヨーロッパで全盛期を迎える保守的愛国者、ナショナリストとしての思想があり、それに基づく戦時講話であった。少なくとも、精神科医としての戦時講話『死ぬということ』ではなかった。Chickeringは、その著（Chickering 2007）のなかで、ホッヘの講話は、愛国者による政治的遺言のように思わ

れると記している。筆者に言わせれば、自らの死生観という形をとりなが
ら、愛国者による、「政治的戦意昂揚」を促した講話のように思われる。

6.『生きるに値しない生命の抹殺論』(Binding and Hoche 1920)

　第一次世界大戦後、ドイツはいわゆるヴァイマル共和国となるが、敗戦国
ドイツに課せられた莫大な賠償金、急激なインフレ、国家財政危機、失業者
の激増、反ボルシェビズムや反ユダヤ主義の拡がり、政党間の権力闘争、革
命勢力と反革命勢力との激しい闘い、政治不信など様々な社会不安が生じて
くる。

　その流れの中で、ナチス党の創設と発展、ヒトラーの台頭、第三帝国の成
立が促されてくるが、そのヴァイマル体制が確立し始めた 1920 年、法学者
ビンディング（刊行時、すでに故人であった）と精神科医ホッヘの共著で、
『生きるに値しない生命の抹殺論　その基準と型式』(Binding and Hoche
1920；森下／佐野 2001) が刊行された。

　後に、第三帝国、ヒトラーの指示のもとで精神障害者等の安楽死（虐殺）
政策が施行されるが、この著作はその理論的根拠として、利用されることに
なり、20 世紀の精神医学の歴史上、汚辱に満ちた著書として位置づけられ
ている。その内容は、森下らの邦訳と解説（森下／佐野 2001）などによっ
て、遍く知られているし、筆者もこの著作に関して詳しい解説を行った（松
下 2020：松下 2012）。ここでは、その要点のみを記す。

　本書は 2 部構成で、第 1 部は、ビンディングによって記載された「法学
者による解説」、第 2 部は、ホッヘによって記述された「医師による見解」
である。

　ビンディングによると、法的に殺害（安楽死）が許される対象には、3 つ
のグループに分けられる。

　第 1 は、重篤な疾病で、治療不能で、助かる見込みがなく、自分の状況
　　を完全に理解したうえで、その状態からの救済としての死を望む者、
　第 2 は、治療不可能な知的障害者で、生存意思も希死意識もない者、
　第 3 は、精神面ではなんら問題はないが、瀕死の重傷で意識を失った者
　　である。

　ビンディングは言う。ある人の死が、当人にとっては救済であり、同時

に、社会や国家にとっては重荷からの解放を意味するという事態が存在することには疑う余地はない。価値に溢れ、生きようとする強い意志や大いなる力に満たされている生命をわれわれはどんなに失ってきたことか。それに比し、生きるに値しない生命を長びかせ、自然がなんら憐みをかけることなくゆっくりと存在の最後の可能性を奪いとるまで支え続けるとは、われわれは労働力や忍耐や財産の浪費をいかに無駄遣いしていることか。

ビンディングにとって、生きるに値しない生命の抹殺を許す最大の理由は、その生命の者には、生存意思や希死意識が欠如しているからであるとする。

ホッヘもまた、「医師による見解」において、ビンディングの治療不可能な知的障害者からなる第2グループに属する者の生命を存続させることは社会にとっても、その担い手である本人自身にとっても、いかなる価値もないという。なぜならば、彼らは、「精神的な死」の状態にあるからである。彼のいう「精神的な死」とは、外観的には、異様な身体的特徴、あらゆる生産的な能力の欠如、第三者による扶助を必要とする完全な無力状態で、内面的には、脳の器質的な損傷のために明晰な観念や感情、意志の動きが生じないこと、意識の中で世界像を呼び起こす可能性がないこと、環境世界に感情的にかかわることができないこと、自己意識が欠如し、主観的に生きたいと訴えることができないことが特徴である。

ホッヘもまた、ビンディングと同様のことを述べる。重度知的障害者の養護、介護のために、国は、非生産的な目的のために、国民財産から莫大な金額を費やしていることを数字で列挙して、国家全体の利益に比べれば、個々人には存在意義はないという意識、無駄な仕事を放棄して利用できるすべての力を結集すべきだという義務感、困難で心の痛みをともなう事業への参加こそが人のとるべき最も責任ある行動にほかならない。そのためには、精神的に死せるもの者への同情は間違いであるとする。

『生きるに値しない生命の抹殺論』においては、ホッヘは、ヴァイマル共和国における財政上の危機的状況の解決のために、「精神的死」という概念を持ち出して、安楽死という名目での知的障害者の生命の抹殺を強く勧めることになる。つまり、ホッヘの思想には、まず国家の危機的状況があり、その解決のために、「精神的死」という理由づけで、知的障害者の抹殺を正当化するというのがその根幹にあった。そこには、精神科医としての知的障害

者を含めた精神障害者への理解、共感がまったく欠けていた。ここにもまた、精神科医というよりは、ナショナリスト・愛国者である立場からの思想が優先されることになる。

　まさに、この観点において、1918年の講話「死ぬということ」におけるホッヘの死生観は、1920年の『生きるに値しない生命の抹殺論』に連続しているといってよい。

7. 愛国者としてのホッヘの死生観

　ホッヘが、戦時講話「死ぬということ」で主として論じたかったことは、死に際して大事なことは、死の意味を理解することである。若者たちが戦地で死ぬことを嘆いてはならない。たとえ生の期間が短くても、正しく生きてきた生はそれ自体価値を有していると思うことが死を理解することでもあるということであった。

　大戦における戦死、スペイン・インフルエンザによる病死が、フライブルク市内で充満しているときに、一般市民に対して、死を怖れるなというよびかけはそれなりに了解できるが、しかし、講話の全体の流れからみると、ホッヘの主張は、大戦におけるドイツの勝利に向けて徹底抗戦をしよう、若者たちは死を怖れずに戦地に赴いてほしいという、ナショナリスト・愛国者としての戦意昂揚のようにみえる。少なくとも、精神科医としての、大学教授としての立場からの講話ではなく、ドイツ祖国党の幹部としての、死ぬことは「お国のために」という訴えが根底にあるような講話であった。

　個人の死生観は、人が置かれた時代、社会、状況によって、種々変わるものである。第一次世界大戦末期に「死ぬこと」と題された戦時講話の中で表明されたホッヘの死生観が、彼の一生において、若年時より老年期に至るまで、一貫して同じ内容で保持されていたとは考えにくい。おそらく、子息を失うという事実を含めた戦時体験、長引く膠着状態による戦争観、ドイツの勝利を願っての徹底抗戦、反平和主義という愛国者、ナショナリストとしての理念が、第一次世界大戦に対して抱くホッヘの思いや感情を支配し、それによって、その時期の彼の死生観を形成していったとみるのが自然であろう。

　しかし、ホッヘがそのような死生観を抱いたこと自体には、個々人の問題

でもあり、批判することはできない。また、講話のなかで、お国のためなら死を怖れずに戦地へと戦意を昂揚させたとしても、終戦数日前の講話でもあり、実効性は何もなかったに違いない。ただ、非常に悲劇的となったことは、その講話の背景となった愛国者・ナショナリストとしての理念、そしてそれに基づく死生観が、戦後にも残存し、1920年の悪名高い著作『生きるに値しない生命の抹殺論』に継続され、その15〜20年後のヒトラーによる、安楽死という名のもとに知的障害者、精神障害者を抹殺するという施策の源泉となったことである。ホッヘの個人的な死生観の基底にはあまりにも一方的な愛国者・ナショナリストとしての姿勢が存在したために、そのことが20〜30万人の精神障害者を死に至らしめたことの一因になったことは、後世の精神科医としては、ホッヘの死生観を批判するだけでなく、自らに課せられた問題として、厳しく自覚しておく必要がある。

参照文献

Berghaln, V. 2009: Der Erste Weltkrieg, München, CH Beck（フォルカー・ベルクハー
ン 2014：『第一次世界大戦　1914–1918』鍋谷郁太郎（訳)、東海大学出版部）

Binding, K and Hoche, A. 1920: Die Freigabe der Vernichtung Lebensunwerten Le-
bens. Ihr Mass und Ihre Form. Berlin, Berliner Wissenschafts Verlag（邦訳：森
下直貴／佐野誠 2001）

Chickering, R. 2007: The Great War and Urban Life in Germany. Freiburg, 1914–
1918. Cambridge, Cambridge Univ. Press

Degkwitz, R. 1987: Chronik der psychiatrischen Universitätsklinik Freiburg i.Br.
1886–1986. Neuss, Janssen

Hoche, A. 1919: Vom Sterben, Kriegsvortrag gehalten in der Universitat am 6.No-
vember 1918. Jena, Gustav Fischer

Seidel, W. M. 1999: Alfred Erich Hoche. Lebensgeschichte im Spannungsfeld von
Psychiatrie, Strafrecht und Literatur. München, Verlag der Bayerischen Akade-
mie der Wissenschaften

Seidler, E. 1991: Die Medizinische Fakultät der Albert-Ludwigs-Universität Freiburg
im Breisgau. Berlin, Springer

速水融 2006：『日本を襲ったスペイン・インフルエンザ―人類とウイルスの第一次世
界大戦』藤原書店。

マイネッケ、F. 1974：『ドイツの悲劇―考察と回想』矢田俊隆（訳)、中公文庫、中央
公論社（Meinecke F.: Die Deutsche Katastrophie, 1946）。

松下正明 2012：「アウシュビッツの後で Well-being を論じるのは野蛮である」『生存
科学』23A: 11–36。

松下正明 2017：「1912 年 5 月 30 日、キールにて―Hoche の症状群学説提唱の経緯」『精
神医学史研究』21：78–84。

松下正明 2019：「戦時講話『死ぬということ』」第 23 回日本精神医学史学会（岡山市)。

松下正明 2020：「アルフレート・エリック・ホッヘ―「死ぬということ」から「生き
るに値しない生命抹殺論」」『精神医学史研究』21: 155–163。

森下直貴／佐野誠 2001：『「生きるに値しない命」とは誰のことか―ナチス安楽死思想
の原典を読む』窓社。

山田義顕 1986：「ドイツ祖国党　1917–1918」『大阪府立大学人文学論集』4: 17–30。

Wartime Lecture "On the Dying":
A. E. Hoche's View of Life and Death in the Great War

by Masaaki MATSUSHITA

Alfred Erich Hoche (1865–1943) was a professor of psychiatry of the University of Freiburg and a chairman of the German Fatherland Party in the district of Baden. As a conservative nationalist, he delivered the wartime lecture "On the Dying and Death" tothe general population at the University of Freiburg on the 6th of November in 1918.This was amidst the Great War and the pandemic of the Spanish Flu. This lecture included some themes such as various experiences in the course of dying, an understanding of dying and death, and the fear of dying and death. He emphasized the idea that one need not be afraid of dying and death if one would live with the thought of overcoming suffering and then hoping to go on to a peaceful world after death.

In this article, the author explains how this lecture seemed to inspire young men to start to the front of the war without fear of death. Roger Chickering (2007) mentioned that this lecture sounded like a nationalist's political testament. Furthermore, this wartime lecture by Hoche was chronologically and thematically closely related to the book *Die Freigabe der Vernichtung lebensunwerten Lebens* (English title: *Allowing the Extermination of Life that is Unworthy: Its Measure and Form*) written by Karl Binding and Hoche (1920), which was thought to coincide with the beginning of the euthanasia of mental patients in the Third Reich. In sum, Hoche's view of life and death might have been taken as the lead for Hitler's program of the euthanasia.

〈論文〉

ともに悲嘆を生きる
——童謡の時代を振り返る——

島 薗 　 進

1.「ふるさと」と死生観

1.1.「故郷」へ帰るという「うた」

　近代科学が広まり死生観が変化して、死別に伴う喪の文化が失われてい
く。親しい人の死を経験し、葬儀等の儀礼に加わって悲嘆をともにする一子
供がこのような経験をしにくくなっている。すでに 1960 年代にイギリスの
社会人類学者、ジェフリー・ゴーラー（1986（1965））はそのように論じ
ていた。だが、20 世紀のその頃までは、大人も子供もともに悲しい歌を歌
うという機会が多かったように思う。しかし、1980 年代頃からそのような
経験も後退していったのではないか。悲嘆を分かち合う儀礼が後退し始めた
後も、悲しみを分かち合う「うた」はなお力を保持していた。だが、それも
危うくなってきた。

　悲しみを分かち合う懐かしい「うた」には「唱歌」や「童謡」や「歌謡
曲」がある。「唱歌」の例は、高野辰之作詞の『故郷』である。2017 年は
上智大学グリーフケア研究所の名誉所長であり、日本スピリチュアルケア学
会の理事長だった日野原重明先生が 105 歳で亡くなった。私はそのご葬儀
と日本スピリチュアルケア学会の追悼の集いに参加したが、どちらでも「故
郷」が演奏されたり、歌われたりした。日野原先生ご自身が愛好された歌と
いうことだった。

　　　兎追いしかの山　小鮒釣りしかの川
　　　　　　夢は今もめぐりて　忘れがたき故郷
　　　如何にいます父母　恙なしや友がき
　　　　　　雨に風につけても　思い出ずる故郷
　　　志をはたして　いつの日にか帰らん

　　　　山は青き故郷　水は清き故郷

　この歌は 1914 年に『尋常小学唱歌』に掲載された文部省唱歌である。
「唱歌」は明治期以来、国が主導権をもって作り、学校などを通して広めた
もので、道徳的教訓や知識の記憶に役立てようというものも多い（渡辺裕
2010）。

1.2. 古くなった「故郷」

　この歌を歌って涙が出るのは、帰りたいけれども帰れない故郷の美しい自
然と懐かしい人々を思うからだろう。その自然はもう失われているかもしれ
ない。人々ももう世を去ってこの世にいないかもしれない。自分のいのちを
育てた父母や環境、自分のいのちと分かちがたかった大切なものの喪失に思
いをいたすから悲しいのだ。だが、その尊い故郷はまだ残っていて帰って
いける可能性がある。その希望も伝えている。「喪失のうた」であると同時
に「望郷のうた」でもある「故郷」という歌は私も好きな歌だったが、私が
大学生だった 1970 年頃には、この歌は時代遅れで歌われなくなっていくだ
ろうと感じていた。それはまず、豊かな自然環境がある故郷があると感じて
いる人が減っていくだろうということがあった。私自身、東京生まれで 10
歳までは東京で暮らしたが、その間に二つの区の三つの場所に住んだ。三つ
目の住まいはコンクリートの四階建て二棟のアパートの四階だった。10 歳
から 18 歳までは石川県金沢市に住んだ。ここは自然環境が豊かで山や川が
近く、蛙はうるさく、ほたるもいたし、農作物にふれたり、川で泳ぐことも
あった。「故郷」というと東京より金沢という感じだ。もしずっと東京に住
んでいたら、故郷があるとは感じなかったのではないだろうか。

1.3.「故郷」がまた歌われるようになった

　ところが、昨今は「故郷」はどうも人気を取り戻したのではないかと感じ
ている。一つには、東日本大震災と福島原発災害後に「故郷」の歌を聞く機
会が増えた。津波と原発事故で美しい東北日本の自然が破壊された。津波の
被害は自然災害だが、その後に巨大防潮堤ができて景観と生活環境の双方が
悪化したと感じた人は多かった。原発事故がもたらした放射能による環境汚
染は、多くの避難者・移住者を生み出した。「故郷喪失」が嘆かれ、故郷の

自然・人間双方の環境を取り戻すことが願われた。一人一人にとっての故郷というよりも、人間と生き物のいのちを育む環境としての「故郷」が失われていくことを嘆き、その回復を願うという心情がこの歌に託されるようになったのだ。いのちを生み育む母なる大地という意味合いが「故郷」の言葉に込められるようにもなった。

　まったく異なる文脈でも、「故郷」は人気を得ているようだ。上智大学グリーフケア研究所の高木慶子名誉所長によると、今の高齢者世代に限定してのことであるが、死が間近な人が枕元で聞きたいと願う曲のなかで、「故郷」は一、二を争うということだ。そういえば、と思って歌詞を見直すと、一番は自らのいのちの源である自然への感謝、二番は親や家族や同郷の人々とのつながりの確認と感謝と読める。そして三番目だが、「志をはたして　いつの日にか帰らん」というのは、自分の一生を振り返り、自分の人生の総体を受け入れて、世を去る心を定めていくことが示されている。そして、高木慶子シスターは「いつの日にか帰らん」というのは、母のふところに帰るということかもしれないし、大いなるもののもとに帰っていくということかもしれない。いずれにしろ、この歌詞を聞きながら安らぎの場、「魂のふるさと」に行くと感じ取ることができるのだという。故郷を思うことで、死といのちの源が一体のものと感じられていくのだ。故郷喪失が切迫感をもって感じられることで、かえって望郷の念に現実味が高まっているかのようだ。

1.4. 妣が国へ　常世へ

　「魂のふるさと」ということでは国文学者であり、民俗学者であり、詩人でもあった折口信夫が思い起こされる。折口信夫は「母のふところに帰る」というような望郷の念と、日本人の死生観を重ね合わせて捉えようとした。

　1929 年に刊行された『古代研究　民俗学篇 1 』（『折口信夫全集』［以下、全集と略す］第 2 巻、1965）の冒頭に収録された「妣が國へ・常世へ—異郷意識の起伏」は日本・沖縄の民俗文化に見られる円環的、永遠回帰的な時間意識を巧みに表現した名文としてよく引用されるものだ。

　　十年前、熊野に旅して、光り充つ真畫の海に突き出た大王ヶ崎の盡端に立つた時、遙かな波路の果に、わが魂のふるさとのある様な気がしてならなかつた。此をはかない詩人気どりの感傷と卑下する気には、今以

てなれない。此は是、曾ては祖々の胸を煽り立てた懐郷心の、間歇遺伝（のすたるじい）（あたゐずむ）
として、現れたものではなかろうか。

　すさのをのみことが、青山を枯山なすまで慕ひ歎き、いなひのみこと
が、波の補を踏んで渡られた「姙が國」は、われ〳〵の祖（おや）たちの恋慕
した魂のふる郷であつたのであらう。いざなみのみこと・たまよりひめ
の還りいます國なるからの名と言ふのは、世々の語部の解釈で、誠は、
かの本つ國に関する萬人共通の憧れ心をこめた語なのである。(5–6)

　「アタヴィズム atavism」は「先祖返り」「隔世遺伝」などの訳語が与えら
れる用語。予期せぬ時に古い思考や情念が蘇ってくる人間精神のあり方に注
目している。折口は母であるイザナミと異なるこの世にいるスサノオの悲嘆
と、母がいる死者の国に帰りたいという望郷の念に日本人の死生観の原型を
見ようとした。

　宗教から遠ざかり死生観を見失ったかに見え、新たにグリーフケアが求め
られるようになった現代日本人だが、あらためて伝統的な死生観をつかみ直
そうとしているのかもしれない。グリーフケアは伝統的な死生観という資源
をさまざまに活用しつつ、現代人の心のあり方にかなった「悲嘆の文化」を
求めようとしている。

2. 童謡と悲しみ

2.1. 野口雨情と悲しい歌

　「故郷」は唱歌だが、国が国民に供給しようとした唱歌にかわって、子ど
もの心をすなおに表現するような「童謡」の創作が大きな人気を集めた時期
がある。それは、折口信夫が「姙が國へ・常世へ—異郷意識の起伏」を発表
した時期と重なっており、大正時代の半から昭和初期にかけてのことであ
る。

　金田一春彦『童謡・唱歌の世界』（2015）によると童謡の作詞家でもっと
も人気があったのが野口雨情である。『童謡・唱歌の世界』で金田一はこう
述べている。

　　私は愛宕山でNHKの放送が始まった大正十四年（一九二五）から昭

和五年（一九三〇）までの子どもの歌を統計にとってみたが、その結
果、作詞家としては野口雨情・北原白秋・葛原しげるがビッグ・スリー
で、ことに雨情は、中山晋平の曲を得た「雨降りお月さん」「証城寺の
狸囃子」が一位・二位を占め、「あの町この町」「木の葉のお船」「鶯の夢」
も上位に食いこんでいることから、断然、二位の北原白秋を引き離して
いた。(182)

　その野口の童謡の歌詞[1]には、親のない子、みなし子が登場することが多
い。(金田一 2015, 12)
『十五夜お月さん』は下のような歌詞だ。

　　十五夜お月さん　ご機嫌さん　婆やは　お暇とりました
　　十五夜お月さん　妹は　田舎へ　もられて　ゆきました
　　十五夜お月さん　母さんに　も一度　わたしは　逢いたいな

『畑』は次のようなものだ。雨情の故郷である茨城県北茨城市の磯原の情
景を描いたものとされる。

　　お背戸の　親なし　はね釣瓶
　　海山　千里に　風が吹く
　　蜀黍畑も　日が暮れた
　　鶏さがしに　往かないか

　この歌詞について、雨情は生家での経験に根ざしたものだと述べている。
唐黍畑はさわさわと「野分けが吹いて、日も早や暮れようとしておるのに、
鶏はまだ帰って来ない。お背戸（家の裏口—島薗注）の井戸端のはね釣瓶
よ、お前も親なしの一人ほっちで、さぞ、さびしいだろう。私と一緒に鶏
をさがしに行かないかという、気持を歌ったのであります」。(野口 1925,
229)

　故郷から遠くへ去った子どもを主題としたあまり知られていない歌だが
『兎』の歌詞を見てみよう。

兎はどちらへ　ゆきました
　十五夜お月さんに　つれられて　遠い　遠い　お国へ　ゆきました
　お月さんの　お伴をして行ったの
　お月さんに　つれられて　行ったわよ
　兎は　帰って来ないわね
　お月さんの子供になっちゃって　兎は帰って　来ないわね
　お月さんのお国で　ぽったんこ
　よいよい　もひとつぽったんこ
　お餅ついて　兎は　いるんだよ

　『赤い靴』、『青い眼の人形』、『七つの子』（いずれも 1921 年）など、どれ
も子どもが母や故郷から離れている情景が浮かんでくるものだ。死んだ子ど
もを思う歌と解釈されてきた『シャボン玉』（1922 年）も、そう思うからか
悲しみを歌った歌と感じられるだろう。

　シャボン玉　飛んだ　屋根まで飛んだ
　　　　　屋根まで飛んで　こわれて消えた
　シャボン玉　消えた　飛ばずに消えた
　　　　　生まれて　すぐに　こわれて消えた
　風　風　吹くな　シャボン玉飛ばそ

　この童謡の「うまれて　すぐに　こわれて消えた」という歌詞は、死んだ
子どものことを思うものだという。伝記的事実に照らし合わせると、雨情は
最初の妻、ヒロとの間の長女、みどりを 1908 年に生後間もなく喪い、二番
目の妻、つるとの次女、恒子、長男、九万男を 24 年、31 年に喪っている。
これらは作詞の時期とは符合しない。だが、スペイン風邪だけでなく夭折が
多かった時代、子どものいのちの脆さはかなさが念頭にあったというのは確
かだろう。雨情の弟子の古茂田信男は、人々がこれを亡児への鎮魂歌と解し
たのは、まんざら故ないことではないとしている（52）。

2.2. 浄土信仰と「魂のふるさと」の連続性

　折口信夫は「妣が国」のモチーフを広く日本の宗教史・文学史・芸能史・文化史に読み取っていったが、それは仏教にも及んでいる。平安時代以来、影響力を増していく西方極楽浄土への信仰に、「魂のふるさと」への憧憬が宿っていると捉えられる側面があることを示したのだ。1943 年に発表された小説『死者の書』の、作者自身による解説とも見ることができる「山越しの阿弥陀像の画因」という文章がある（折口 1944、1968）。

　「山越しの阿弥陀像」というのは、阿弥陀仏が二つの山の間から上半身を露わにした姿を描いたもので、『往生要集』を著した源信[2]が比叡山で感得したと言われる。山の向こうから阿弥陀仏がやってくるというイメージは、いかにも山が多い日本の風土に合致している。源信は奈良県の二上山の麓にある当麻の出身である。源信が「山越の阿弥陀像」を感得したとき、西方極楽浄土から娑婆世界にやって来る阿弥陀仏を幻視しつつ、また、故郷の当麻の地から西方の二上山の彼方に沈み行く日を幻視したとも捉えることができる。

　当麻寺が建立されたのは古いようだが、八世紀半ばすぎに藤原南家の郎女（いらつめ）、中将姫がここにこもり、「当麻曼荼羅」を織ったとされる。『死者の書』では、中将姫は当麻寺のすぐ北方にある二上山に現出する阿弥陀仏を憧れて当麻寺に身を寄せたが、二上山には天智天皇の皇子である大津皇子の墓があり、その怨霊が宿る場でもあったという設定である[3]。

2.3. 日想観と四天王寺東門

　「当麻曼荼羅」は極楽浄土にいます阿弥陀仏を描いた浄土変相図（浄土曼荼羅）で、周囲には『観無量寿経』が示す一六の観法が描かれている。一六の観法の第一が「日想観」である。『観無量寿経』の現代語訳から引こう。

　　さあ、まわりをキョロキョロ眺めずに、落ち着いて私たちの心の故郷。西の方向に向かうがよい。そのためには今どうすればよいのだろうか。だれでも生まれた時から眼の見えない人でないかぎり、西方に沈み行く夕陽を心に浮かべることができるであろう。その夕陽を心に描き、差別なくだれもが家路に急ぐ西の方に正しく向かい座るがよい。はっき

りとその姿が見えるまで心を集中し、余計なことを考えないようにしなさい。陽が沈もうとして、空から鼓を下げたような姿をしっかりと捉えて、眼を閉じて特別な修行を積む時も、眼を開いて日常の仕事に取り組む時も、その姿をありありと見えるまで続けるがよい。

　　これを日想観の修行と名づけ、第一の精神統一の方法と呼ぼう。(高松信英 2000, 50–51)

　当麻曼荼羅のこの日想観を表した部分は、阿闍世に殺害されたマガダ国王の妃、韋提希が水の彼方に太陽を配する図柄になっている。これが山越の阿弥陀像に変容したのは、日本の地理的条件によるところもある。しかしそれはまた、日本の各地で彼岸中日に行われた太陽を拝する民俗信仰とも関わりがあると折口は述べている。まずは、折口の育ちの地であり、大阪湾からさらに瀬戸内海を望む大阪四天王寺の光景が描かれる。

　　四天王寺西門は、昔から謂はれてゐる、極楽東門に向つてゐるところで、彼岸の夕、西の方海遠く入る日を拝む人の群集したこと、凡七百年ほどの歴史を経て、今も尚若干の人々は、淡路の島は愚か、海の波すら見えぬ、煤ふる西の宮に向つて、くるめき入る日を見送りに出る。(折口 1968, 184)

2.4. 金子みすゞと『燈籠ながし』

　折口は日本人の心に根づいた浄土信仰が、西に沈みゆく日を拝しそこに西方の魂のふるさとを思い描く信仰とつながるものと見なしている。これを夕日への愛着と見なすと、現代日本人の心性にもさほど遠くはないものであることが感じられるだろう。浄土真宗の信仰地域で生まれ育ち、死と悲しみをたたえた童謡歌詞で彗星のように現れ去って忘れられ、1980 年代に再発見され、今も愛好者の多い金子みすゞ (1903–30) の作品を見てみよう。

　最初に童謡歌詞を投稿したのは 1923 年で、西條八十に高く評価され、多くの作品を投稿したが、夫との不和がもとで 1930 年、26 歳で自らいのちを断った。よく知られている作品『大漁』の歌詞は「朝やけ」から始まる。

　　朝やけ小やけだ　大漁だ　大ばいわしの　大漁だ

　　　はまは祭りの　ようだけど
　　海のなかでは　何万の　いわしのとむらい　するだろう。

　光が十分に届かぬ海中は、地下とともに死の領域を表すことがある。アンデルセンの「人魚姫」を思い起こしてもよい。スサノオや稲飯尊が「妣が国」とよんだのは、地下でもあり海中、あるいは海の彼方の死者の世界でもあった。『燈籠ながし』は次のようなものだ。

　　　流した　燈籠は、ゆれて流れて　どこへ行た
　　　西へ、西へと　かぎりなく、　海とお空の　さかいまで。
　　　ああ、きょうの、　西のおそらの　あかいこと。

　金子みすゞの生まれた山口県長門市仙崎は日本海に面する漁村である。家は書店を営んでいて、満20歳になる頃、本店のある下関に移った。この地域は浄土真宗の信仰の篤い地域で、仙崎では毎日のように沈む夕日が見られただろう。そこで、燈籠流しが行われるのはお盆だろうか。死者の魂がいのちの源へと帰っていく、そのことを祈るためにともし火を海に流すのだ。「昨夜」流したともし火は闇に消え、もちろん今は見えない。そして「きょう」の夕方、まっかな夕焼けが現れ、再び闇へと沈んでいく。死者の魂が西方極楽浄土へと、あるいは「妣が国」へと流れ着き、遺された者に夕焼けとなってそのことを知らせに来た、かつて人々はそのように感じたのかもしれない。

3.　たましいの帰る場所

3.1.　夕日とふるさとの「うた」

　西方極楽浄土に流れていく灯を描く金子みすゞの『燈籠ながし』は、童謡の歌詞として創作されたものである。金子みすゞが「西のおそらの　あかいこと」と詠った数年前、三木露風作詞の『赤とんぼ』（1921年）が作詞されている。

　　夕焼、小焼の、あかとんぼ、負はれて見たのは、いつの日か。

山の畑の、桑の実を、小籠に、つんだは、まぼろしか。

十五で、姐やは嫁にゆき、お里の、たよりも、たえはてた。

夕やけ、小やけの、赤とんぼ。とまつてゐるよ、竿の先。

　童謡には「夕焼け」を、また「夕日」や「日暮れ」を題材にしたものが多い。私の家の近所では、午後五時になると、毎日、「夕焼け小焼けで日が暮れて　山のお寺の鐘が成る　御手手つないで皆帰ろ　からすと一緒に帰りましょ」のメロディーが流れてくるが、この歌詞の題は『夕焼け小焼け』（1919 年）で中村雨紅によるものだ。葛原しげる作詞『夕日』（1921 年）には「ぎんぎんぎらぎら　夕日が沈む　ぎんぎんぎらぎら　日が沈む」とある。これらはたぶん「母のいる家に帰る」情景と関わりがある。また、失われた故郷を懐かしむ望郷の心情にも関わりがある。ここには喪失と悲嘆のテーマが潜んでいる、そう感じる人も多いだろう。

　野口雨情にも夕方、家に帰る歌は多い。『あの町この町』(1924 年) は知っている人が多いだろう。

　　あの町この町　日がくれる日がくれる

　　今来たこの道　帰りゃんせ　帰りゃんせ

　　お家がだんだん　遠くなる　遠くなる

　　今来たこの道　帰りゃんせ　帰りゃんせ

『七つの子』はからすの親子を主題としている。

　　烏 なぜ啼くの　烏は山に　可愛七つの　子があるからよ

　　可愛 可愛と　烏は啼くの　可愛 可愛と　啼くんだよ

　　山の古巣へ　行って見て御覧　丸い眼をした　いい子だよ

3.2.『椰子の実』と海の彼方の詩情

　夕日と海の彼方ということでは、島崎藤村（1872–1943）の『椰子の実』（1901 年）があり、大中寅二が曲を付けたのは 1936 年である。童謡ではなく唱歌に分類される。

　　名も知らぬ遠き島より　流れ寄る椰子の実一つ
　　故郷の岸を離れて　汝はそも波に幾月
　　旧の樹は生いや茂れる　枝はなほ影をやなせる
　　われもまた渚を枕　孤身の浮寝の旅ぞ
　　実をとりて胸にあつれば　新なり流離の憂
　　海の日の沈むを見れば　激り落つ異郷の涙
　　思いやる八重の汐々　いずれの日にか国に帰らん　（島崎藤村 1999）

　ここでも望郷の念が海に沈む日と重ね合わされている。この新体詩について、藤村の後輩だった柳田國男（1875–1962）が、晩年の 1959 年に刊行した『故郷七十年』[4] で語っている。21 歳の頃の柳田が体調が悪く渥美半島の伊良湖崎で一ヶ月静養していたとき、海岸を散歩していると、南の島々から流れ着いた椰子の実に出会う。暴風の後などにとくに多い。それが「實に嬉しかつた」という。東京に帰った柳田は、近所に住む藤村にそのことを話した。「そしたら「君、その話を僕に呉れ給へよ、誰にも云はずに呉れ給へ」といふことになつた」という。

　藤村はこの柳田の話にインスピレーションを得たということだろう。『椰子の実』という詩がまとまる背景に、藤村と柳田の双方が伊良湖崎の椰子の実に「海の彼方の魂のふるさと」を連想したという事実があった。すでに記したが、折口信夫が紀伊半島の大王崎で「遙かな波路の果に、わが魂のふるさとのある様な気がしてならなかつた」と感じたのは 1910 年頃のことだった。藤村、柳田、折口の体験と詩的イマジネーションはどこかで通じ合っている。しばらくすると、この「魂のふるさと」への思いは童謡のなかの夕日と「帰るべき場所」の形象に宿るものとなっていった。

3.3.「魂のふるさと」の信仰

　明治維新からアジア太平洋戦争に至る時期に、「魂のふるさと」を喚起する詩的音楽的表現が人々の心を捉えたことを見てきた。だが、これは詩歌を作る文人や文人志望の若者たちだけのことではない。この時代の日本に「魂のふるさと」に深い信仰を寄せる宗教運動が広く展開していたことを思い出したい。近代日本の精神史の底流の一つをなすものと言える。

　たとえば天理教である。今も奈良県天理市を訪れると、そこここに「よう

こそおかえり」の標語が掲げられている。天理教の本部神殿がある場所は人類のふるさとであり、その聖地への参詣は「おぢばがえり」とよばれる。「おぢば」とは「親神が人類を創造された元の地点」（天理大学附属おやさと研究所 2018）とされる。1937 年（天保 9 年）、この地で教祖、中山みきに「元の神・実の神」が宿り、人類救済の道が始まった。この神は、「月日」とか「親神」などともよばれ、唯一神であるとともに、両性の二神としても、宇宙・身体の諸機能を司る十柱の神としても表彰される。

　やがて、1875 年（明治 8 年）、中山家があったこの地は親神が泥海から大地・生物・人類を生み出していったすべての根源の場所であり、人類創造の元の地であることが明かされる。天理教でもっとも重要な儀礼である「かぐらづとめ」は、毎月、26 日に本部神殿で行われる。月日親神による人類創造の神話的場面が仮面をかぶった演者らを交え、再現されるのである。神話的な「原初の時」が世界の中心において具現される。それがまた人類のいのちの源への永遠回帰ともなる（ミルチャ・エリアーデ 1963（1949））。

4. 世界的な同時性

4.1. 明るい童謡もある

　しかし、日本の「童謡」で野口雨情のように悲しみをよびさます詩人（作詞家）の作品が高い人気を保ってきたのはなぜだろうか。もちろん明るい歌もある。たとえば、百田宗治『どこかで春が』と海野厚『おもちゃのマーチ』はともに 1923 年の作品だ。

『どこかで春が』
　　どこかで「春」が　生れてる、　どこかで水が　ながれ出す。
　　どこかで雲雀が　啼いている、　どこかで芽が出る　音がする
　　山の三月　そよ風吹いて　どこかで「春」が生まれてる

『おもちゃのマーチ』
　　やっとこやっとこ　くりだした　おもちゃのマーチが　らったった
　　人形のへいたい　せいぞろい　おうまもわんわも　らったった
　　やっとこやっとこ　ひとまわり　キューピもぽっぽも　らったった

フランス人形もとびだして　ふえふきゃたいこが　ぱんぱらぱん

野口雨情の『人買船』はだいぶトーンが異なる。

人買船に　買われて　行った
貧乏な　村の山ほととぎす
日和は続け　港は　凪ぎろ
皆さんさよなと　泣き泣き　言った

4.2. ロンドンデリーの歌

　悲しみをたたえた歌が好まれるという事態は日本に限ったことではない。アイルランドの都市、ロンドンデリーの名を冠した『ロンドンデリーの歌』のメロディーは日本人でもよく知っている人が少なくないはずだ。この歌がよく歌われるようになったのは、19世紀の末ごろかららしい。さまざまな歌詞がついて、男女の愛の歌にもなり、去っていった息子を思う歌にもなった[5]。

北国の港の町は　リンゴの花咲く町
　　したわしの君が面影　胸に抱きさまよいぬ
くれないに燃ゆる愛を　葉かげに秘めて咲ける
　　けがれなき花こそ君の　かおりゆかしき姿　　（近藤玲二訳詞）

わが子よ　いとしのを　父君の形見とし
　　こころしてしみつ　きょうまで育て上げぬ
古き家を巣立ちして　今はた汝は
　　よわき母の影さえも　雄々しき汝には見えず　（津川主一訳詞）

　そして、1913年にフレデリック・エドワード・ウェザリ（1848–1929）による『ダニー・ボーイ』という歌詞がついて、以後、この歌詞でよく歌われるようになった。1914年には第一次世界大戦が始まっている。

おおダニーボーイ　いとしきわが子よ　いずこに今日は眠る

いくさに疲れた体を　やすめるすべはあるか
おまえに心を痛めて　眠れぬ夜を過ごす　老いたるこの母の胸に
おおダニーボーイ　おおダニーボーイ　帰れ

（なかにし礼　訳詞）

4.3. アリランの歌詞

　『ロンドンデリーの歌』にはさまざまな歌詞が付けられてきたようだ。だが、その基調はともに暮した場を去っていった者への篤い思いだ。喪失の歌であり、去って行った者に共鳴するとすれば望郷の歌とも言うことができるだろう。

　喪失と望郷の歌ということで私がよく似ていると感じるのは、韓国・朝鮮の『アリラン』である。現在、広く歌われている歌詞の『アリラン』が爆発的に広まったのは、1926 年に上映された羅雲奎の映画『アリラン』によるという（宮塚利雄 1995）。だが、その前から「アリラン」のさまざまなヴァージョンが歌われていて、歌詞は地方ごとに書き写されてもきた。といっても、実際には即興的な歌という要素をもっており、次々と替え歌が作られてきたようだ（草野妙子 1984）。草野妙子が『アリラン』とよぶ京畿道地方のアリランがもっともよく知られているものだ（34–25）。

アリラン　アリラン　アラリヨー　　アリラン峠を越えて行く
私を捨てて行く君は　十里も行かずに足が痛む（十里は日本の一里）
アリラン　アリラン　アラリヨー　　アリラン峠を越えて行く
青天の空（夜空のこと）には星が輝き　悲しみ燃える胸の奥
アリラン　アリラン　アラリヨー　　アリラン峠を越えて行く
花が咲き　楽しげに蝶が舞い　小川の水かさが増して谷に渦巻く
アリラン　アリラン　アラリヨー　　アリラン峠を越えて行く
行こう　行こう　急いで行こう　白頭山の麓に　夕日が暮れる
アリラン　アリラン　アラリヨー　　アリラン峠を越えて行く
豊年が来るんだと　豊年が来るのよ　江山の三千里（祖国のこと）　豊年が来るのよ
アリラン　アリラン　アラリヨー　　アリラン峠を越えて行く
青い夜空に　雁はどこへ行く　私の夫の消息を伝えてよ

「喪失と望郷の歌」と言ってよく、悲しみが貴重にある。だが、喜びもある。さまざまな情感を込めて歌うことができる。喜びも悲しみもともに分かち合う歌なのだ。

アリランの歌われ方では、「アリラン峠」なるものがどこにあるのか。「ここがアリラン峠だ」と称される場所はいくつもあるそうだ。そもそも「アリラン」の意味がよくわからない。「越えて行く」までの前半は、もともと意味がない囃し言葉として広まったものとされる。『アリラン』の歌われ方を、草野妙子は以下のように述べている。

　　この歌は二部分に分けられる。前半はくり返しの句で、一般に大勢で歌う。ただ囃し言葉のように歌い、後半の歌詞とは意味のうえで何の脈絡もない。後半の歌詞を引き出すための句である。これに対し、後半のフレーズ（句）は、一般に独唱する。独唱者は、元来即興的にフレーズに合うように歌詞をつくって歌っていたが、現在では、いくつかのすでにつくられた歌詞があって、それらのなかから即興的に選んで歌う。大ぜいのなかから、順番に独唱するのである。(39)

「十里も行かずに足が痛む」というのがもっともよく歌われる句だ。この句は恋人が去ってしまうのを嘆く歌として理解するとわかりやすい。だが、戦争に行く息子たちを送る思う母親の心と解することもできる。こう解釈すると、『ダニーボーイ』とよく似ている。どちらの意味にもとれるのは『ロンドンデリーの歌』に似ている。「十里も行かずに足が痛む」の句について、草野は「それはどういう意味でしょう？」とたずねてみて歩いたという。五十を過ぎた一人の女性の応答は、以下のようなものだった。

　　「故郷を離れて中国や日本に行ってしまう人は、十里も行かずに足が痛むのよ。ふるさとを離れても、心が……ああ、よくわからない。」ものをはっきりと主張する人びとなのに、めずらしく言葉を濁した。そして、再びすごい迫力で歌い出した。(38)

国民と故郷と悲しみ『ロンドンデリーの歌』や『アリラン』にはさまざま

な内容を盛り込めるのだが、それは同じ仲間と感じ合う多くの人びとの共感が背後にあるからだろう。「さまざまな内容」と述べたが、そこにはまず暖かい故郷や親子の情愛あふれる絆の像がある。他方、その絆から離れて去って行った、あるいは旅立って行った人の像がある。その人が帰ってくるのか、長い別離になるのか、永遠の別れになるのか、定かではないが、寂しさがあり、悲しさがある。去って行った者の方に身を置くなら、望郷の念があふれてくる。こうした像や悲しみや哀愁の情緒が大多数の人びとに共有されると感じられていた。

こうしたことが可能だった一つの理由は、アイルランドや韓国・朝鮮が植民地状況にあったからかもしれない。日本の場合、「唱歌」や「童謡」や「歌謡曲」によって、多くの人びとが悲しみや望郷の念を分かち合うことはできたかもしれない。しかし、『ロンドンデリーの歌』や『アリラン』のような歌は思いつかない。かつて韓国人の親しい学者仲間とカラオケや宿舎でよくいっしょに歌を歌った。韓国人の主導で『アリラン』を歌った後に日本側主導で「『赤とんぼ』を歌ったが、この「童謡」は寂しさが目立った。「すごい迫力で歌」うような歌ではまったくない。他方、『故郷』を歌うとすれば、「志を果たして」のところなどで、違和感を伴うのも避けがたいだろう。

『故郷』や『赤とんぼ』、あるいは野口雨情の「童謡」が悲しみと望郷の念をどう捉えるかというところから、20世紀前半の「国民的」な歌について比較文化的な考察に踏み込んでいる。日本の「国民的な歌」の特徴を考えようとしている。ここで役に立つのが、「故郷」という概念の歴史についての考察だ。成田龍一（1998）の『「故郷」という物語』によると、「故郷」の概念が急速にゆきわたるようになったのは1880年代だという。この時期から、東京にいる同じ「故郷」の出身者が中心となり、ときに地元に留まっている者をも巻き込んで、「同郷」の人士が寄り集う機運が高まる。そして、90年前後に数多くの「同郷会」がいっせいに成立していく。

各地の人びとが他の地域と張り合うかのように同士を募りあい、同郷会の設立という形で全国で同時的に故郷意識、同郷意識が顕揚されていく。この場合の「同郷」の範囲は市や町とその周囲の郡といったほどの広がりだ。メンバーは官吏、教育者、医師、軍人、村長、役場関係者、学生といったエリートや地域指導層が主体であり、もっぱら男がその担い手だった。日本という「国」への強い帰属感を前提に「故郷」の意義が強調されている。それ

までも「ふるさと」の意識はあった。だが、新たな故郷の意識は「国民」の意識と強く結びついている。成田は『伊那郷友会雑誌』の 1890 年 6 月に刊行された第四号掲載の「能ク富岳琵琶ヲ貴重トスルト同時ニ能ク龍水駒嶽ヲ愛護スル人コソ　吾人ノ代議士ナレ」との言を引いている。「龍水」は天竜川であり、駒ケ岳の麓を流れる天竜川に故郷伊那の自然の懐かしさを代表させているが、それは富士山・琵琶湖に代表される日本の自然の懐かしさと相互補完的なものと捉えられている。

　同じ時期に石川啄木（1885–1912）は、「故郷の自然は常に我が親友である。しかし故郷の人間は常に予の敵である」と述べていた。啄木の「故郷」、岩手県渋民村は「時代閉塞の現状」として捉えられた 1900 年代の「日本」の縮図でもあった。およそ百年前、小林一茶（1763–1828）は「けふからは日本の雁ぞ楽に寝よ」という句を詠み、「ふるさとは蝿すら人を刺しにけり」とも詠んでいる。一茶も確かにナショナリズム前期的な意識をもっていた（青木美智男 2013）。だが、啄木の「石をもて追はることく　ふるさとを出でしかなしみ　消ゆる時なし」という短歌と比べると、一茶の「日本」はまだ切実さがなく、彼自身が「ふるさと」に抱いた深い悲しみに直結するものではなかった。

おわりに

　日本で多数の童謡が創作され、多くの人々に歌われた時代があった。それは 1910 年代から 1960 年代ぐらいまでのことだろう。この時期は近代化が進み、人口が都市に移住し、人々がふるさとを後にする時代であり、また大規模な戦争が起こった時期でもあった。

　その頃の人たちは、ともに悲嘆を生きるという感覚をもつことが比較的容易だったように思われる。それは国民的な連帯の意識が色濃い時期でもあった。ともに悲嘆を生きるということは故郷喪失と望郷のテーマに惹かれることであった。母のふところを離れ、大都市や戦地でいのちを失うことが予想される時代でもあった。そこには確かに孤独があり、孤独に伴う哀愁がある。だが、帰っていくべき故郷の像を共有することはしやすかったのだった。

　20 世紀の後半を過ぎるうちに、国民的な連帯の意識はかなり薄れていっ

た。今では、共有される故郷のイメージはますますもちにくくなっている。それだけ個人化が進み、連帯の基盤を前提とすることがしにくくなっている。人々はおたがいがまずは他者同士であることを、前提にすることに慣れてきている。

　にもかかわらず、故郷について歌いたいという欲求は多くの人がもっているようだ。人々の孤独が深まり、喪失と悲嘆はこれまでにもまして痛切に感じられるようになっている。そうであればこそ、孤独を癒し慰めとなるような何か、「魂のふるさと」にあたるものを強く求めるようにもなっている。

　そこでは、もはや国民的連帯感は前提とされない。たとえば、2016 年に公開され多くの観客を獲得した映画『この世界の片隅に』では、最初に『ロンドンデリーの歌』のメロディーが流れていた。もしかすると、それは『アメージング・グレース』でも『明日に架ける橋』でも『イエスタディ』でも良かったかもしれない。グローバルに歌われる歌が「魂のふるさと」を想起させる時代となっているようだ。

　ともあれ、歌がもつ力、悲嘆を癒しいのちの源を想起させるうたの力は衰えることはないだろう。人々がともに歌う歌を通して、同時代の悲しみと慰めについて考えていくことができる。そういう時代がこれからも続いていくと思われる。

注

1) 野口雨情についてとくに参考になったのは、古茂田信男 1992、上田信道（編）2005 である。
2) 恵心僧都、942–1017 年。
3) 拙著『日本人の死生観を読む』朝日新聞出版、2012 年、参照。
4) 柳田國男 1971、所収『故郷七十年拾遺』。
5) 二木紘三のうた物語「ロンドンデリーの歌」http://duarbo.air-nifty.com/songs/2007/03/londonderry_air_2799.html. 2017 年 9 月 12 日閲覧。

参考文献

青木美智男 2013：『小林一茶——時代を詠んだ俳諧師』岩波書店。
上田信道（編）2005：『名作童謡　野口雨情　100 選』春陽堂。
ミルチャ・エリアーデ 1963（1949）：『永遠回帰の神話』未来社。
折口信夫 1944：「山越しの阿弥陀像の画因」『八雲』第三輯。
———　1965：『折口信夫全集』第二巻、中央公論社。
———　1968：『折口信夫全集』第二七巻、中央公論社。
金田一春彦 2015（1978）：『童謡・唱歌の世界』講談社文庫（主婦の友社）。
草野妙子 1984：『アリランの歌——韓国伝統音楽の魅力を探る』白水社。
古茂田信男 1992：『七つの子　野口雨情　歌のふるさと』大月書店。
ジェフリー・ゴーラー 1986（1956）：『死と悲しみの社会学』ヨルダン社。
島崎藤村 1999：『島崎藤村詩集』角川文庫。
島薗進 2019：『ともに悲嘆を生きる——グリーフケアの歴史と文化』朝日新聞出版。
島薗進・鎌田東二・佐久間庸和 2019：『グリーフケアの時代——「喪失の悲しみ」に寄り添う』弘文堂。
高松信英 2000：『現代語訳 観無量寿経・阿弥陀経：浄土への誘い』法蔵館。
天理大学附属おやさと研究所 2018：『天理教事典』第三版、天理大学出版部。
成田龍一 1998：『「故郷」という物語』吉川弘文館。
宮塚利雄 1995：『アリランの誕生——歌に刻まれた朝鮮民族の魂』創知社。
柳田國男 1971：「故郷七十年」『定本　柳田國男集別巻第三』筑摩書房。
渡辺裕 2010：『歌う国民——唱歌、校歌、うたごえ』中公新書。

Living Together with Grief:
Looking Back Over the Ages at Children's Songs

by Susumu SHIMAZONO

As modern science has spread and people's views of death change, a shared culture of mourning has been diminishing in Japan. Children no longer tend to experience going to funerals nor do they join in rituals of mourning for people close to them. However, after this initial decline in shared mourning, there still were songs sung with which all could share the common sorrow. Now this, too, may be rare.

In Japan after the Meiji Restoration, the first government attempted to teach children songs and nursery rhymes to share sadness, and in the Taisho Period people composed many nostalgic children's songs which were sung by a wide variety of people of various generations until the 1960s. This was a period when modernization and urbanization advanced and people experienced the loss of having a hometown. It is the author's view that during the last quarter of the twentieth century and after, the sense of national solidarity has been greatly diminishing in Japan. It is not easy nowadays for the general public to have a shared sense of "home". By and by as individualization advances, it may become more and more difficult to have a sense of solidarity with those around one. People may become accustomed to feel that others are distinct individuals from them.

In spite of all these changes, people still like to sing songs in which they yearn for their hometown or country. As loneliness increases and a sense of loss and grief becomes more and more acute, people seem to have a stronger need for healing and comfort. This suggests a perennial yearning for a "homeland of the soul" that might be one cause of the widening interest in grief care.

〈論文〉

「スピリチュアリティの定義」をめぐって
——スピリチュアルケア理論構築に向けての序説——

伊藤 高章

はじめに

　小論の目的は、Christina Puchalski らがまとめたスピリチュアリティの定義を批判的に検討することである。この定義は、スピリチュアリティ理解を診断モデルの枠組みから解き放った画期的な意味をもっており、まずはその意味合いを吟味したい。しかし同時に、この定義が前提とする人間観・ケア観は、現代思想からは様々に批判的検討を加えることができる。それらの批判は、スピリチュアルケアという営みを理論的に構築するための極めて重要な課題を明確にしている。小論においてはそれらの課題を総論的に提示することを目指す。

　Ueno et al.（2010）が提示したように、望ましいチームケアにとって、患者を多面的に理解し多角的にケアすることが必要である。Ueno らの ABC Conceptual Model において Component A とされる Active Care とは、科学的根拠に基づく治療的介入を中心とするケア（Evidence Based Medicine, EBM）である。ここでは、患者の課題を科学的に判断しうる要素に還元して詳しく理解し、論理的・実証的に介入の効果を測定する。デカルト以来の近代的知の成果であり、人類の自然（生命・生理を含む）への理解は飛躍的に高く深くなった。今後もますます自然界の構造理解とそこへの介入技術は進んでゆく。我々すべてはその恩恵に与かっている。

　しかし、EBM の実現を日々目指している現実の臨床現場は、医学的知見の応用問題ではなく、極めて人間的な場でもある。誠実な医療者であればあるほど、現時点で人類が手にしている医学の知識や医療技術は途上であることを知っている。最先端の医療者は、多くの場合、患者に苦しみを与える原因が複雑で奥深く、十分に理解できていないことを知っている。また苦しみ

41

を取り除くためのより良い治療的介入には改善の余地が広く残っており、現在がベストではないことを知っている。医療者にこそ、正解のない問題を抱え続ける能力、十分な成果を得られないことに耐え続ける力、として帚木蓬生（2017）が提示する「ネガティブ・ケイパビリティ」が強く求められている。このような姿勢は、医療における治療的介入だけに限らず、看護・介護、心理臨床、社会福祉、作業療法など、全ての対人援助関係に共通して求められる。

　Active Care は、常に開発途上である介入を、具体的で個別な個人に向けて実施する。現代の生命倫理・医療倫理の議論は、インフォームド・コンセントなどの概念を用いて、完全な正解とは言えない介入を特定の個人に提供するときの、倫理的な指針を提供している。概念上の対等な関係を想定した上で、完全で確実とは言い切れないものを提供し受領する、ケア提供者・対象者双方の、最先端の意思決定が問われていることになる。

　Ueno らの示す Component B とは Base Support である。ケア提供者側の意思決定（治療方針）の根拠は科学によってもたらされる。ケア提供者が提示できるのはその介入によってもたらされるベネフィットとリスクの誠実な提示であろう。しかしこれは、患者の意思決定の必要条件ではあるが、十分条件にはなり得ない。なぜなら、ケア提供者が提供できるのは、Kleinman（1988）が〈疾病 disease〉と呼ぶものに関わる情報である。しかし、患者の自己決定は、生活者としての患者が主観的に感じる〈病い illness〉に関わる決断である。その意味で、このレベルでの議論においては、「患者」という表現は適切でなく、もう一方の意思決定の主体は、病いを抱えながら日常生活を生きる一人の市民とされるべきある。Base Support は、一人の市民が自らの身体症状の改善をもとめて行う、その市民性を賭けた決断を支援する営みである。

　20 世紀の最後の数年、世界保健機関 WHO が健康の定義をめぐって議論をした。その際に示された健康の諸側面は、身体的 Physical、精神的 Mental、社会的 Social、そしてスピリチュアル Spiritual（霊的）であった。Base Support とは、身体的な健康を生きる一人の市民が、生活者として社会の中で過ごす際の側面へのケアである。精神的、社会的健康は、さまざまな理論的理解や指標の開発によって、かなり客観化できる領域も増えてきている。それに対してスピリチュアルな健康は、その市民の価値観・人生観・

死生観と深く関係する主観的側面である。Base Support にとってのスピリチュアルな健康の重要性が徐々に認識されてきている。

　スピリチュアリティ理解、またそのケアは、客観化には馴染まないとも言われており、議論の余地が大いに残っている。以下に紹介する「スピリチュアリティの定義」は、責任を持ちつつケアを提供する医療者が、特に緩和医療の領域でスピリチュアリティをどのように理解すべきについて議論し到達した一つの結論である。チームケアにおける Base Support を充実させるための不可欠な議論であった。

　Ueno らが問題とする Component C は、Community Resources である。医療・社会保障制度、医療を支える製薬や機器の技術またその研究開発、ケアをめぐる司法、社会の眼差しであるメディア、その他ケアを囲む文化・社会・言説すべてが含まれる。小論ではここへの言及は行わない。

1.「スピリチュアリティの定義」（2014）

　Christian Puchalski et al.（2014）によるスピリチュアリティの定義は、次のようなものである。

　　スピリチュアリティとは人間性の力動的で本質的な一側面であり、人は、それを通して、究極的な意味・目的・超越を探し求め、それを通して、自己・家族・他者・コミュニティ・社会・自然・大切にすべきもの・神聖なものとの関係を経験する。スピリチュアリティは、信仰・価値観・伝統・実践を通して表出される。

　この定義は、Ueno らによる Component B すなわち Base Support を成立させる根幹を提供していると言える。看護学における "Life Principle" に相当する概念（NANDA-I 2018）ということもできる。このように定義されたスピリチュアリティは、病いを抱えながら生きる一人の市民が、どのように自己を理解し社会を認識し、現実の厳しさや可能性を見据えるかを理解しようとする視点である。スピリチュアリティをケアすることを通して、治療についての意思決定の主体を整えることがチーム医療の重要な側面である。治療方針について意思決定がなされたとき、そのケアのオーナーシップ

は患者の手に握られるのである。治療を受ける一人の市民が自己決定することは、治療者との信頼関係のもとに成立するものであり、治療者の責任を免ずる事にならない、ということは言うまでもない。

この定義は次のような特徴をもっている。

第一に、機能的である。つまりスピリチュアリティそれ自体について記述するのではなく、これが人間にどのように機能するかを語る。

第二に、広義の解釈学的な性格を持っている。ここでスピリチュアリティといわれているのは、個人が世界と関わるときに不可避的に機能する解釈のコードと捉えられている。出来事を理解するときの枠組みであり、身体感覚を導く感受性でもある。各自が独自な解釈コードを持ち誰一人としてそれから自由な者はいない。すなわち、人間が他者・出来事・情報と解釈的・感覚的に関わっていることの中に、スピリチュアリティが根本的に機能していることに注目している。

第三に、シンボリック／象徴的である。上記の解釈コードは、必ずしも論理的構成を持っているわけではない。「信仰・価値観・伝統・実践」がスピリチュアリティだと言っているのではなく、これらはスピリチュアリティの象徴的な「表出 expression」なのである。したがって、表出である「信仰・価値観・伝統・実践」を論理的な暗号解読のコードとして、ある個人が「究極的な意味・目的・超越」「自己・家族・他者・コミュニティ・社会・自然・大切にすべきもの・神聖なもの」をどう経験しているかを分析できるわけではない。患者・ケア対象者とされるケアの焦点となっている人（Focus of Care, FC）にとってもケアを実践しようとする人（Care Practitioner, CP）にとっても、スピリチュアリティはシンボリック、すなわち多義的・喚起的で相互的な関係性を持つ事になる。シンボルの深みは、スピリチュアリティが認識に関わるだけでなく、感性すなわち五感の感度、美意識や浄不浄の感覚そして身体感覚にまで影響を及ぼすとことを示唆する。パーソナルスペースの感覚、身体接触の許容度にまで影響を及ぼす。経験は、CP の分析によってではなく、FC 自身の〈語り〉を通して開示される。

「スピリチュアリティの定義」をこのように理解した上で、CP による FC 理解、すなわちスピリチュアルケアについて考える。言語学者や文化人類学者が native point of view を理解するときの etic と emic の概念に注目する（Pike 1993）。Phonetics からの造語である etic は、Phonemics からの造語

である emic と対比される。Phonetics が言語を構成する科学的に分析しうる客観的な音素の研究であるのに対し、Phonemics は、ある特定の言語体系の中における音の区別に関わる。例えば、日本語においては、phonetic には異なる [l] と [r] の区別、[p] と [pʰ] の区別は厳密には意識されず、phonemic 上は同じものと扱われる。すなわち、etic とは客観的な分類を意味し、emic とはある特定の文化伝統の中での現象の認識枠組み、もしくはある文化的解釈的コードを経ての経験の枠組みである。

これを応用するならば、スピリチュアリティとは emic な世界経験解釈の枠組みということができよう。したがって、Puchalski の定義に基づくスピリチュアルケアとは、解釈コードを共有もしくは深く理解する CP による、FC の抱く emic な世界認識・状況理解・経験の意味づけや味わいに寄り添う営み、と読み解くことができるであろう。そこでは、CP の知的な FC 理解だけでなく、感情の動きや身体感覚も動員されることになる。

新たな視点を豊かに提示している「スピリチュアリティの定義」は、対人援助を豊かにし、チーム医療においても Base Support を実現する要となる。従って、この定義をめぐって、またこの定義に基づくケアについて、様々な議論が展開されることが重要である。小論はこの定義をめぐる幾つかの課題を序論として紹介することによって、臨床（隣床）に招かれているスピリチュアルケアの実践者（CP）に理論的な視座を提供することを目指す。

2. 宗教者によるスピリチュアルケア： ミクロレベルでの検討 1

「いのち」という、科学的な「生命」概念に収まらないものの理解には、文化的要素が多く関わる。「信仰・価値観・伝統・実践を通して表出される」スピリチュアリティを、FC と共有すると考えられる宗教者が、チャプレンとしてケアにあたることは容易に想定できる。宗教者がスピリチュアルケア提供者である場合の利点と課題を考えてみたい。

このようなケアの構造は、FC が内的に親和性を意識している価値や信仰がある場合に有効なパラダイムである。信仰体系が長い歴史の中で磨き上げてきた癒しのメッセージや苦難に向き合う心構えは、重要なスピリチュアルなサポートである。また、CP による積極的傾聴や相互関係性を大切にした

対話を通して、FC が自らの語りを整え、これまで囚われていた枠組みを再構築して新たな語りの可能性を探究することができる。むしろ宗教とは、人類の歴史の中で蓄積された苦悩への取り組みの物語を核としている、と理解すべきなのではないだろうか。宗教者がしっかりとした傾聴訓練を積み、苦悩を生きる人々への共感・共苦 compassion をその役割の根幹と捉え、スピリチュアルな CP となる意義は大きい。日本における臨床宗教師の可能性は、社会の中で大きく認識されるべきである。

　同様に、宗教者でなくとも、FC の価値観・伝統・実践に深い理解を持つ傾聴者も、よきスピリチュアルな CP となることができるとも考えられる。その際、FC が大切にする価値観・伝統についての知的で共感的な理解だけではなく、その実践的な側面についても感性の養いが必要となってくる。瞑想、自己の現世的関心の手放し、現世を超えた希望やビジョン、さらには、価値に基づく（社会的）実践といった領域こそが、困難な中にある FC の経験を emic に理解し、共感そして共苦するスピリチュアルケアの要素かもしれない。現在、世界中でスピリチュアルケアとして重視するケア実践は、このような営みであろう。日本においては日本スピリチュアルケア学会が様々な教育プログラムとの協働を通して養成するスピリチュアルケア師がこのような人材である。

　しかし、信仰・価値観・伝統・実践への CP の知的及び共感的理解が、臨床でのスピリチュアルケアに最も重要な入口だとは考えない。

　時として CP の卓越したスピリチュアリティ理解は、かえってケアを阻害する場合があるように思われる。信仰・価値観・伝統・実践の体系的理解やそれらを生きる深い実感を持つ CP が、FC の自己理解を追い越してしまうことを危惧する。FC の内面は、シンボリックに「信仰・価値観・伝統・実践」と表現されるものに関わる表現や概念によって彩られて居る。しかしそれらは、必ずしも体系的・論理的に構築されているわけではない。宗教者のような、ある世界観言説の管理者とも言える者が吟味された概念でスピリチュアリティとして語るものと、FC がそのシンボルとの関わりで意味するものとは、自ずと差異がある。スピリチュアルケアとは、権威を持った言説の管理者がシンボルの正しい理解や実践を指南することではない。あくまでも、シンボルを自由に用いながら濃度や硬度を込めてユニークに自身を表現しようとする FC の語りに、深い理解を示しながらついてゆく作業が求めら

れる。これに反してCPの関心が、〈今・ここ〉で目の前で苦悩を語るFCのリアリティを追い越し、「信仰・価値観・伝統・実践」そのものに向いてしまうとき、CPは自らの臨床を離れてしまっている。正当なプレイエリアを踏み越えてしまう「オフサイド」の反則を犯していると思う。例えるならば、スピリチュアルケアのオフサイドとは、FCの生の感情や苦悩を追い越して、CPが自らの知性や感性に基づいてFCの思いを勝手に推測し共感したつもりになること、と言えよう。CP自身の知性や共感力に頼るのではなく、FCが大切にするシンボルに促されて自らの経験を意味づけ取り組む姿に、CPが愚直に共感し寄り添う姿勢こそが、スピリチュアルケアと言えよう。

　自らの臨床現場を見失い、オフサイドを犯していることに気づかないCP（宗教者や文化・伝統の深い理解者）は、FCを裁く評価者になってしまう危険がある。FCの生の苦悩に共苦するために必要とされる感性に基づく共感の土台を失い、知性や論理的思考に引きずり込まれてしまうことがある。また、CP自身の実践感覚を絶対視してしまうことがある。これらは、CPの基準に照らしたFC評価である。確かに、CPの側の主観を排した共感はありえない。しかし、CPに求められる姿勢は、オフサイドにならないように、常にFCの居場所を確認しながら、半歩遅れた位置から具体的ミクロなFCの感性によりそうことであろう。誘惑は、回避すべきこの評価的な視点がComponent Aの診断的ケアと親和性が高く、この位置に立つことが評価されてしまう場合が少なくないことだろう。しかし、評価的な視点は、FCのスピリチュアリティのあり方へのカテゴリカルな理解、知的な物差しによる理解につながる。治療志向・行動変容志向で関わる際には極めて重要なこのような視点は、スピリチュアルケア本来の関わりから離れてしまう。この危険を避けるため、宗教者こそ感性を磨き、自身の感性の微妙な動きに敏感になり、情緒レベルで他者とフェアに関われる存在であってほしい。しっかりとしたトレーニングが必要とされる。

　CPが自分自身の内面の微細な揺れに敏感であることと、FCの具体的で微細な揺れに敏感であることとは等価なのかもしれない。互いの感性の影響のし合い・相互性を、臨床の現場で実感しながらの関わりが求められる。CPの在り方や聴き方によって、FCの語り、そしてその瞬間の世界の味わいが変わると実感することがある。精神分析が提供する転移／逆転移の概念

の積極的な理解を通して、より深くケアの相互性が掴めるであろう。スピリチュアルなCP養成の今後の課題である。

　時として、宗教者は、信仰・価値観・伝統の深い解き明かしを求められることもある。しかしそれは、教義や理論についての正解を求めていると言うよりも、FCが自身の置かれた状況と教義や理論との折り合いを探し求めている場合かもしれない。FCに未だ届いていない救済史的な伝統を掘り起こして伝えられたとすれば、それは宗教者冥利に尽きる。しかしそれだけが宗教者の役割ではない。むしろ、病いや困難を抱えつつ、苦悩を生きるFCの存在そのものを支え、FCのその瞬間の在り方を、宗教者としての正当な権威を持って承認empowerする役割が重要であろう。FCの苦悩を教義や伝統で説明し問題解決を図るのではなく、FCとCPが共苦することこそが、宗教が社会とより豊かに関わる端緒であろう。深い解き明かしを求められ、その内容に飛び込んでゆくのではなく、「解き明かし」を求めることはFCの〈今・ここ〉にどのような意味を持っているのか、「求められる」という関係性はどのような可能性を含んでいるのか、言い換えると、コンテントではなくプロセスに注目したケア関係に自覚的でありたい。さらには、宗教者であるCPの臨床における共苦の経験が、教義・伝統・聖典の新たな解釈を生み出すジェネラティヴィティに期待する。

3. スピリチュアルケアの哲学的課題： ミクロレベルでの検討2

　この定義に基づくスピリチュアルケアには、哲学的に重要な課題が含まれている。すなわち、個であるFCは、ある共同体に生まれおち、「信仰・価値観・伝統・実践」として表出されるその共同体のスピリチュアリティを身につけることによって社会の成員となってゆく。スピリチュアルケアの担い手（CP）は、その共同体の大きなナラティブに深い理解をもつ専門家である。さらに宗教者は、その大きなナラティブの核にある人間観世界観の管理者でもある。しかし、老病死・貧病争といった不条理を味わっている一人一人は、独自な苦悩を孤独に生きている。個人は、共同体に育まれその価値観を生きると同時に、その只中でユニークな個を生きる。西田幾多郎（1987）や田辺元（2010）といった日本の哲学者たちが、一般と特殊の問題として

また種と個の問題として取り組んだテーマがここに現れている。社会構成主義の人間観、またナラティブ・セラピーが内包するダイナミズムも同じ課題を抱えている。

　FCが大切にするスピリチュアリティに注目することは、個人の精神的安定に寄与するだけでなく、さらに別のレベルのテーマにつながっている。スピリチュアルケアは、共同体のスピリチュアリティとFC個人のスピリチュアリティとのダイナミックな関わりに参与するケアである。CPは共同体と個とをつなぎ合わせる役割を担っている。それは、国家や文化、地域、共同体、家族、職場、人間関係を生きるFCのアイデンティティに関わり、さらにFCと他者との関わりの意味づけに影響を持つ。スピリチュアルケアは、FCが自身の経験を自分なりに意味づけ、その経験を携えながら共同体に生きることを支える。大切な人との離別や死別、心身の健康問題、関係性の混乱、役割の変化や喪失、信頼や名誉への傷つき、そして生きる意味そのものなど、直面する課題は尽きない。それらを経験した個人を共同体のスピリチュアリティが受けとめるのが本来の姿なのかもしれない。しかし、社会の多元化・個人化へと向かう大きな変化の中で、個人の経験を受け止める共同体の力が弱ってきている。そして、スピリチュアルケアは共同体の営みであることを離れ、CP個人もしくはそのチームが担うものになりつつある。かつては、CPは共同体の明示的もしくは暗示的な委託を受けてスピリチュアルケアを行っていた。しかし、今日そのような委託は無い。その意味で、スピリチュアルケアの専門性が認知されるようになることは、共同体のケア力の衰退を意味するとも言える。

　共同体が担っていたケアをスピリチュアルケアのCPが担うようになるとするならば、CPは、共同体と個人とが必然的に抱えている排除と包括という問題を抱え込むことになる。イタリアの政治哲学者Roberto Esposito（エスポジト2009）は、共同体が何らかの指標に基づきその純粋性や一貫性を保とうとし、それを乱す要素を排除しようとする際の方向性を*immunitas*、反対に、共同体が様々な要素からの影響を受け入れ多元的になってゆく方向性を*communitas*と呼ぶ。語の意味は、周辺状況から与えられた義務・責務、そして贈り物を意味する*munus*との関わりを*im-*で拒否するあり方と、*com-*で受け入れるあり方の対比である。病原菌の感染を防ぐ免疫機能や、中世都市の封建領主支配から免責特権、そしてウィーン条約に基づく外交特

権は、この意味で *immunity* と呼ばれる。

　スピリチュアリティは、個人の内面的価値観に触れる。むしろ苦難の状況はそれを顕（あらわ）にさせる。民主主義社会は、信教の自由を保障し、個人の内面的価値観自体に権力は介入しない原則である。スピリチュアルケアは、あえてここに触れる。その場に招かれる。CP が何らかの意味で純粋性や一貫性を志向するとき、すなわち、FC の価値観について是非の判断を持ち込むとき、それは、民主主義の原理が自己抑制している領域で人を裁くことにつながる。価値観についての是非の判断は、CP による〈善意の〉矯正作業である布教・伝道・折伏へと繋がる危険がある。社会を *immunitas* 化していくミクロなレベルでのダイナミズムがここで始動してしまうことになる。ミシェル・フーコー以来今日に至る生政治・生権力のテーマに直接関わる問題が横たわっている。フーコーに続くジャン＝リュク・ナンシー（2001）、ジョルジョ・アガンベン（2001）、ロベルト・エスポジトといった思想家は、ナチスによるユダヤ人・心身の障がい者虐殺を *immunitas* の帰結として捉え、政治哲学の大きな問題としている。

　反対に、スピリチュアルケアが個人の内面的価値観に深く丁寧に触れつつ、「裁かない、排除しない、相手も私も自分らしくそこに居る」というスピリチュアルケアの価値が目指されるとき、そのケアは *communitas* を志向することになる。

　スピリチュアルケアは、苦難に向き合う FC に、その価値観を大切しながら寄り添うケアである。一見極めてミクロな営みにも見えるが、一方で文化的にドミナントな価値観との葛藤、他方で FC の主観の内奥の承認、これらに CP が深く関わりながら営まれるケアである。共同体の価値との問題に深く関わっていることがわかる。このような理解は、スピリチュアルケアの倫理に大きな課題を突きつけてくる。それ故、CP には、スピリチュアルケアが担う生政治・生権力上の意味に敏感になる責任がある。

4. 分人論とスピリチュアルケア：
メゾレベルでの検討

　上記のようにスピリチュアルケアは、FC 個人の苦悩のマネージメントへの援助という領域を遥かに超える広がりを持っている。Puchalski らの定義

に導かれ、その内部に踏み込んで議論を深めてきているが、一歩退いてこの定義における人間観を再検討してみたい。

　筆者は、この定義に見られるスピリチュアリティを２次元的と表現してきた（伊藤 2018）。信仰・価値観・伝統・実践として表出されるスピリチュアリティは、ガダマーの解釈学に近づけて表現するならば、FC が依拠するテキスト性と表現することができるかもしれない。2014 年の「定義」に向けての小論の第一の批判は、現代の民主主義社会に生きる多くの人の現実にとって、テキストは一枚／一冊だけではないのではないか、という問いである。(現代の民主主義という限定は、権力により一元的なスピリチュアリティを強要されていない状況という意味である。) グローバルなコミュニケーションネットワークが当然となり、個人は過剰なまでの情報に触れている。また、人生の様々な段階で生活圏の移動や重なり合いの中で、複数の共同体に帰属し、多くのスピリチュアリティを持つ人々との濃淡の関わりを持っている。一人の個人の中にテキストは重層的に構築されており、FC のスピリチュアリティ自体がシンクレティックな状態であろう。それぞれのテキストが整合的に共存する訳ではなく、矛盾や対立を含んでいる。

　このような重層的なスピリチュアリティを理解しようとする際、平野啓一郎が「個人 individual」という概念に代えて提示する「分人 dividuals」の概念が導きとなるように思われる（平野 2012）。彼は、一人の中に多くのdividuals が共存しているとする。平野の考え方は、これまで多く論じられてきた、相手や状況に応じまた役割を担って様々な自分を演じているという「ペルソナ」論等の人間理解より、一歩踏み込んでいる。平野の「分人」概念の独自性は、それらの多面性をコントロールする主体が不在であることに注目する点であろう。分人を統括する主体があるのなら、その主体のスピリチュアリティにかかわればよい。しかし、その主体はない。分人論は、近代西欧哲学を支えている主体概念の一貫性や自立性に疑問を呈している。状況や役割に応じて個人のある側面を選んで表面に出し、それにともなう価値の枠組みを利用しながら意識的に社会生活を営んでいる、という個人の主体性を想定する人間観が批判されているのである。そうではなく、その場その場に応じた自己の振る舞いと判断の蓄積が、分人の束としての FC を構成してゆく。その結果、一つのテキストで FC のスピリチュアリティを語ることはできず、テキストの重層性によって構築された、総体として誰とも共有され

ることのないユニークな構造としての FC がおり、そのスピリチュアリティ
が場面に応じて不定形で立ち現れてくる。主語論理によってではなく述語論
理によって世界を理解する西田幾多郎の〈場所の論理〉がこのような状況を
理解する手がかりになる。Puchalski の定義においては一枚の 2 次元テキス
トで表現されると認識されていた個人のスピリチュアリティではなく、テキ
ストの重層性すなわち 3 次元の理解が求められる。

　アマルティア・セン（2011）は、分人と同様な理解を帰属という言葉で
表現する。アイデンティティは一人の人間の代表的な帰属によって形成さ
れるのではなく、いくつもの帰属に複雑に根ざしていると論じる。まして
や、他人が或る人を特定の帰属に固定的にむすびつけるとき、その人を矮小
化する。センはインドのベンガル地域出身であることから、インド独立に際
し人々が互いをヒンドゥー教徒・イスラム教徒と分類し、殺し合った歴史を
生々しく記憶している。我々も、一人の人の中の多様な帰属や多くの分人を
認め、各自はそれらの間でアイデンティティを模索しながら生きている状況
を重視する。センは、アイデンティティの複雑さを認めず単純化された人間
観を持つ人々の間に、暴力が生じると論じる。

　平野啓一郎やアマルティア・センの提示する人間観は、スピリチュアリ
ティの重層性を語るだけでなく、複雑でダイナミックな他者の〈他者性〉を
突きつけてくる。他者すなわち我々の議論においては FC という存在の、深
遠さと理解の難しさを認めることが重要である。上記で議論した Puchalski
の 2 次元的なケアは、FC と CP の同質性を根拠としていた。しかし、3 次
元的な人間観に基づくケアは、FC と CP との異質性を自覚するところから
始まる。ユダヤ教の哲学者 Emmanuel Lévinas が「顔」という表現で他者
の〈他者性〉を語る。「顔」は分析の対象ではなく、こちらに「応答」を求
める。異質な者の出会いである（佐藤 2020）。この自覚に基づくスピリチュ
アルケアは、CP に、安易な理解や共感を求めない。むしろ、帰属の重なり
合いに基づく安易な理解を拒絶し、分人の束である FC の総体に関わりを持
とうとする、CP の存在の仕方すなわち「応答」を問うてくる。このような
他者が、私を関係性の相手として認めてくれる際に、私の側に備わってい
る力を「受動態的関係力」と呼びたい。そしてこの「受動態的関係力」は、
FC と CP との間の、同質性よりもむしろ異質性によって根拠付けられてい
るように思う。

　例えば終末期あるいは大きな悲嘆を抱えたとき、FC は分人を駆使してその事態に向き合うことには限界があろう。困難に向かい合う初期、CP（例えば主治医や担当看護師もしくはカウンセラー）向けの、一部の分人による対応をする段階があることも理解できる。しかし、分人の束であるその人の総体が CP に「応答」を求めてくる段階が訪れる。その際、CP の側も、専門職としての分人で関わるだけでは許されない。「応答」とは、矛盾や対立をうちに含んだ CP 総体の「能動態的関係力」が問われる状況である。専門職としての CP よりずっと早く、家族や身近な人は、その総体と対峙することになろう。様々な人生の経験の中で養われてきた分人の束としての FC は、奥深く、多元的・多義的で、豊かであろう。同時に、その重層的なスピリチュアリティのゆえに、様々な想いに苛まれ、決断に苦しみ、後悔や自責の念を抱えている場合が多いかもしれない。総体としての FC は、重層的なテキストの中から、言い換えるとスピリチュアリティのせめぎ合いの中から、その瞬間のその人として立ち現れてくる。CP は、或る分人とではなく、その瞬間に立ち現れた存在との向き合いに招かれたとき、スピリチュアルケアに必要な「受動態的関係力」を得ることになる。そして「能動態的関係力」を駆使してそれと向き合うことが求められる。

　教養や経験を駆使して FC に向けて何らかの処方箋を提示する作業は、求められていない。どのようなテキスト群のダイナミズムから語られているのかわからない FC の語りに、CP は耳を傾ける。スピリチュアルケアとは、FC の重層的なスピリチュアリティの共演から浮かび上がってくるポリフォニーを味わう特権、と特徴付けられるかもしれない。

　帚木蓬生は「ネガティブ・ケイパビリティ」を語る（2017）。困難な状況に留まり続ける力であり、答えのない問いを抱え続ける力である。分人が交錯する FC 自身のスピリチュアルな省察にとって、また CP のスピリチュアルケアの営みにとって、最も求められているのがこのネガティブ・ケイパビリティだと思われる。個々の分人の奏でるスピリチュアリティの重なり合いの中から、ポリフォニーが浮かび上がってくるのを、待つ営みである。FC の経験する不条理の感覚や、怒りや、絶望、また受け入れ、手放し、希望などは、一つのスピリチュアリティに基づく FC の単音、単旋律の苦しみの表現ではない。分人の壮大な対話の途中経過であり、大きな流れの方向性である。トラウマにおいては恐怖や絶望に晒された分人が、グリーフにおいては

奪われた愛に引き裂かれた分人が、突然大音声で混乱したテンポで、不定形な旋律を叫び出すように感じる。他の分人は立ち尽くし、旋律を見失ったりする。ハーモニーを欠いたまま、それでも FC は日常を生き続けなければならない。不協和音や不規則なリズムを生きる FC の現実にともにいることが許されたとしても、CP にとってその傾聴は決して心地の良いものではないだろう。しかし、カオスを生きる FC を孤独にさせない役割に招かれていると理解すべきだろう。改めて、〈裁かない・排除しない・FC も CP も自分らしくそこにいる〉という不可能な課題に向き合うこととなる。複雑な旋律の重なり合いのなかから微妙なハーモニーが生まれたとき、その最初の、そしてもしかしたら唯一の聴き手となることが、スピリチュアルケアの特権的役割かもしれない。

　複雑な分人・属性の構造を持つ FC に対して、PC がその分析に基づいて能動的で効果的な介入を提供できるとは思わない。「能動態的関係力」とは、それらを駆使する能力ではなく、それらができないにもかかわらず、関係性にとどまる、「ネガティブ・ケイパビリティ」のことである。FC が奏でる複雑で繊細な音色に心を向け、CP 自らの中に沸き起こるさまざまな感性を敏感に（またあるときは敢えて鈍感に）味わいながら、それを丁寧に言葉にして FC に伝えるケア。これがスピリチュアルケアの一つの形だと考える。

5. 非人称のスピリチュアルケア：
マクロレベルでの検討

　現実に我々が直面する実際のスピリチュアルケア臨床で Puchalski の定義がその決定的な限界を露呈するのが、認知機能の障がい、発達障がい、精神疾患、など、小論がテキスト性と特徴づけてきた枠組みでスピリチュアリティを理解するのが困難な FC へのケア状況である。科学的知見を応用する診断型ケアが見つめる FC は、分析的な眼差しの対象であり三人称的存在 third person である。テキスト性に共感して、その内容レベルで対話的関係を築く Puchalski らが想定する FC は、CP にとって二人称的存在 second person である。テキストの重層性を生きる FC は、自己の中の葛藤を生きる一人称的存在 first person である。その内奥に CP が直接関わることは許されないが、ともに居ることやその発信に触れることで、CP の内面が共振

することはある。

　しかしこの節で取り上げる FC は、市民としての権利義務や自己決定について社会が承認するのが難しい人々、その意味では社会がその人の一人称の語りを承認することが難しい、非人称／ゼロ人称 zeroth person である。本来は、テキストの重層性を生きる一人称的存在と、いわゆる障がいとされるものを抱えゼロ人称とされてしまう存在との間に、もしかしたら決定的な差異はないのかもしれない。彼ら・彼女らと時間と空間をともにし、その発信に心を向けるときの CP の共振は、区別されるべきものではないのかもしれない。しかし現実には、ゼロ人称とされる人への保護という「善意の」区別がなされている。声無き三人称として、スピリチュアルケアの余地を持たない、ケアの対象者とされている。医療史の中における差別的構造については、今後とも生政治・生権力批判の文脈で十分議論されることが望まれる。既に宗教者等による二人称ケア検討（上記 第 2 節）の中で CP が無意識に行なってしまう生政治的役割に触れた。そこでは CP が必然的に担うコミュニティの価値に言及した。しかし、ここに論ずるゼロ人称ケアにおいては、コミュニティは未だ FC のスピリチュアリティに触れる端緒すら掴めていない。

　Puchalski の定義は、スピリチュアリティを人の認識的能力と結びつけて考えている。これが小論の第二の批判である。言い換えると、「それを通して」という表現に見られるように、FC の認識力の能動性もしくは受動性との関わりに注目している。このスピリチュアリティ理解では、上に例として示唆したゼロ人称の人々のスピリチュアリティに触れることは難しい。

　國分功一郎は、中動態という西欧言語の文法用語を、ケアの概念として再生させた。再発見されたのは、主体の能動態表現・受動態表現によって語られる近代社会の言説／認識構造に隠されてきた、物事の出来事性である。癒す、癒されるという操作性を押しのけて、ケアの真只中に〈癒える〉という中動態が立ち現れる。國分は、ケアにおける出来事性の重要さと、それを正しく語ることばの回復の必要を明らかにしてくれた。CP のケア的介入という能動態や、FC の状態を理解するという受動態（の形を取る別の形の能動態）だけではケアの出来事は表現できないことに、われわれは気づきつつある。

　シモーヌ・ヴェイユは、人間の神聖さを、Puchalski の定義が描く認識に

関わるスピリチュアリティとは別なところに見た。彼女にとって人間の神聖さとは、内面的外面的な属性を全て取り去った、アガンベン（2000）が「剥き出しの生」といった事態に見出すべきものであった。いかなる障がいがあろうと、認知機能が衰えていようと、意識が失われていようと、また移民、難民、寄留者のように社会的権利が曖昧な者であろうと、その人がそこに居るという事実性にスピリチュアリティの本質を見ようとしていたのである。スピリチュアリティには、ポリフォニーという表現をしたように、それぞれの旋律の間に立ち現れる、操作を超えた調和の出来事性の要素がある。CP にとっては理解の彼方にある FC であったとしても、ゼロ人称に宿るスピリチュアリティがある。それは FC による能動性としてもしくは FC に届く受動性として理解されるべきものではなく、人間の神聖さそのものである。人が何を身につけ何を奪われていたとしても変わることのない、人という出来事／存在の本質として理解されるべき面を持っている。スピリチュアルケアの深みと広がりとを理解する上で、Puchalski の定義をめぐっての検討は極めて重要であった。対人援助チーム諸分野と補完的に、全人的ケアに貢献できると考える。しかし、神聖な人間存在のスピリチュアリティは、FC 内の機能的な側面への限定に収まらない。

　ここに、東洋の思想が大切にしている共時論的構造（井筒 2001）、偶然性への積極的な眼差し（宮野 2019）が関与しているという見通しを持っている。今後検討してゆきたい。

　現代日本社会の中で、このヴェイユもしくはアガンベンの人間観に応えている学問的営みが当事者研究（國分／熊谷 2020）だと思う。浦河べてるの家の実践の中には、苦悩しながらその世界を丁寧に生きようとする人たちの主体的な自己表現を見ることができる（中村 2014）。素朴で明らかな形で、テキスト的認識を相対化する認識の世界が広がっている。当事者の〈語り〉は、文化にドミナントな構造にとらわれず、自由に展開する。CP は如何なる意味でもテキストの管理者であることはない。CP は愚直に当事者の後を追いかける。当事者は、もはや FC（Focus of Care：ケアの焦点となる人）ではない。なぜなら、CP の能力や都合に合わせた焦点化は、当事者のリアリティを見失う事になる。興味深いことに、テキスト性に代わって、身体性が、スピリチュアリティとの交感の場としてが浮かび上がってくる。

　同じことを西田幾多郎（1987）が場所として焦点化しようとしたものか

もしれない。主体の正反対にあり絶対の述語として彼方に存在する（そして
それゆえ無である）ものが、突然自己同一する事態も、この出来事性と関
わっている。スピリチュアリティは認識を基礎付けながらも、様々な事態の
生起に関わる。

　ゼロ人称の位置に置かれている人々のスピリチュアリティは、Puchalski
の定義に収まらない深みを持っている。現段階では上に述べたような、表層
的な〈なぞり〉しかできないことをもどかしく思う。しかし、スピリチュア
リティの機能性に依拠して FC や CP が能動態的・受動態的にケアに接近す
るのとは異なるケアの次元がある。ここでの議論がスピリチュアルケアの基
礎となるべきだと考える。

結び

　Puchalski らによる「スピリチュアリティの定義」は、スピリチュアルケ
アのが抱えるさまざまな課題を突きつけてくる。残念ながら、現代の批判的
な思想に十分に揉まれたスピリチュアルケアの理論は展開していない。小論
が触れた様々な論点が、今後深く議論されることを切望する。

参照文献

Kleinman, A.1988: *The Illness Narratives: Suffering, Healing, and the Human Condition*. Basic Books.

Pike, K.L. 1993: *Talk, Thought, and Things: The Emic Road toward Conscious Knowledge*. The Summer Institute of Linguistics, Inc. (パイク, K. 2000：『文化の文法』片田房編訳、彩流社。)

Puchalski, C.M. et al. 2014: "Improving the Spiritual Dimension of Whole Person Care: Reaching National and International Consensus" in *Journal of Palliative Medicine*. vol.17, No.6. Special Reports. https://doi.org/10.1089/jpm.2014.9427

Ueno, N.T., Ito, T.D., et al. 2010: "ABC conceptual model of effective multidisciplinary cancer care" in *Nature Reviews: Clinical Oncology*, 7, 544–547.

アガンベン, G. 2000：『人権の彼方に：政治哲学ノート』高桑和巳訳、以文社。(Agamben, G. 1996：*Mezzi senza fine*, Trino: Bollati Boringhieri)

アガンベン, G. 2001：『アウシュヴィッツの残りのもの：アルシーヴと証人』上村忠男／廣石正和訳、月曜社。(Agamben,G. 1998: *Quel che resta di Auschwitz: L'archivio e il testimonr. Homo sacer. Vol.3*, Trino: Bollati Boringhieri.)

伊藤高章 2018：「臨床スピリチュアルケアの視点：人文学的基礎づけとケア人材教育」『自殺予防と危機介入』第 38 巻 2 号、自殺予防学会。

井筒俊彦 2001：『東洋哲学覚書 意識の形而上学：『大乗起信論』の哲学』(中公文庫)、中央公論新社。

ヴェイユ, S. 2009 (1969)：「人格と聖なるもの」『ロンドン論集とさいごの手紙』所収、田辺保／杉山毅訳、勁草書房。(Weil, S. 1957: *Ecrits de Londres et dernières lettres*, Gallinard, coll. «Espoir»)

エスポジト, R. 2009：『近代政治の脱構築：共同体・免疫・生政治』(講談社選書メチエ) 岡田温司訳、講談社。(Esposito, Roberto. 2008: *Termini della politica: Communià, immunità, biopolitica*. Mimeis Edizioni.)

國分功一郎 2017：『中動態の世界：意志と責任の考古学』(シリーズ ケアをひらく)、医学書院。

國分功一郎／熊谷晋一郎 2020：『〈責任〉の生成：中動態と当事者研究』新曜社。

佐藤義之 2020：『レヴィナス：「顔」と形而上学のはざまで』(講談社学術文庫)、講談社。

セン, A. 2011：『アイデンティティと暴力：運命は幻想である』大門毅監訳、東郷えりか訳、勁草書房。(Sen, A. 2006: *Identity and Violence: Illusion of Destiny*. New

York: W.W. Norton.）

田辺元 2010：『種の論理：田辺元哲学選 I 』藤田正勝編、岩波書店。

ナンシー, J=L. 2001：『無為の共同体：哲学を問い直す分有の思考』西谷修／安原伸一朗訳、以文社。（Nancy, J=L. 1999: *La Communauté Désœuvrée*. Christian Bourgios.）

中村かれん 2014：『クレイジー・イン・ジャパン：べてるの家のエスノグラフィ』（シリーズ ケアをひらく）、石原孝二／河野哲也訳、医学書院。

NANDA-I, 2018：『看護診断：定義と分類 2018–2020 原著第 11 版』医学書院。

西田幾多郎 1987：『西田幾多郎哲学論集 I ：場所・私と汝 他六篇』上田閑照編、岩波書店。

帚木蓬生 2017：『ネガティブ・ケイパビリティ：答えの出ない事態に耐える力』（朝日選書）、朝日新聞出版。

平野啓一郎 2012：『私とは何か：「個人」から「分人」へ』（講談社現代新書）、講談社。

宮野真生子 2019：『出逢いのあわい：九鬼周造における存在論理学と邂逅の倫理』堀之内出版。

On the Definition of Spirituality:
An Introductory Discussion of Theory Building for Spiritual Care

by T. David Ito

In this article, the definition of spirituality reached by international care practitioners in palliative care in 2014 is discussed. This definition focuses on the functional aspect of spirituality, which is the patient's framework for their experience and helps them to make sense of the world surrounding them. Defining spirituality helps the healthcare team to integrate spiritual care into their practice. Since spirituality is expressed through beliefs, values, traditions, and practices, the chaplain is typically a spiritual care practitioner sympathetic to the patient's world view. Therefore, a biopolitical interpretation of the chaplain's role is introduced in this article.

The first criticism of the 2014 definition is that it follows only the modern western understanding of humanity as conscious individuals. In this article, the author presents an alternative view, one in which people are a bundle of "dividuals" who struggle with prioritizing the contradicting values to which they are committed. The "negative capability" (Hahakigi, 2017) is a crucial concept for giving care to "dividuals". The second criticism is towards the definition's insensitivity to the spirituality of those that a modern, productivity-oriented society has neglected. The definition presupposes the consciousness and integrity of a person. This view of humanity does not fully respect those who have mental and psychological difficulties. The overemphasis of the role of care practitioners in spiritual care is also discussed. Finally, the author provides his vision, that of re-evaluating the contribution of Japanese philosophical tradition in the discussion of spirituality and spiritual care.

臨床死生学から見た
Spirituality と Resilience

山田　和夫

はじめに

　霜山徳爾と V.E. フランクルはヨーロッパで奇跡的な出会いをする。

　フランクルは 1905 年オーストリア・ウイーンに生まれたユダヤ人である。ウイーン大学医学部に在籍中より、アドラー、フロイトに師事し精神科医となる。オーストリアがドイツに併合され、1942 年家族と共にテレージェンシュタット強制収容所に送られた。父はここで死亡し、母と妻は別の収容所に送られ死亡した。フランクルは 1944 年 10 月にアウシュビッツに送られ、3 日後にチュルクハイム強制容所に送られ 1945 年 4 月 27 日アメリカ軍によって解放された。自由と失望の中、フランクルは『夜と霧』を 9 日間で口述筆記させた。1946 年にウイーンの出版社が 3 千部を出版したが売れずに絶版となった。

　1953 年から西ドイツ・ボン大学に留学していた霜山徳爾が古本屋で偶然その本を手にするのである。霜山の記述によると、古本屋の表で山積みに置かれた古本の中で少しだけはみ出していて、自分に手にとって欲しいと訴え掛けている様だったと言う。思わず手に取り購入した。正にスピリチュアルな出会いである。その本は V.E. フランクル著『一心理学者の強制収容所体験』という薄い本だった。霜山はホテルにその本を持ち帰ると、惹き付けられる様にして、一晩で読み終え強い感銘を得た。霜山は直ぐに、ウイーンにいるフランクルを訪ねた。フランクルは訪問を喜び歓待し、飲んで語り合った事を訳者あとがきに書いている。「私を感動させたのはアウシュビッツの事実の話ではなくて……それはルポルタージュで良く知っていた。彼がこの地上の地獄ですら失わなかった良心であった。」霜山はこの本の日本語版の出版の許可を貰い、1955 年に日本に帰国した後、早速にみすず書房に依頼し、『夜と霧』という著書名で 1956 年に出版した。「夜と霧」とは 1941 年

12月のナチスの作戦名で、占領したフランスやベルギーで抵抗者を夜陰に乗じて拉致し、強制収容所に押し込んだ。この著書名が人々の心に響き大ベストセラーとなり現在まで版を重ねている。

　フランクルが作り上げた実存分析は、人に生きる意味と勇気を与える。その意味で正にスピリチュアルケアである。

　霜山德爾は1919年東京で生まれる。父親は元大審院院長で最高裁判事も歴任した霜山精一である。1942年東京帝国大学文学部心理学科を卒業。1950年上智大学文学部助教授、1957年教授となる。東洋英和女学院大学が1989年に横浜に開設され、開設時、人間科学科心理学講座の教授を兼任する。1990年上智大学を退任し、東洋英和女学院大学の専任教授となる。このため、東洋英和女学院大学と上智大学では、精神療法として実存分析の伝統がある。その後、東洋英和女学院大学には死生学研究所が、上智大学にはグリーフケア研究所が設立された。東洋英和女学院大学にも上智大学と同様にスピリチュアルケアの伝統がある。

1. 東洋英和女学院大学・大学院の開学

　東洋英和女学院大学は六本木にあった短期大学とは別に、新たに横浜市緑区に1989年4月に人文学部1学部（人間科学科と社会学科の2学科）のみで設立・開学された。現在創立32年である。開学当初より、人間科学科に心理学講座が置かれ、1990年に霜山德爾教授が上智大学から赴任した。霜山德爾は、ヴィクトール・フラクルの「夜と霧」を始めとして「フランクル著作集」を編集・翻訳し日本に紹介した著名な臨床心理学者であった。東洋英和女学院大学の臨床心理学コースの原点として霜山德爾の存在は大きい。

　霜山は臨床心理学コースを設立すると同時に、死生学講座の開設に尽力し、初代死生学教授に東京医科歯科大学で同門で当時自治医科大学の精神医学・生命倫理学の助教授であった平山正実を1993年に迎えた。平山はその後、日本の死生学領域の第一人者と言われるようになり、日本臨床死生学会の設立に尽力し、初代理事長となる。

　大学院が1993年六本木校地に開学され、名実ともに日本の臨床死生学のメッカとなった。2002年に山田が死生学の3人目の教授として赴任した。

　2003年平山正実教授らの尽力で大学内に初めての研究所として現代史

研究所と同時に死生学研究所が設立され、初代所長に平山正実が就いた。2005 年からは死生学年報が毎年発刊されるようになった。2007 年平山が退職後は山田が所長を引き継ぎ、2008 年以降は渡辺和子が所長に就いた。

　死生学講座の特殊性はとても「思い」「想い」のある学生が多い事である。喪の作業として大学院に入ってくる院生も多いからだろう。そして何といっても学問として Spirituality、Spiritual Care を考え、研究する事である。現場医療ではできなかった事である。

2. Spirituality とは

　20 世紀末、WHO の健康の定義に、それまでの Bio-Psycho-Social モデルから Spiritual 概念が導入されるようになってきた（現在まだ保留中）。Spiritual Health を日本語にすることは難しいが、ターミナルケアにおいてはスピリチュアルペインに対してスピリチュアルケアの必要性が謳われるようになってきていて、実際に実践されている。同様に精神医療においてもスピリチュアルケアの重要性が認識されるようになってきた。一方、生体が有する自然な回復力、復元力を意味する Resilience の認識が回復過程において重要な視点であることが主張されるようになってきた（加藤敏／八木剛平 2009；加藤敏 2012；八木剛平／渡邊衡一郎 2014）。Resilience は Bio-Psycho-Social 更には Spiritual な次元からの回復力を意味しているように思われる。

　広辞苑（2008,1516）によると「霊性と同じ」とある。「霊性」を引くと「宗教的な意識・精神性。物質レベルを超える精神的・霊的次元に関わろうとする志向。」とある（2983）。スピリット（Spirit）を引くと「①霊。霊魂。精霊。精神。②気性。気風。意気。」とある（1516）。霊魂は「魂」に繋がる。意気は「息」に繋がる。「魂」を引くと「①動物の肉体に宿って心のはたらきをつかさどると考えられるもの。古来多く肉体を離れても存在するとした。霊魂。精霊。たま。」とある（1756）。

　私のイメージする Spirituality は、この「魂」に近い。ある意味では「鬼」のように善悪も無く、力強い生命力を指し示している。鬼が云う言葉が「魂」でもある。鬼気迫る「気魄」とも言う。著名な精神科医神谷美恵子は、自身の文章を「鬼が云わせる」と言った（山田和夫 2003）。魂の次元

から発せられる言葉という意味だろう。「言霊」という言葉がある。小林秀雄がよく用いたが、例えば本居宣長の文章を読んでいると、一文一文が言霊となって、本居宣長の生き生きとした言葉の響きが心に響いてくるという（山田和夫／山田和惠 1986；山田和夫 2004）。神谷美恵子も小林秀雄もSpiritual な感性が高い人物と言う事も出来る。

　先の WHO でイスラム圏の国々が中心となって発案して Spirituality を定義しようとした時、日本を含めて 30 カ国がワーキング・グループを作り討議されたが、最終案に対し米国が反対したため可決されず、保留となって現在まで続いている。その時、決議されていれば、21 世紀になって起こってきた深刻な宗教対立戦争・テロとの戦いは起きて来なかったかも知れない。

　ワーキング・グループの中で日本は、日本の代表的 Spirituality を示す著書として鈴木大拙（1972）の『日本的霊性』を挙げた。その本の中で、「霊性の意義」として「精神または心を物（物質）に対峙させた考えの中では、精神を物質に入れ、物質を精神に入れることができない。精神と物質との奥に、いま一つ何かを見なければならぬのである。二つのものが対峙する限り、矛盾・闘争・相克・相殺ということは免がれない。それでは人間はどうしても生きていくわけにいかない。なにか二つのものを包んで、二つのものがひっきょうずるに二つでなくて一つであり、また一つであってもそのまま二つであるということを見るものがなくてはならぬ。これが霊性である。今までの二元的世界が、相克し相殺しないで、互譲し、交歓し相即相入するようになるのは、人間霊性の覚醒にまつよりほかにないのである。いわば精神と物質の世界の裏にいま一つの世界が開けて、前者と後者とが、互いに矛盾しながらしかも映発するようにならぬのである。これは霊性的直覚または自覚より可能となる。」(16–17)

　うつ病に耐え抜くと、急に回復し大いなる喜びに浸るような神秘体験が神谷美恵子（山田和夫 2003）の中に書かれている。これが人間霊性の覚醒だろう。人間霊性が覚醒されると詩人（歌人）になったりする。神谷美恵子も柳澤桂子もその後、詩人（歌人）になる。宗教家になるために修行を積む事も、人為的な霊性の覚醒体験である。一度霊性の覚醒があるとずっと生涯続く様である。そして Spirituality が覚醒すると強い Resilience が生じ、重い身体的病や、大きな精神的困難に対しても乗り越えてしまう。その様な強い精神力・回復力を有するようになる。その例として神谷美恵子と柳澤桂子を

取り上げる。

3. 神谷美恵子の場合

　神谷美恵子は秀でた精神科医であり詩人であった。神谷美恵子は1914年（大正3年）1月12日、内務官僚前田多門・房子の第2子として父親の赴任先岡山で生まれた。兄の陽一とは3歳違いで、2男3女の長女として育つ。（みすず書房編集部 2001, 200）

　昭和8年（19歳）叔父金沢常雄に連れられ、初めてらい病療養所多磨全生園を訪ねる。全生園内にある教会で叔父が説話する際のオルガン伴奏のためであった。初めてらいの患者を見て大変な衝撃を受ける（204）。当時「らい」は伝染性の不治の病とされ、また全身の神経・皮膚を侵し顔面や全身の皮膚が醜く爛れ見るものを恐怖に陥れた。そのため大変忌み嫌われ、発症すると「らい予防法」によって、一生涯療養所に隔離収容された。家族も世間に知られる事を怖れ、戸籍からも末梢したりした。差別の温床となった「らい予防法」はつい最近まで存続し、患者達は社会からの強い偏見と差別の中に置かれ続けてきた。飼い殺しの状態に置かれ、死ぬまで療養所内に隔離され続けた。生きる目的、生きがいを奪われ、自殺者も多数出たという。「こんな病気があるものか。なぜ私達でなく、あなた方が。あなた方は身代わりになってくれたのだ。」と心の中で叫んだ（204）。「らいという病気について知らなかった者にとって、患者さんたちの姿は大きなショックであった。自分と同じ世に生を受けてこのような病におそわれなくてはならない人びとがあるとは。これはどういうことなのか、どういうことなのか。弾いている賛美歌の音も、叔父が語った聖書の話も、患者さんたちが述べた感話も、なにもかも心の耳には達しないほど深いところで、私の存在がゆさぶられたようであった。」（「らいと私」、204）そしてこの人たちのためにどうしても看護婦か医者になりたいと思うようになった。

　21歳時、結核に罹患し孤独の中で療養していた際、深いうつ状態になり苦悩の日々を送っていた極限状況の中で、突然神々しい光を全身に浴び、大きな力に生かされているような喜悦の体験をし、うつ状態も結核も完治するという奇跡的な神秘体験をする。その後、生まれ変わった「二度生まれる」と言い、極限的に苦悩している人のために生きていきたいと強く願うように

なる。この神秘体験の後、Spirituality に覚醒したように、強い感動を「心の中の鬼が云わせる（正に魂の次元と思われる）」（山田和夫 2003、2012）と言い、詩として表現するようになる。当時、最も絶望の淵に追いやった病「らい病」の患者のための精神医療、研究のために生涯を捧げる。

　その「らい病」患者に対する精神療法は、正にスピリチュアルケアに通じる。スピリチュアルケアの方法論は観念的で明確にできない部分がある。神谷美恵子の自然で必然的で思いのこもった精神療法は、スピリチュアルケアの実際を考える貴重な実践となっている。しかも、その実践は神谷美恵子著作集として記録されている。神谷美恵子の人生と病跡を跡付け、その貴重な実践と著作から Spirituality とスピリチュアルケアについて考えたい。

　昭和 18 年 8 月、かねてから希望していた国立療養所長島愛生園で 12 日間実習を受ける（みすず書房編集部 2001, 214）。ずっと思い続けていたこともあり、その臨床実習は強い衝撃を受け、有名な「らいの人」という詩になっている。

　　光うしないたるまなこうつろに
　　肢うしないたるからだになわれて
　　診療台の上にどさりとのせられた人よ
　　私はあなたの前にこうべをたれる

　　あなたはだまっている
　　かすかにほほえんでさえいる
　　ああ　しかし　その沈黙は　ほほえみは
　　長い戦いの後にかちとられたものだ

　　運命とすれすれに生きているあなたよ
　　のがれようとて放さぬその鉄の手に
　　朝も昼も夜もつかまえられて
　　十年、二十年、と生きてきたあなたよ

　　なぜ私たちでなくてあなたが？
　　あなたは代わって下さったのだ

代わって人としてあらゆるものを奪われ
地獄の責苦を悩みぬいてくださったのだ

ゆるして下さい　らいの人よ
浅く、家禄、生の海の面に浮かび　ただよい
そこはかとなく　神だの霊魂だのと
きこえよいことばをあやつる私たちを

ことばもなくこうべたれれば
あなたはただだまっている
そしていたましくも歪められた面に
かすかなほほえみさえ浮かべている

　園長の光田健輔の人柄にも強い感銘を受け、帰京する際には「また必ず戻ってきます」と挨拶している（207）。実際、その14年後昭和32年（43歳）学生時代臨床実習をし、ここのらい病患者のために仕事していきたいと考え続けていた岡山県の離島にあるらい療養所「長島愛生園」の精神科非常勤医師に遂になる（213）。正に初志貫徹である。以来、昭和47年（58歳時）まで、15年間に渡ってらい病患者の精神的ケアにかかわるようになる。これは一種のスピリチュアルケアだった。

　昭和33年（44歳）学位論文「らいに関する精神医学的研究」を執筆（214）。またジルボーグの『医学的心理学史』を訳し、みすず書房より出版する（214）。この年の暮れ京都へゴッホ展を見に行った際、「自分の余生を『表現する』という使命に捧げるべき」という『啓示』を受ける（200）。この事もあり昭和34年（45歳）最も生きがいのもてない患者たちにどのようにして生きがいをもってもらうかという臨床研究から『生きがいについて』の構想を始める（214）。そして昭和41年（52歳）畢竟の名著『生きがいについて』（みすず書房）が出版される（216）。スピリチュアリティの活性化の一面が「生きがい」を持って生きる事である事を論考している。美智子皇后が皇太子妃時代、精神的に悩まれていた際には、話し相手になられ、さりげなく支えられたという。これも一種のスピリチュアルケアだった。神谷は「頭の先から爪先まで優しさの詰まった方だった」（山田和夫 2012）と

いう。溢れる慈愛によって苦しんでいる人を癒す事のできた聖女のような精神科医だった。

4. 柳澤桂子の場合

1938年（昭和13年）1月12日小野記彦（生物学者、後に東京都立大学生物学講座教授）・キクの長女として東京に生まれる。現在83歳。優れた生命科学者であり歌人である（柳澤桂子1998）。

1969年（31歳）38℃近い発熱とめまい，嘔吐に見舞われ慶応義塾大学病院に入院、自律神経失調症の診断を受け投薬を受けるも改善しない。以後現在まである程度改善するものの51年間、毎月1回2週間程度周期的に襲ってくる同様の激しい症状に苦しめられてきた。慶応義塾大学病院婦人科で「子宮内膜症」の診断を受け、子宮摘出手術を受けるも症状は改善しなかった。後に卵巣摘出術、胆嚢摘出術も受けるが改善はしなかった（柳澤桂子1998, 2）。

慶応義塾大学病院内科教授より「慢性膵炎」の診断を受け治療を受けるも改善せず、その後各科から心気的・精神的と断定され、まともな診察・治療を受けることが無くなった（5–6）。苦しくて救急で受診すると罵倒され，放置された。あまりの苦しさからうつ状態となり，自殺も考えるようになった。尊厳死を望むまでになった（15）。

　　またひとつ授かりし臓失いて　帰りし家に残菊乱る
　　黒ぐろとシャイ・ドレーガーと医師は書く　平然として死の病名を
　　今生に癒ゆることなき身となりて　冬の野をゆく風を見ている

1999年金沢大学の佐藤保より「周期性嘔吐症候群」の診断を受け、抗うつ薬を服用するようになり劇的に改善する（柳澤桂子2004）。更に平塚共済病院脳神経外科医篠永正道より「脳脊髄液減少症」の診断を受け、治療を受け症状は更に改善した（29–30）。想定される病気は、周期性嘔吐症、慢性疼痛、脳脊髄液減少症、反復性短期うつ病性障害等であるが、複合的で大きな苦しみを彼女に与え続けた。結果的に復職する事はできず、1983年11月1日長期休職のため研究所を解雇される（柳澤桂子1989, 28）。

「その夜は一睡もできなかった。長男純の部屋の前を通った。入り口のドアが少し開いていて、本棚に本がずらりと並んでいるのが見えた。その中の1冊が5センチほど飛び出しているように見えた。その本を手に取ってみると、すでに亡くなられた元薬師寺管長の橋本凝胤師の書かれた『人間の生きがいとは何か』であった。宗教には無縁であったが、噛んで含めるような温かい語り口に自然に引き込まれていった。一冊の本を読み終わる頃、外が明るくなり始めた。白く浮かび上がった障子を眺めていた私は、突然明るい炎に包まれた。熱くはなかった。ぐるぐると渦巻いて、一瞬意識がなくなった。気がついてみると、それまでの惨めな気持ちは打ち払われ、目の前に光り輝く一本の道が見える。私は何か大きなものにふわりと柔らかく抱かかえられるのを感じた。その道はどこへ行くのかわからなかったが、それを進めばよいことだけはわかった。」（柳澤 桂子 1998, 29–30）

　これは、極限状況に置かれ、それを耐え抜いた後に生じた神秘体験である。神秘体験は「価値体系の変換を起こし」「人間のもちうる朽ちぬ喜びを知るようになる。執着から自由になった心からは喜びが溢れてくるのである。神秘体験によって、私の足は地にしっかり着いたように思われる。この時以来私の心は揺らぐことはなかった。私の道をゆく。その道が何かということはわからなかったが、私の前には道が開けているという強い自信に支えられていた。」（柳澤桂子 1998, 33）その後の柳澤の人生は、苦しいなりに幸せと充実感の感じられる人生となっていく。Spirituality の覚醒とそれによってもたらされた Resilience による力である。

おわりに：Spirituality と Resilience の関係

　Spirituality と Resilience の視点から神谷美恵子と柳沢桂子の人生を辿った。神谷は21歳時、肺結核に罹患し軽井沢で一人で療養生活を送るようになる。その際、重度のうつ病になり一人もがき苦しむ生活を送る。その苦しみに耐え抜いた際、神々しい光を浴びるという神秘体験をする。その体験に依って一気にうつ病は治ってしまう。治るだけでなく、今まで以上に元気になり、精力的に活動するようになる。生かされている感覚を持ち、生きる大いなる喜びを感じるようになる。と同時に、結核も治ってしまう。これが、Spirituality の覚醒であり、Resilience の発現である。神谷の人生を見ると、

69

その後ずっと精力的で、40 代で子宮ガンになるも生命力で克服し，50 代で狭心症、TIA, 心筋梗塞を起こし 17 回も入退院を繰り返すがそのような生命に関わるような病的危機に対しても怯む事無く精力的な執筆活動を続けた。一度覚醒した Spirituality と Resilience は生涯続くようである。

　神谷美恵子以外にも、難病に苦しみうつ病に耐え抜いた生命科学者柳澤桂子も同様の人生を現在まで送っているし（柳澤桂子 1998, 28）アウシュビッツを生き抜いた V.E. フランクルは実存分析を確立し、「生きがい」と「生きる希望」と「どんなところにも生きる意味がある」と訴え続けた（山田和夫 2014）。C.G. ユングも、フロイトと離反した際に実存的な危機に陥り、2 年間実家の牧師館に引きこもり統合失調様状態を呈したが、砂場遊びから回復し、分析心理学を確立し、「魂」「集合無意識」の重要性を訴え、その後は大家族にも恵まれ、充実した人生を送り、現代まで多くの人の心を捉え多くの後継者を輩出してきている（山田和夫 1999，443–461）。これらの事例は全て Spirituality の覚醒と Resilience の発現に依るものと思われる。人生の救済において Spirituality の覚醒と Resilience の発現は一つの大きな基本的療法と思われる。これを基本として Spiritual Care は万人の基本的精神療法になると考えられる。

参考文献

加藤敏／八木剛平（編著）2009：『レジリアンス―現代精神医学の新しいパラダイム』金原出版。

加藤敏（編著）2012『レジリアンス―文化・創造』金原出版。

鈴木大拙 1972：『日本的霊性』岩波書店。

みすず書房編集部（編）2001：『神谷美恵子の世界』みすず書房。

八木剛平／渡邊衡一郎（編著）2014：『レジリアンス―症候学・脳科学・治療学』金原出版。

山田和夫／山田和惠 1986：「小林秀雄の病跡（1）生活」『日本病跡学雑誌』32、19–27。

山田和夫 1999：「神経症の治療史」『臨床精神医学講座 S 1 巻　精神医療の歴史』松下正明（編著）、中山書店、443–461。

山田和夫 2003：「Spirituality と病跡」『日本病跡学雑誌』65、2–3。

山田和夫 2004：「文学の中の Spirituality と癒し」『日本病跡学雑誌』68、21–26。

山田和夫 2012：「精神科医神谷美恵子の病跡と Spirituality」『東洋英和女学院大学大学院紀要』6、1–6。

山田和夫 2014：『うつにならない・負けない生き方』サンマーク出版。

柳澤桂子 1998：『癒されて生きる―女性生命科学者の心の旅路』岩波書店。

柳澤桂子 2004：『生きて死ぬ智慧』小学館。

『広辞苑　第6版』2008：新村出（編著）、岩波書店、1516；1656；2983。

Spirituality and Resilience
from the Viewpoint of Clinical Thanatology

by Kazuo YAMADA

In this article, first the history of the establishment of the field of Clinical Thanatology in two universities in Japan is explained. This arose from Tokuji Shimoyama's unique relationship with Viktor Frankl and his study of logotherapy under Frankl's guidance. Shimoyama went on to translate Frankl's bestseller *Ein Psycholog erebt das Konzentrationslag* (English title: *Man's Search for Meaning*) into Japanese, and after retiring as a professor from Sophia University, became a professor at Toyo Eiwa University. In both universities, he began the tradition of the study of existential therapy and spiritual care.

Next, the relationship between Clinical Thanatology and spirituality and spiritual care is explained. In the last part of the 20th century, the World Health Organization (WHO) tried to change its definition of "health". Until then, the definition of a healthy person contained only biological, psychological, and social aspects. By the end of the 20th century, however, this definition was seen as inadequate. Therefore, the addition of a spiritual aspect was suggested for the WHO's revised definition. Though the word of "spirituality" in Japanese is not very clear, it is still important in psychiatric care. For example, people who have spiritual pain or suffer grief from an experience of loss can benefit from spiritual care.

Finally, the importance of resilience in the recovery process is discussed using the case of Dr. Mieko Kamiya, who was a psychiatrist and poet. After she contracted tuberculosis and recuperated alone, she fell into a deep depressive state and spent days of distress. At the time, she had the mysterious experience of having her whole body bathed in divine light. She had the consciousness of a great natural power in her. Her spirituality and her resilience awoke. She recovered and regained strong health through her resilience and spirituality. The example shows how spiritual care could be important in recovering from any disaster. Strong resilience was induced by spirituality. Spiritual care is important in disaster situations.

HIV 臨床からみた
Stigma と Social Death の問題

小林　　茂

はじめに

　筆者は 2016 年 9 月より社会福祉法人はばたき福祉事業団（以下、はばたき）の派遣カウンセラーとして従事している。はばたきとは、薬害エイズ被害者の救済事業を被害者自らが推進していくことを目的に 1997 年に設立された団体（2006 年から社会福祉法人となる）である。法人本部は東京にあり、他に全国に 4 つの支部を持つ。その支部の一つが筆者の所属する北海道支部である。

　はばたきの歴史について簡単にではあるが以下に示しておく。

　1980 年代以降、ヒト免疫不全ウイルス（Human Immunodeficiency Virus. 以下、HIV）による汚染された非加熱濃縮血液製剤の使用により日本でも約 2,000 名の血友病患者が罹患した。またその危険性が認知されていたにもかかわらず厚労省の不作為によって感染が二次被害となって広がった。この出来事により 1988 年には、被害者と弁護団による被害者救済のために東京と大阪で国を相手取った訴訟が起こされるに至った。

　1996 年には東京・大阪 HIV 訴訟が和解に至ったのだが、同年に「北海道 HIV 訴訟を支援する会」（1993 年発足。以下、北海道支援会）は国の対応の不備を補うべく札幌地裁で地元提訴と呼ばれる訴訟を起こした。以後、北海道支援会は裁判の度に集会や記者会見を開き支援を続けることになる。1997 年の国との和解を契機に北海道支援会は法人設立前のはばたきの活動を支えることを決め、1998 年に解散した。この北海道支援会の活動が現在のはばたき・北海道支部となる（北海道 HIV 訴訟原告団・弁護団・支援する会 1998）。

　現在、北海道支部では北海道行政からの委託を受けてフリーダイアルによる電話相談やカウンセラー派遣をはじめとする相談事業、患者のための医療

講習会、医療者のための研修会、患者や医療者への情報提供などの事業を行っている。また札幌市行政からは HIV 検査・相談室「サークルさっぽろ」の運営委託を受けて活動している。

　筆者が活動する派遣カウンセラー業務は、主として保健所等で HIV 検査を受けて陽性となった方へのカウンセリングを行い、不安や治療にかかる疑問を軽減し治療につなげる役割を担っている。そのため、HIV および後天性免疫不全症候群（Acquired immune deficiency syndrome. 以下 AIDS）の問題に継続的に関心をもち続けている。

　この論考のきっかけは、2018 年に社会福祉法人「北海道社会事業協会」（札幌市）に属する病院が HIV 感染の申告をしなかったことを理由にして採用内定を取り消した事件（以下、内定取り消し事件）にある。この事件から HIV 臨床の現状と社会の認識との間にある stigma と social death の問題を考察するに至った。

1. HIV の現状

1.1. HIV の基礎知識

　北海道の内定取り消し事件については改めて後述するが、この事件が筆者に与えた衝撃は医師を始めとする医療関係者が HIV について基礎的な知識を持っていなかったという点にある。多くの場合、特定の病気についての知識は、その疾患が身近なものにならなければ多くを知ることがない。だが内定取り消し事件をみる限り日本社会の現実は HIV について基本的な知識を持っていないことを思わされる。そのため、本論を進めるためにも HIV の基礎知識について確認する。

⑴ HIV 感染とは

　HIV に感染すると、免疫の仕組みの中心である白血球の一種である「ヘルパー T リンパ球（CD4 陽性細胞）」が破壊され、免疫力が低下する。通常、HIV 感染から 6 ～ 8 週間経過すると血液中に HIV 抗体が検出されるようになる。感染から数週間以内に風邪に似た症状が出ることがあるが症状から HIV 感染の有無は判断できない。その後は何年間も無症状なので、感染の有無は HIV 抗体検査を受けなければ確認できない。

図 1　HIV 感染から AIDS 発症まで

(2) HIV 感染から AIDS 発症まで

　HIV に感染しても、すぐに AIDS を発症するわけではない。自覚症状の
ないまま数年経過し、その間に免疫力が低下する。免疫力の低下により「日
和見感染症」と呼ばれる病気が発症するようになる（図 1）。日和見感染症
には 23 の疾患が AIDS 発症の指標として決められており、HIV 感染者は
それらの指標疾患を発症した時点で「AIDS 発症」と診断される（図 2）。

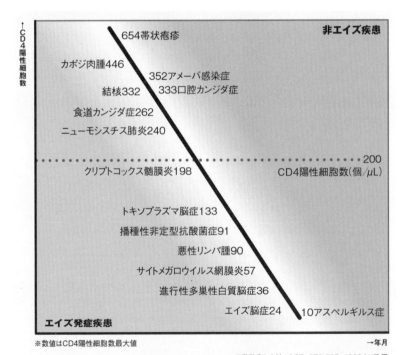

図 2　HIV と日和見感染症（日笠聡（2017）『My Choice & My Life』、13 からの引用）

⑶ HIV 感染の 3 つの経路

HIV 感染の経路は、おおよそ限定される。日本国内で圧倒的に多い感染経路は性行為によるものである。他の性感染症と同様にコンドームの使用により HIV 感染を予防できる。次に HIV が存在する血液の輸血や依存性薬物の使用で注射器具を使いまわすなどによる感染経路である。現在、日本で扱われる輸血や血液製剤については十分な安全が確保されている。最後は母子感染による感染経路である。母親が HIV に感染している場合、妊娠中、出産時、授乳時に子どもに HIV 感染することがある。服薬など適切な処置をとることで母子感染を 1 ％以下に抑えることができる（表 1）。

表 1　HIV感染経路と感染率（藤井 2018）

性行為感染	1 回での感染リスクは、0.3 ％くらい。
血液感染	1 回の針刺し事故での感染リスクは、0.3 ％くらい。
母子感染	子への感染リスクは 40 ％くらい。＊母乳をあげることによる感染も含む。

⑷ HIV は性交渉を除いた日常生活で感染しない

HIV 自体は他の性病よりも感染力が弱い。日常生活においては性行為以外で感染することはない（表 2）。

たとえば、HIV 感染者が掴まった電車のつり革など触れたものや握手、お風呂やプール、咳きやくしゃみ、汗や涙、軽い接吻、散髪で使った用具、飲み物の飲みまわし、同じ皿の料理を食べる、空気感染などで HIV 感染することはない。

表 2　他の性行為感染症との感染率の比較（相手が感染していて未治療が前提）（藤井 2018）

	梅毒	クラミジア	AIDS
SEX 1 回あたり	30％	50％	0.3％
母子感染	60 ～ 80％	5 ～ 15％	40％

1.2. 治療効果と死亡率

HIV 感染者が無治療の場合、10,000 ～ 100,000/1ml 個のウイルスがいる

とされる。ウイルス量が多ければ、他者への感染もさせやすくなる。HIV は免疫細胞 CD4 陽性リンパ球に感染し破壊する。そのことにより免疫力が低下し、日和見感染症を起こし、最終的に AIDS となる。

　HIV 感染への治療は、主として薬物治療による。現在、これが服薬により HIV 検出感度以下（＜ 20/1ml 個）までにすることができるようになった。HIV が検出感度以下になると他者への感染の危険性はほとんどなくなる。また、HIV 減少により末梢血の CD4 陽性細胞数（CD4 値、通常 700 ～ 1200/μℓ 個）が上昇する。HIV から AIDS を発症していた患者も AIDS 指標疾患が治癒か軽快するようになる（無症候性化）。この状態にまでなると治療継続することで仕事に復帰したり、社会生活も通常通り行うことができる。通院についても安定していれば 1 ～ 3 か月に 1 回で済むようになった（藤井 2018）。

　HIV 感染への薬物治療は以前から行われてきた。だがはっきりとした治療効果が得られるようになったのは 1996 年頃からとされる。鯉渕（2010）は、先進国において 3 剤以上の抗 HIV 薬を組み合わせる強力な多剤併用療法である抗ウイルス療法（highly active antiretroviral therapy。以下、HAART）が導入され、HIV 感染症患者の予後は著しく改善し、抗ウイルス薬の内服が 100% できればウイルスの増殖はほぼ確実に抑えられる時代となったことを指摘する。

　事実、HIV 感染者への HAART は、感染後 5 年以内の死亡率を先進国の通常の死亡率まで下げることができるまでになった（Bhaskaran, K. et al. 2008、May,M.et al.2011）。表 3 が示すように HAART が使用され始めた

表 3　アメリカにおける HIVAIDS 死亡者数の年次推移と男子死亡者の世代マップ
（池田／灘岡／神谷 2009、284 からの引用）

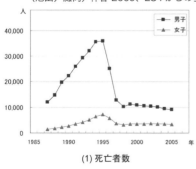

(1) 死亡者数

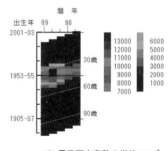

(2) 男子死亡者数の世代マップ

1996年前後より死亡率の大幅な減少が見て取れる。

1.3. 日本の HIV 感染状況

　エイズ予防情報ネット（API-Net）の「令和元（2019）年エイズ発生動向年報（1月1日〜12月31日）」によれば、「令和元（2019）年の新規報告数は、HIV 感染者903件、AIDS 患者333件、HIV 感染者と AIDS 患者を合わせて1,236件であった（表4）。HIV 感染者と AIDS 患者を合わせた新規報告数に占める AIDS 患者の割合は26.9％であった。また凝固因子製剤による感染例を除いた2019年12月31日までの累積報告数は HIV 感染者21,739件、AIDS 患者9,646件、HIV 感染者と AIDS 患者を合わせて31,385件であった（表5）」という。

　傾向としては、HIV 感染者の年間新規報告数は2008年の1,126件をピークとし、AIDS 患者の年間新規報告数は2013年の484件をピークとなっている。HIV 感染者と AIDS 患者を合わせた年間新規報告数は2013年の1,590件をピークとなったあと減少傾向となっている（表4）。

　次に、日本における HIV および AIDS 死亡者数の推移であるが、「日本における死亡者は、1995年に男子52名、女子4名であったが、以後、男

表4　HIV 感染者および AIDS 患者の年間新規報告数の推移
（厚生労働省エイズ動向委員会 2020 からの引用）

表 5　HIV 感染者および AIDS 患者の各年末までの累計報告数の推移
（厚生労働省エイズ動向委員会 2020 からの引用）

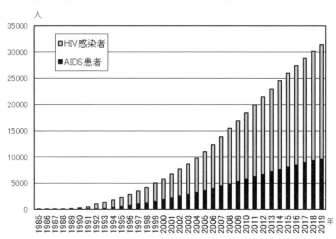

子 50 名前後、女子数名の状況は変化せず、2006 年には男子 55 名、女子 5
名となっている。世界的にみると日本における HIV/AIDS による死亡率は
非常に低くなっている」（池田／灘岡／神谷 2009）とされる（表 6）。

表 6　アメリカにおける HIVAIDS 死亡者数の年次
推移と男子死亡者の世代マップ（池田／灘岡／神谷
2009 からの引用）

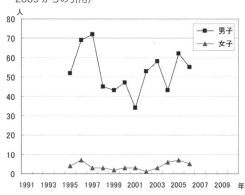

　こうしてみると、日本においては元々の感染者数が諸外国に比べて少な
いこと、新規の感染者が減少傾向にあること、HAART といった効果的な

治療がなされていることもあり HIV/AIDS による死亡率が低いということができる。したがって医療的にみれば HIV 感染が即 AIDS とはなりえず、HIV 感染が死に直結するということは最早ない状況にあると指摘できる。

2. HIV の社会的理解と受容

　北海道で起きた内定取り消し事件は、幾つかの点で問題が指摘される。採用された人物（以下、A 氏）は、内定された病院に通う患者でもあった。内定を受けたのちに病院の A 氏のカルテが (a)A 氏の同意なく、(b) 治療の目的外で使用され、(c) 病名が HIV であるということで、(d) 面接時に申告しなかったという理由により、(e) 採用が取り消しとなった。このことを (f) 本来、正しい知識と患者を守る医療機関が行った、という点である。結果は、A 氏と弁護団は当該の社会福祉法人に対して訴訟を起こし、裁判の結果、勝訴という判決を勝ち取ることになった。だが、裁判の過程で顕わになった病院の A 氏への対応や、裁判の被告側の弁論は、HIV への偏見差別に満ちたものであり、A 氏に対応した医師が防護服を着て対応していたなど 2 次被害とも呼べるものを A 氏や HIV 患者らに与えたといってよいものであった（岩田 2020）。判決では勝訴したものの、訴訟を起こしたことで HIV 罹患者を採用することや関わりを持つことへの警戒感や印象を与えた問題も残すことになったと思われる。

　この事件は、HIV への社会の無理解が極端な形で顕在化したものであったといってよい。裁判を傍聴した Tanaka（2019）は、「HIV とエイズを混同したり、HIV に感染する＝死に至る病と思い込んだりする誤解は、実は一般の社会だけでなく医療の専門家たちも良く知らなかったのだということが分かった」と述べている。事実、2018 年の内閣府政府広報室が公開した「HIV 感染症・エイズに関する世論調査」によると、実に調査に協力した人（N=1,671）の 52.1％が HIV は死に至る病であると答え、原因不明で治療法がないと答えた人が 33.6％もいたのである（表 7）。

　HIV 感染の原因についても、上位 5 項目から無防備な性行為と答えた人が 85.3％、注射器の回し打ち 73.6％、かみそりや歯ブラシの共用 43.7％、蚊の媒介 24.9％、授乳 22.3％、という結果となった（表 8）。

表7　エイズの印象（「HIV 感染症・エイズに関する世論調査」概要からの引用）

エイズの印象	（上位5項目）
・死に至る病である	52.1%
・原因不明で治療法がない	33.6%
・特定の人達にだけ関係のある病気である	19.9%
・どれにもあてはまらず、不治の特別な病だとは思っていない	15.7%
・毎日大量の薬を飲まなければならない	13.8%

エイズの印象

（複数回答）

%

	0.0	10.0	20.0	30.0	40.0	50.0	60.0
死に至る病である						52.1	
原因不明で治療法がない				33.6			
特定の人たちだけ関係のある病気である			19.9				
どれにもあてはまらず、不治の特別な病だとは思っていない		15.7					
毎日大量の薬を飲まなければならない		13.8					
仕事や学業など、通常の社会生活はあきらめなければならない	11.0						
その他	0.2						
わからない	5.3						

総数（N＝1671 人、M. T.＝151. 6%）

（複数回答）

	当該者数	死に至る病である	原因不明で治療法がない	特定の人たちだけ関係のある病気である	どれにもあてはまらず、不治の特別な病だとは思っていない	毎日大量の薬を飲まなければならない	仕事や学業など、通常の社会生活はあきらめなければならない	その他	わからない	計(M.T.)
	人	%	%	%	%	%	%	%	%	%
総　　数	1,671	52.1	33.6	19.9	15.7	13.8	11.0	0.2	5.3	151.5
(性)										
男　　性	781	51.7	36.2	20.6	15.7	14.2	10.6	0.1	4.6	153.6
女　　性	890	52.6	31.2	19.3	15.7	13.5	11.2	0.2	5.8	149.7
(年齢)										
18〜29 歳	133	51.1	39.1	22.6	16.5	18.0	12.0	―	1.6	160.9
30〜39 歳	175	59.4	38.9	11.4	14.3	21.1	13.1	0.6	1.7	160.6
40〜49 歳	271	56.5	39.5	15.5	19.2	16.1	10.3	0.4	1.5	157.9
50〜59 歳	265	55.3	32.5	18.5	17.7	13.6	10.9	―	0.4	149.4
69〜70 歳	361	51.6	32.7	24.1	16.6	16.1	14.4	0.3	3.3	168.7
70 歳以上	466	45.5	27.9	22.5	12.2	7.5	7.6	―	14.2	137.3

表 8　HIV 感染の原因（「HIV 感染症・エイズに関する世論調査」概要からの引用）

HIV 感染の原因	（上位 5 項目）
・無防備な性行為	85.3％
・注射器の回し打ち	73.6％
・かみそりや歯ブラシの共用	43.7％
・蚊の媒介	24.9％
・授乳	22.3％

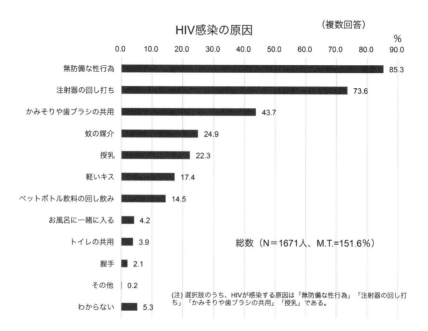

参考　エイズ感染経路の周知度

平成 12 年 12 月調査

	当該者数	知っている	知らない	わからない
	人	％	％	％
(1) 患者や感染者との性行為	3,483	96.4	2.1	1.5
(2) 患者や感染者とのかみそりや歯ブラシの共用	3,483	61.2	32.2	6.5
(3) 患者や感染者との注射器の回し打ち	3,483	88.8	7.3	3.8
(4) 患者や感染者の授乳	3,483	51.6	36.7	11.8
(5) 患者や感染者の出産	3,483	68.4	22.3	9.3

（注）「エイズの原因となるウイルスの感染は、「～」によって感染する可能性があることを知っていますか。それとも知らないですか。」と「　」の中を読みかえて順次聞いている。

HIV 感染の原因

(複数回答)

	当該者数	無防備な性行為	注射器の回し打ち	かみそりや歯ブラシの共用	蚊の媒介	授乳	軽いキス	ペットボトル飲料の回し飲み	お風呂に一緒に入る	トイレの共用	握手	その他	わからない	計 (M.T.)
	人	%	%	%	%	%	%	%	%	%	%	%	%	%
総　数	1,671	85.3	73.6	43.7	24.9	22.3	17.4	14.5	4.2	3.9	2.1	0.2	5.3	297.4
(性)														
男　性	781	86.4	75.2	42.6	23.2	20.7	18.1	12.5	4.2	4.9	2.4	0.1	3.8	294.2
女　性	890	84.3	72.2	44.7	26.4	23.6	16.9	16.2	4.3	3.0	1.8	0.3	6.5	300.2
(年齢)														
18〜29 歳	133	91.0	77.4	33.8	36.3	30.8	18.0	13.5	6.8	2.3	0.8	—	1.5	311.3
30〜39 歳	175	90.9	86.3	47.4	34.3	22.9	12.6	9.7	2.9	4.6	1.1	—	—	312.0
40〜49 歳	271	90.0	86.3	50.9	31.7	28.0	13.7	8.9	3.0	1.8	1.6	0.4	—	316.2
50〜59 歳	265	92.5	85.7	57.7	23.0	23.8	15.8	15.5	2.6	3.8	1.5	0.4	0.4	322.6
60〜69 歳	361	85.6	75.3	48.5	24.7	23.5	20.2	17.7	4.2	3.3	1.4	0.3	3.6	307.8
70 歳以上	466	74.5	52.1	29.4	15.7	14.4	20.0	16.7	5.8	6.0	4.1	0.2	15.9	254.7

　こうした調査結果を踏まえると、日本社会の HIV/AIDS への基本的な知識のなさを意識せざるを得ない。その結果、HIV の罹患者に対して無理解、誤解、偏見差別が生じさせるといえる。

3.　stigma と social death

　στίγμα という語は、古代ギリシャの刺青や刻印を指し、装飾、宗教的目的、奴隷の所有権の表示、犯罪者への烙印を示すものであった。この語が語源となり、現代の stigma ＝「恥の印」という用語となる。現代の stigma の概念は、社会的・心理的な伝統に根ざしたもので、主に精神疾患の患者に向けられた恥辱と不名誉の印を意味するラベリングとして使用されている (Stuart, H. et.al. 2012、Goffman, E. 1963、Hinshaw, S. P. 2006)。

　現代の否定的なラベリングである stigma についての基本的な考察は、

Goffman の著作 STIGMA Notes on the Management of Spoiled Identity (1963) から始まる。Goffman 自身は社会学からの考察であるが、Hinshaw (2006) の stigma と心理学、および Stuart, H. et.al (2012) による stigma と精神医学の問題意識の枠組みの多くは Goffman (1963) の考察に拠っている。

　以下は、Hinshaw (2006) を参考にして stigma によって受ける影響を示したものである。

①stigma とされる、その人の持つ特徴や属する集団すべてをアイデンティティに欠陥があるという見方から解釈する。例. 性的マイノリティや精神疾患など

②stigma とされる集団に対し、多数派の考え方を前面に押し出した社会的制度的な構造と政策が用いられる。例. 優生保護法など

③stigma とされる特徴や集団について、外面的もしくは内面的にもステレオ タイプ化され、偏見と差別が起こる。例. 黒人差別に代表される人種差別など

④stigma とされることにより、人間性が否定され、相手を人間以下の存在とみなし、不当な仕打ちが容認される。例. ホロコーストや原子爆弾投下など

⑤stigma により、その人の持つ特徴や属する集団は周囲から受ける否定的なメッセージを内在化し、事実を隠すという対処を使用する。　例. 部落や民族の出自を自ら隠すなど

　こうした stigma が人と社会に与える影響は、対人と対社会との関係に疎外を生みだすことになる。ある種のラベリングにより生じた stigma は、その当事者の内面から対人や対社会を遠ざけ、人と社会から生活権を侵害され、場合によっては生存権が奪われることが起こるといえる。このことは、stigma による社会的な死であると指摘できる。

　多氣田（2000）は、social death の定義を「医学的進歩に伴って寿命が延びた半面、肉体的には生きていても社会的な必要（social need）が満たされないという状態が生まれ、これを「社会的死」と呼ぶ。「肉体的な死」(biological death) と相対する考え方ととらえられる」とする。だが、

stigma による社会的な死を問題にするとき、social death つまり社会的死は医療の問題にとどまらない、極めて多様で幅の広い死の概念であると指摘できるといえる。

4. HIV と Social Death

　Goffman (1963) を翻訳した石黒は改訂版へのあとがきで「HIV のような新たなスティグマの理由になる問題が生じてきている」(石黒 2001) と指摘していた。日本における HIV 関連の訴訟が和解へと導かれて間もない頃の指摘である。この石黒の指摘は、残念ながら現実のものとなった。

　日本における HIV の問題は、血友病患者への薬害から始まった。薬害とは、薬でおこる不都合な出来事 (adverse event) のなかで医療体制側の対応に問題があり、人為的要素により回避できたとされるものをいう（山本／山本 1999）。

　HIV が問題となり始めたアメリカにおいて 1982 年に HIV を含んだ非加熱血液製剤が指摘され、翌年に加熱血液製剤が認可された。それにもかかわらず、日本ではその事実を知りながらその後も安全であると使用が続けられた。その結果、血友病患者と関係者に HIV 感染が広がることになった。しかも、当時の厚生省は薬害エイズを隠ぺいするために、1985 年に男性同性愛者を日本人エイズ第一号と発表したのである。さらに 1986 年には長野県松本市のフィリピン女性がエイズ感染者とわかり日本のマスコミが差別を助長する報道を繰り返した。1987 年には厚生省のエイズサーベラス委員会が神戸市の女性を初の女性患者であるとエイズ認定し、神戸市内にパニックなどを起こした。この事件では患者である女性が売春や外国籍との接触により感染したなど根拠のないデマがマスコミによって拡散したのである。同年の 1987 年には血友病患者が HIV に感染していることが公になり、マスコミによって血友病患者＝ HIV 感染者という刷り込みが拡散することになった。こうした出来事の後、1988 年に社会的防衛の傾向のあるエイズ予防法が成立することになったのである。

　こうした日本の HIV をめぐる歴史は、先に挙げた stigma によって受ける影響の①から⑤の項目すべてに該当するものであるといえる。国の機関である厚生省とマスコミがこぞって HIV を stigma 化し、当時日本において

は HIV 感染者のほとんどが薬害によるものであったにもかかわらず、異質なものに変えてしまったのである。この一連の出来事は、HIV 患者を肉体的にも、精神的にも、社会的にも抹殺してしまった出来事であったといえる。

　さらに、2018 年に札幌市で起きた内定取り消し事件は、現在も social death としての stigma の影響が続いていると指摘できる出来事であったといえる。

おわりに

　HIV 臨床からみた stigma と social death の問題の考察を進めてきた。

　HIV の治療が既に死に至る病ではなくなっているにもかかわらず、依然として HIV 感染が死につながるイメージや治療薬がないという知識のなさや無理解が続いている。この事実は、HIV 感染した患者にとって、医学的な肉体の死はもはや問題ではなく、理屈上は社会的死についても自らのニーズを満たすという点において支障がない状態であるといえる。

　だが、日本において HIV に対する社会の認識が 1980 年代から大きな変化を見せず、その取り上げ方によって HIV と HIV 感染が一種のラベリングとなり、stigma が形成されてきたといえる。HIV が stigma 化したことにより、HIV 感染者の生活権が奪われ、生存権が脅かされる現実がある。このような状態は、stigma による社会的な死といえるものである。したがって、social death の概念も医療的見地からだけではなく、社会的な見地からも問い直す必要があるといえる。

参照文献

Bhaskaran, K. et al. 2008: *Changes in the risk of death after HIV seroconversion compared with mortality in the general population*. Journal of the American Medical Association, 300(1): 51–59.

Goffman, E. 1963: *STIGMA Notes on the Management of Spoiled Identity*, Prentice-Hall, Inc.（ゴッフマン, E. 2001：『スティグマの社会学　刻印を押されたアイデンティティ』石黒毅（訳）、せりか書房）。

Hinshaw, S. P. 2006: *The Mark of Shame:Stigma of Mental Illness and an Agenda for Change*, Oxford University Press.（ヒンショー, S. P. 2017：『恥の烙印　精神的疾病へのスティグマと変化の道標』石垣琢麿（監訳）、金剛出版）。

May, M. et al. 2011: *Impact of late diagnosis and treatment on life expectancy in people with HIV-1: UK Collaborative HIV Cohort (UK CHIC) Study*. BMJ, 343: 1–11.

Stuart, H. and Arboleda-Florez, J. and Sartorius, N. 2012: *Paradigms Lost: Fighting Stigma and the Lessons Learned*, Oxford University Press.（スチュアート, H.／アルボレダ−フローレス, F.／サルトリウス, N. 2015：『パラダイス・ロスト　心のスティグマ克服、その理論と実践』石丸昌彦（訳）、中央法規出版）。

池田一夫／灘岡陽子／神谷信行 2009：「世界における HIV/AIDS 死亡の分析（HIV、AIDS、死亡、人口動態、世界、日本、アメリカ、南アフリカ、HARRT 療法）」、『東京都健康安全研究センター年報』60 巻、283–289。

石黒毅 2001：「改訂版へのあとがき」、『スティグマの社会学　刻印を押されたアイデンティティ』せりか書房。

岩田健太郎 2020：『ぼくが見つけたいじめを克服する方法』、光文社。

木曽智子 2000：「エイズと死　AIDS and death」、『臨床死生学事典』日本評論社。

鯉渕智彦 2010：「現在の抗 HIV 治療ガイドライン」、『日本エイズ学会誌』12/3、129–136。

公益財団法人エイズ予防財団編 2015：『HIV/ エイズの基礎知識』公益財団法人エイズ予防財団。

厚生労働省エイズ動向委員会 2020：「令和元（2019）年エイズ発生動向年報（1 月 1 日〜 12 月 31 日）」、エイズ予防情報ネット（API-Net）。https://api-net.jfap.or.jp/status/japan/nenpo.html

多氣田亜希子 2000：「社会的死　social death」、『臨床死生学事典』日本評論社。

Tanaka Shino 2019：「HIV 内定取り消し訴訟、傍聴して感じたことをマンガに

してみた。」、ハフポスト日本版。https://www.huffingtonpost.jp/entry/story_
　jp_5d7dde6ee4b03b5fc884f037
内閣府政府広報室 2018：「「HIV 感染症・エイズに関する世論調査」概要」、内閣府。
日笠聡編集協力 2017：『My Choice & My Life』ヴィーブヘルスケア株式会社。
藤井輝久 2018：「HIV 医療チームのめざす心理支援〜医師の立場から〜（多職種カウ
　ンセリング研修会配布資料)」、国立研究開発法人国立国際医療研究センター／エイ
　ズ治療・研究開発センター。
北海道 HIV 訴訟原告団・弁護団・支援する会 1998：『北にはばたく 北海道薬害エイズ
　訴訟・闘いの記録』、はばたき福祉事業団北海道支部。
山本直樹／山本美智子 1999：『新エイズの基礎知識』岩波書店。

Problems of Stigma and Social Death from the Viewpoint of HIV Clinical Practice

by Shigeru KOBAYASHI

In this paper, stigma and social death from the viewpoint of HIV clinical practice is discussed. Morbidity caused by the HIV virus has greatly decreased with the improvement of recently-developed pharmaceutical treatments. These now protect most HIV carriers from deteriorating into the deadly AIDS or transmitting the virus to others. Thus, HIV infection has come to be considered as a chronic disease.

Although HIV infection is no longer so fatal, HIV infection's deadly image still remains, which keeps some people from believing that there can be a cure for those who are HIV positive. The fact is that people who are HIV positive no longer need to fear biological death, but there still exists the possibility of social death for them. This is caused by the situation in Japan in which people's understanding of HIV infection has not changed significantly since the 1980s. Because of the negative labeling of HIV carriers, there are cases of social stigma created by administrative office policies and the media continuing until today. In some cases, this has resulted in the deprivation of the civil rights of people who are HIV positive, which can be regarded as social death. The present situation of HIV carriers in clinical practice has revealed that HIV-related labeling and stigma has caused another kind of death, that is, social death.

〈論文〉

死の想像物を「振り払うこと」
── ポール・リクール遺稿集『死まで生き生きと』から[1] ──

山田　智正

1. はじめに

　近年、ポール・リクールのアーカイブを活用した研究が広まりつつある。2005 年の死後に遺族からパリ・プロテスタント神学院に生前の所蔵文献などが寄贈され、2010 年にリクール文庫が設立されたことによる[2]。著作の礎となった論文や講義原稿、学会発表、草稿などが体系的に閲覧できるようになった。現在、著作以外の入手困難な論文を編纂し、解題を加えるデジタル・アーカイブ・プロジェクトなどが行われるようになってきている[3]。これらのアーカイブ類は、いわば準備考察を含むあくまで補助的なものと言える。また生前出版の著作に、必ずしも置き換えることはできないのも事実である。しかし、これらは当時の議論を通してその時代の思索の様々な方向性を探るための導入とすることができる（Frey 2020）。この先駆的事例として、リクールの死後の 2007 年に編纂・出版された遺稿集『死まで生き生きと』（Ricœur 2007a）が挙げられる。

　この遺稿集は前半部と後半部の断片集に分かれる。いずれも死後にリクールの秘書であったカトリーヌ・ゴルデンシュタインによって発見された。前半部は 1995 年頃から書かれ、途中で中断された。この前半部は「死まで─喪と快活さについて」と「死」と題された二つの文書からなる。前半部は妻シモーヌの認知症に端を発し、最後を看取るまでの時期とほぼ重なり、内容にその経験を反映している（久米 2008, 44）。後半部は「断章」と題され、自身の死の直前までの 2004 年から 2005 年までに書かれた絶筆である。

　最初の「死まで─喪と快活さについて」は哲学的な思索である。死後の生や身近な死者は、どんな姿で実在しているのかという死の想像物への問いを「振り払うこと（exorciser）」（Ricœur 2007a, 37）が主題となる[4]。それらの想像物は、死者や未来完了としての死、もしくは復活や再受肉を期待する

93

死、そしていつか死なねばならない運命として描写される。リクールの努力は、自己の死を内心で先取りすることへの反論にあてられる。概念的にそれらを解明することは哲学的反省の最小限の課題であり、「治療的価値（valeur thérapeutique）」（Ricœur 2007a, 36）を持つ。

この前半部を理解する際に、編纂に携わったオリヴィエ・アベルの解説が重要である。リクールの前半部の死後の表象に対する拒否にかんして、アベルは、「不可知論的なもの（quelque chose d'agnostique）」（Abel 2007a, 11）を示唆する。そして、そこにリクールの友人であり、早逝したスイスのプロテスタント哲学者ピエール・テヴェナ（1913–1955）の影響を見る。有限性という意味での生の終わりは、我々を生の世界である「こちら側（en-deçà）」へと送り返す契機になる（Abel 2007a, 11）。この示唆は、リクールを「キリスト教哲学者」とみなす偏見に対して、それを拒否する不可知論的な態度と関わるものである。アベルの解説では、前半部執筆期前のリクールのテヴェナ理解と不可知論的な態度との繋がり、またその背景は必ずしも十分に述べられているわけではない。

そこで、本稿ではアベルの解説を補う形で、この態度を中心に焦点を当ててみたい。次に遺稿集の前半部を中心に、死の想像物をいかに「振り払う」か、リクールのホルヘ・センプルン『書くか生きるか』（Semprun 1994）[5]の読解と関連付けを試みる。本稿の目的は、一つの著作として遺稿集を多少なりとも読み解くことである。そこから主な著作や関連する主題から遺稿集の内容を補完し、考察を加えてみたい。

2. 不可知論的な態度

2.1. リクールのテヴェナ理解：
『〈時間と物語〉を議論する』から

前半部執筆期前のリクールのテヴェナ理解と不可知論的な態度との繋がりに焦点を当ててみる。リクールは哲学的著作と宗教的、ないしは信仰告白的な著作をはっきりと峻別した（Amherdt 2001, 11–80; Bühler and Frey 2011, 7–12）。ここで峻別とは、自律したものとして両者の境界と限界を区別し、混同することなくその接点を見分ける態度である。リクールは、この態度には困難さと複雑さが付きまとうことも熟知していた（Abel 2007b,

26）。これらが引き起こす葛藤が鮮明化してきたのは晩年の 80 年代以降
である。特にリクールを「キリスト教哲学者」や「隠れキリスト教徒」と
見なす偏見やそれらへの拒否によるものであった（Mongin 1998(1994),
200–204; Mongin 2006(1994), 7–11; Dosse 2008(2001), 554–581）[6]。

　その事例として、1990 年の『他者のような自己自身』（Ricœur 1996
(1990)）出版の際に「委任された自己」と「聖書の鏡に映った自己」が
収録されなかったことである。これらの聖書解釈学の論文は、基になった
1986 年のギフォード講座で他の哲学的講演と一緒になされたものである。
これらの背景は、同時期のクリスティアン・ブーシャンドム、ライナー・ロ
ホリッツとの『〈時間と物語〉を議論する』（Bouchindomme and Rocholitz
1990）から推察できる。ブーシャンドムがリクールの哲学的思索の前提に
は聖書の神への信仰があるとの主張に対し、リクールは、テヴェナの「絶
対なき哲学（philosophie sans absolu）」（Bouchindomme and Rocholitz
1990, 211）を引き合いに反論する。そこでは聖書の神についての信仰は、
哲学的探求の前提には入ってこない。加えて、聖書の神と哲学的思索の存
在論とは置き換え不可能であり、その思索の最終的な「保証」（Bouchin-
domme and Rocholitz 1990, 211）として見なすことはできないというもの
であった。

　そもそも、テヴェナの「絶対なき哲学」（Thévenaz 1956, 9–26）は、プ
ロテスタント哲学の構想の主題の一つであった（Thévenaz 1960, 129）。こ
の構想は、遺稿集『理性の哲学的条件』で哲学的理性とキリスト教的告知の
「衝撃的経験」（Thévenaz 1960, 13）との出会いにおいて展開される。この
経験は、神を前にした人間的な知恵は狂気でしかないと悟るのであり、人間
をむき出しにする哲学的反省へと向かわせる。この反省は、神に結ばれた絶
対的理性から、神を前にした人間的理性へと向かう哲学的回心である。脱絶
対化された理性は、神との関わりで自身の権威を捨て、「自律（autonome）」
（Thévenaz 1960, 169）したものとなる。そこでは、人間は、絶対者との
衝突から「自らをわきまえる（se mesurer）」（Thévenaz 1956, 206）よ
うになる。唯一の現実である「こちら側（en-deçà）」へと、自らの「限界
(limite）」と向き合い、自らの「有限性（finitude）」と位置付けを意識せざ
るをえないのである。テヴェナの「絶対なき哲学」は神を前にした人間的理
性の権威付けなき哲学であると言える。テヴェナにおいては、理性と信仰の

葛藤を調停することより、「神の前」で信じ、思考することができる「人間全体（homme tout entier）」（Thévenaz 1956, 243）が問題となる。とりわけ「信仰を持つ哲学者（croyant philosophe）」（Thévenaz 1956, 253）における信仰と理性の内面的葛藤が重要となる。

　リクールはテヴェナに同意しつつも、その脆弱さを批判する。後に『読解3』（Ricœur 2006(1994), 245–259）に収録された「ピエール・テヴェナ：あるプロテスタント哲学者」で、テヴェナの「神の前に応答できる哲学（responsable devant Dieu）」（Ricœur 2006(1994), 246）を取り上げる。そこでは、「神の前」で信者が告白する、哲学的知性の応答が問題となる。リクールは、なぜ哲学者自身が「神の前」にいると分かるのかと問う（Ricœur, 2006(1994), 257）。テヴェナの「神の前」（Ricœur 2006(1994), 258）という表現に、宗教的回心から人間的な回心への動きとも言うべき、「こちら側への回心（conversion à l'en deçà）」（Ricœur 2006(1994)）と、哲学的反省それ自体の働きを見る。リクールがテヴェナの「絶対なき哲学」から受け継ぐのは「神の前」の問いの留保であり、人間的思索の限界と有限性を前にした哲学的反省である。

　80年代以降のリクールへの偏見は、哲学と宗教的思索を峻別する態度と「絶対なき哲学」を強固に結びつける要因となる[7]。このような峻別する態度は、『他者のような自己自身』の「序文」（Ricœur 1996a(1990), 11–38）に見ることができる。

2.2. 90年以降の不可知論的態度：
『他者のような自己自身』「序文」とその広がり

　峻別する態度は、自律した哲学的言述を維持したい「気遣い」と聖書的信仰に結びつく「信念」を、はっきりと括弧に入れることと表明される（Ricœur 1996a(1990), 36）。これは聖書的信仰を動機付けとしない議論を提示する、哲学的言述の自律への配慮であり、禁欲的な態度である。そこでは実際に神を名指すことが欠けており、哲学的問いとしての神の問いは、「不可知論と言えるほどに未決定（suspense qu'on peut dire agnostique）」（Ricœur 1996a(1990)）なのである。

　この「不可知論的な」態度は、静的な態度ではない。哲学と神学的、もしくは宗教的なジャンルの混同を避けようとする実践であり、同時にそれらの

間の葛藤を表す宙吊りの状態である。というのも哲学的言述と聖書的信仰の間には「問い」と「応答」の図式は有効ではない。むしろ、前者には「問い」と「答え」であり、後者には「呼びかけ」と「応答」の図式として捉えることができるからである。これらの図式がもたらす「未決定」な状態は緊張関係である。宗教的、神学的な著作、またはそれらにかかわるジャンルや言述にあえて場所を空け、そこに留まる動的なあり方を意味する。リクールの哲学的著作への「隠れ神学という非難」と聖書的信仰を「隠れ哲学的機能」とすることの警戒には、哲学的言述と宗教的、信仰告白的な言述の両者の自律を保とうとする意図が窺える。

この「序文」以降の「不可知論的な」態度は、言述やジャンル、著作の峻別といった問いから、その問いに腐心する人間の実存に関わる内面の二重性とそれに伴う葛藤へと深化し、広がりを見せるのである。「序文」に言及した 90 年以降の論文、対談集などから補足してみたい[8]。

同時期の「聖書と哲学に共通の解釈学的性格」(Ricœur 1990, 4) では、哲学的解釈学と聖書解釈学との対話的関係から「信仰を持つ人間の動機付け」と「哲学する人間の論証」の「生きた弁証法」を強調する。この動機付けは、実存的な能力を喚起し論証を促す内面の活動性となる。これは、ブラッチェンとの対談では、葛藤を伴った「二重性 (dualité)」(Ricœur 1999, 25) として強調される。社会制度においては、宗教色を排除した教育の場で哲学教育に従事し、論証された哲学によって議論する。信仰においては、共同体や歴史的な伝統の中に所属し、聖書を読み、解釈する。場面に応じて言説を適切に使い分けることで生じるのである。

このような葛藤は、合意へと向かっていく。知的自伝『省みて』では、哲学的議論と非哲学的源泉の関係を、「神学というよりは聖書釈義学によって育まれた聖書的信仰と私の絶対なき哲学との葛藤し合意する関係 (rapport conflictuel-consensuel) についての問い」(Ricœur 1995a, 82) と言い表す。ここでの「絶対なき哲学」は、哲学的論証として非哲学的な思索の源泉である信仰との間に葛藤をもたらし、哲学的言述の自律へと向かう。非哲学的源泉である信仰は、批判的に分節され、合意への道筋をつけるのである[9]。ここに相互の分野の協働可能性を見ることができる。

この「葛藤し合意する関係」は、対談集『批判と確信』で、「批判」と「確信」の両極から述べられる (Ricœur 2002(1995), 11)。そこでは、哲学は

単なる批判であるばかりでなく、「確信の秩序付け」（Ricœur 2002(1995), 211）でもある。宗教的な確信それ自身の内側にも批判的側面を有しているのである。宗教的な確信は、様々な段階に応じて確信と批判によって形成される「精緻な合金」（Ricœur 2002(1995), 11）となる。この「批判」と「確信」の関係は、「序文」の不可知論的な態度と矛盾するものではない。哲学的側面においては「不可知論的（agnostique）」（Ricœur 2002(1995), 227）であるが、そこにあまりに直接的、もしくは即座に宗教的なものを哲学的なものの中に組み入れることを退けるのである。これ以後、実存に関わる内面の二重性とそれに伴う葛藤と合意は哲学的なものと神学的なものを混同しないという、自らに課した「約束を守ること」（Ricœur 2002(1995), 140）として、不可知論的な態度の実践に向かう。リクールは「約束」（2007b, 7）を、あらゆる状況下でも語られた言説に責任を持ち、それを維持する自らの態度に適用したと言える。これは、最晩年の「断章 0(1)」（Ricœur 2007a, 107）の「キリスト教哲学者」への拒否から、「絶対なき哲学者」と「哲学的表現をするキリスト教徒」の二重の自己言及として顕在化する。それは、テヴェナの「信仰を持つ哲学者」の内面の葛藤性とは異なり、「哲学者におけるキリスト教」（Ricœur 1995b, 16）と「キリスト教徒における哲学」（Ricœur 1996b, 2）の二面性を持つ、自己抑制とも言うべき配慮の表れであろう。

「不可知論的な」態度は、身近なものの死を前にした生の思索にどのように関わるのであろうか。以下に前半部「死まで—喪と快活さについて」のセンプルン読解を取り上げる。

3. 「死の想像物を振り払うこと」：
リクールのセンプルン読解

3.1.「まだ生きている」：「瀕死の人」と「死に臨む人」

リクールの死についての省察は躊躇いの中で開始される。「死後も生き続けたい願望を断念することに伴う必然性と困難さからか、それとも喜びからか、——いや、むしろ、死まで生き生きと在る（exister vivant）という望ましい恵みに結びついた快活さからか」（Ricœur 2007a, 35）。この内面の揺れ動きは、親しき者の臨終に立ち会い、死後いかに生きるか。また、自分

の死までいかにして喜びをもって生きるかという、リクール自身の苦悩の表れである。センプルン読解を通して、治療的価値を持った死の想像物への問いの概念的解明へと向かう。

　このような死の想像物を「振り払う（exorciser）」ために、死の恐怖の具体的な核として、まず「先取りされた臨終」（Ricœur 2007a, 42）と対決する。これはまもなく死を迎えるであろう人として、付き添う人の側から、そして付き添われた自己の側から想像することである。「先取りされた臨終」とは、未来完了の死の側からの視点である。「先取りされた臨終」を死後も生き残ることよりも先に扱う理由は、臨終に付き添う体験はより悲痛であり、局限された試練だからである（Ricœur 2007a, 41）。

　最初にリクールは、妻シモーヌの緩和ケアにあった終末期医療の専門家、ルシー・アクピーユ医師の証言に訴える。ここでは、患者に同伴する医者の視点から「瀕死の人（moribond）」と「死に臨む人（agonisant）」の違いが重要となる（Ricœur 2007a, 43）。臨終間際の患者は、死の半刻前においても自らを「瀕死の人」として認識するのではなく、「まだ生きている（encore vivant）」（Ricœur 2007a, 42）と認識しているという。これは、死後に起こることについての懸念ではなく、自己の生の確証のために「生の最も深いところにある資源を動員すること」（Ricœur 2007a, 43）である。この確証は、「内的な恵み（grâce intérieure）」（Ricœur 2007a, 43）として、外部から見た「瀕死の人」と生の側にある「死に臨む人」を区別する。リクールは、ここに「本質的なもの（Essentiel）」（Ricœur 2007a, 43）の現出を見る[10]。この「本質的なもの」は直接的な、神秘的な経験を意味しない。あらゆる宗教を超え、文化の垣根を越える深層の意志ともいうべきものである[11]。

　同時期の『批判と確信』に即すなら、「本質的なもの」は「根本的なもの」として言葉のヴェール、制約、文法を超え、自己の見えない根底の部分に呼びかける（Ricœur 2002(1995), 220）。これは、死の運命と恐怖に抗い、生の肯定を促す大文字の生として「死まで生き生きとしている勇気」となる。遺稿集では、「死まで生き生きと在る」願いの発露となる。

　次にリクールは、この「死に臨む人」と「死まで寄り添う人」との関係を考察する。とりわけ「眼差し」と「共苦」が重要となる（Ricœur 2007a, 46）。この「眼差し」は「死に臨む人」をまもなく生を終える「瀕死の人」として、憐れみや同情のように共に嘆く傍観者の視線ではない。「死に臨む

人」の「まだ生きている」という体験の最中に、「本質的なもの」に共感し、共鳴することである。「共苦」の感情は「死に臨む人」と「共に苦しむ」ばかりではなく、「共に戦い」そして「同伴すること（accompagnement）」へと転換していく。この「共苦」は、単に一体となっていくことではなく、「本質的なもの」の内側にある超越運動を「共有」（Ricœur 2007a, 47）することである。「まだ生きている」から、最後まで共に生きるという分かち合いへと向かうのである。

　アクピーユの証言は、訓練された職業的な視点である。リクールはセンプルンの『書くか生きるか』を生と死の極限の状況として取り上げる。この分かち合いを「同伴者のいる死における友愛（amitié dans le mourir accompagné）」（Ricœur 2007a, 48）として例証する。

3.2.「同伴者のいる死における友愛」：「与え—受け取る」

　センプルンは、1944 年にブーヘンヴァルト収容所でモーリス・アルブヴァクスの臨終に寄り添った、生と死の極限の体験を描写する。リクールは、以下のやり取りに注目する。まず、アルブヴァクスからセンプルンへの「友愛を込めた（fraternel）眼差しを向け、物憂げに微笑んだ」（Semprun 1994, 28）。次に目を開ける力のないアルブヴァクスがセンプルンに、かすかに指で握り返した「ほとんど感じられないメッセージ」（Semprun 1994, 32）である。その後、アルブヴァクスにおける「尊厳さの炎」と「眼差しの不死の光」を見たセンプルンは、激しく動揺し胸を締め付けられる。そして、アルブヴァクスを送るための祈りの必要性を感じ、ボードレールの詩句を途中まで朗唱する。センプルンが、「おお。死よ、老いたる船頭よ、いまこそ時刻なり、錨をあげよう。（…）君が知る我らが心は光に満ち溢れ」と途中まで朗唱した瞬間、かすかな震えがモーリス・アルブヴァクスの唇に浮かび、「友愛のこもった眼差しを向けて、物憂げに微笑んだ」のである（Semprun 1994, 32–33）。リクールは、決して消すことができない「与え–受け取る（donner-recevoir）」（Ricœur 2007a, 48）のしるしを一連の描写に読み取る。遺稿集では、このしるしを死に臨む人と同伴する人の最後の時の分かち合いとして適用する。

　そもそも「与え—受け取る」は、ピーター・ケンプに依拠しつつ『他者のような自己自身』以来練り上げてきたものである。ケンプにおいては、死に

ゆく者は、幸福を実現する「与える」と「受け取る」という共同体の実践を通して自らを他者のために捧げ、最後の瞬間まで参与することができるのである（Kemp 1987, 77）。このような実践は、個人がお互いをかけがえのないものと見なし、見返りを求めない行為によってなされる（Kemp 1987, 64-65）。リクールは、「与え―受け取る」に、お互いのために為すことができる「能力（capacité）」（Ricœur 2017, 180）を見る。

『他者のような自己自身』では、友愛の相互的性格によって自己と他者が「共に生きるという同じ願いを平等に分かち合う中間点」（Ricœur 1996(1990), 225）として現れる。良き生を目指す「自己の評価」は、他者への「心づかい」によって、自らを多くの他者の中の一人として気づくのであり、他者を自己と置き換え不可能なものとする。これは「かけがえのなさ」（Ricœur 1996(1990), 226）として、自己と他者の相似性に結びつく。自己自身のような他者の評価と他者のような自己自身の評価は、根本的に等価のものとなる。以後リクールは、自己と他者の「与え―受け取る」のやりとりを、苦しみの経験や死の中で捉える（Ricœur 2017, 171–189）[12]。

遺稿集前半部では、この「与え―受け取る」をセンプルンとアルブヴァクスの臨終のやり取りに適用する。アルブヴァクスからセンプルンへの「友愛を込めた眼差し」と「ほとんど感じられないメッセージ」は人間的尊厳を伴ったやり取りである。死に臨む人をまだ生きている者として、「友愛」によって「共苦」の「眼差し」から「本質的なもの」の理解へと深化する。「尊厳の炎」と「眼差しの不死の光」は「本質的なもの」の現出であり（Ricœur 2007a, 47）、最後まで生きようとする内的な恵みである。この恵みに対して、センプルンからボードレールの朗唱が送られるのである。この朗唱は、医学的でもなく宗教的でもない、本質的なものに近い「詩的な」言葉による祈りである（Ricœur 2007a, 49）。この行為は、アルブヴァクスの「本質的なもの」を共有するセンプルンからの応答である。

ここでの応答は、同時期の「能力ある人間（homme capable）」（Ricœur 2013, 415–424）の主題から関連づけることができる[13]。それは、苦しむ他者を前にした極限の状態で自身の弱さや脆さを認め、それにもかかわらず他者のために責任ある行動をなしていく「帰責能力」（Ricœur 2013, 418）の表れである。このような人間的な能力は、行動の自発性として、他者の苦しみを汲み取る「象徴的な命令」（Ricœur 2013, 418）によってなされる[14]。

これは、気づかいや共感といった善をなす広義の命令の形象化を指し、他者への「承認（reconnaissance）」（Ricœur 2013, 419）のしるしとなる。アルブヴァクスは、「友愛のこもった眼差し」で共に同伴するかけがえのない他者としてセンプルンを受け入れることができるようになる。リクールは、「共苦」を「理解」として、死に臨む人と寄り添う人の相互の応答関係を「同伴者のいる死における友愛」と見なす。「与え─受け取る」において、死に臨む人との最後の交流を、リクールは「理解と友愛の融合」（Ricœur 2007a, 52）と言い表す。

　リクールは、最後の瞬間を死ではなく生のもとに捉える。自己の生の確証として「まだ生きている」は、死に向かってではなく、最後の瞬間まで「生き生きとして在る」という望みとして現れる。死を前にした有限性の中で、内在的な死とその先取りに抗うのである。死に臨む人と最後まで共に生きたいという願いは、友愛の絆によって共に死に立ち向かう同伴者として承認する能力となる。最後の瞬間まで共に生きる悦びへの希望となる。「与え─受け取る」は、相互の友愛の痕跡として生き残る者の中に深く刻まれるのである[15]。

3.3. 死の想像物を「振り払うこと」と「生き残ること」

　死後の想像物の対決は、死の擬人化としての死者に向かう。収容所の極限状況では、切迫した想像上の死として知覚される。そこでは、死者も瀕死者も区別されない。リクールは、これを「破滅した群れ」（Ricœur 2007a, 54）と呼ぶ。それは、死後に生存した者に「強迫観念」（Ricœur 2007a, 54）を与え、二者択一を迫る。センプルンにおいては、忘却と引き換えに生きるか、収容所の体験を想起して書き、物語る代わりに生きられなくなるかを迫るのである。「破滅した群れ」は伝染し、生存者を瀕死者にする。そして同時に死者にする。死の体験の恐怖から免がれ生存したものは、生きた屍とも言うべき「生き残りの者（survivant）」（Ricœur 2007a, 55）となる。センプルンは、「生き残りの者」として、生よりも現実的な死の苦悩を背負うことになる。

　リクールは、センプルンの「生き残りの者」の意味の転換を「亡霊祓い（exorcisme des fantômes）」（Ricœur 2007a, 60）に例える。センプルンは、臨終で死者に向けた友愛の眼差しを「彼らの死を記憶して、我々が全力で生

きること」(Ricœur 2007a, 133) として、自分自身へと向け直す。死における友愛は、死後も兄弟愛としてさらに強い絆として残る。

　これを踏まえて、リクールがセンプルンに共鳴するのは、「書くことを通して、死に立ち向かう勇気」(Ricœur 2007a, 70; Semprun 1997, 251) である。センプルンが証言する「生き残ること（survivre)」(Semprun 1997, 150) の経験は、著作を書くことを引き換えに生きることを選んだ長い苦闘である（Semprun 1997, 236)。生きることは、いつか書くための「意図的な記憶喪失」(Semprun 1997, 236) とでもいうべき忘却の期間であった。この期間を経ての執筆は、書くことを通して死の記憶と向き合う「終わりなき苦行の作業」(Semprun 1997, 304) を意味した。センプルンの「書くこと」は、「自己に引き受けながら、自己を脱却し、同時に自己自身になる仕方」(Semprun 1997, 304) である。リクールは、この箇所から「記憶の作業」と「喪の作業」に希望を見出す（Ricœur 2007a, 73)。「書くこと」は、親しい者の喪失を受け入れ、そして苦悩と一時的な忘却の期間を経て彼らの生の痕跡を自らが捉え直し、書き、語り、記憶することである。「記憶の作業」は、死を受容する同意と葛藤の長い道のりを経て「喪の作業」となる。それは、いわば終わりなき自己との対話、もしくは死の記憶と和解する絶え間の無い作業である。

　これを受けて、「生き残ること」は、生者から遠ざかり離別する故人からの分離を残された者が受け入れる長い行程である（Ricœur 2007a, 41)。死の想像物を「振り払う」ことは、親しい者の喪失と自己の喪失からの治療となる。このような行為を経ることで、残された者は、親しい者の死後においても友愛の絆を再び結ぶのである。

4. 結論：「死まで生き生きと在る」こと

　これまで「不可知論的な態度」と遺稿集前半部のセンプルン読解とのつながりを見てきた。リクールにおいて哲学的思索と宗教的思索を峻別する態度は、現実の生と死に向きあい、死後の生ではなく自己の現在の生を全うし最後まで生き続ける方向へと向かう。「死まで生き生きと在る」ことの背景には、センプルンに共鳴した「生き残ること」の長い迂回路を見出すことができる。

最後にセンプルンの「生の経験」（Semprun 1997, 149）から、リクールとのもう一つの共鳴の可能性を提示してみたい。センプルンによれば、フランス語にはスペイン語に相当する「vivencia（体験）」のように、生の経験それ自体を一挙に捉える語はないという。これを表現するには「迂言法（périphrase）」（Semprun 1997, 149）を使う必要がある。フランス語の翻訳は「体験（vécu）」が近いが、力のない受動的な表現であり過去のものである。「生がそれ自身について、生を生きつつある自己自身とする生の経験」とは、能動的であり、「生は過去を糧として、未来に自己を投企する」のである（Semprun 1997, 149）。

　センプルンの「迂言法（périphrase）」からは、リクールの迂回路を経た生の経験とも合致するであろう解釈を取りあげることができる。「死まで生き生きと在る（exister vivant jusqu'à la mort）」は、動詞の「vivre（生きる）」の現在分詞である「vivant」によって表現される。この現在分詞は、「vivre」の過去分詞に由来する「vécu(体験)」とは異なり能動的である。「死まで生き生きと在る（exister vivant jusqu'à la mort）」は、「迂言法」によって、生の経験を直接的に一つの語でなく、複数の語による遠回しな表現によってなされる。ここでの「生き生きと在る（exister vivant）」ことは「死まで」との対比によって死をも包含した、生き続けたいという執拗な生を表す[16]。また最後まで悦びをもって活動し続けたいという生への願望となる。ここに、過去の「生き残ること（survivre）」の長い苦闘とその経験を糧として反映することができる。「生き生きと」は、今を生き続けたいという生の強烈な実存を表現する。そして、今も生き延びている生の鮮烈な経験として表現される。「死まで」、今ここに「在る」ことそれ自体を、自明なものとしてではなく稀有なものとして再帰的に捉え直される[17]。

　リクールはこれ以後、死後の生の問いを生の痕跡として前半部の残りの「死」と題する箇所で取り上げる（Ricœur 2007a, 75–91）。それは、後に生き続ける人のために死後も生きる欲望を断念し、生への愛を彼らに転移することである。最晩年の「断章」（Ricœur 2007a, 95–97; 129–131）では、生の痕跡を今を生きる親しい他者に作品を通して転移していく。リクールは自身の復活を期待しない。死後も想像することができない仕方で結びつけてくれるであろう一縷の望みを、神に委ねるのみである。それは「死まで生き生きと」している希望となる。

注

1) 本研究は「死の想像物を〈振り払うこと〉『死まで生き生きと』の一読解から」（Yamada 2018）の一部を『死生学年報』用に加筆、修正したものである。本稿の執筆にあたり、久米博（2008）、佐藤啓介（2013）の論文を参考にさせて頂いた。本文中の日本語訳は原典から訳したものであり、適宜邦語訳を参照した。

2) 設立趣旨や所蔵文献、また近年出版された論文集・対談などはリクール文庫のサイトを参照。Fonds Ricœur: http://www.fondsricoeur.fr/fr/pages/paul-ricoeur-une-pensee-a-l-oeuvre.html (accessed 28 December 2020).

3) 現在、ダニエル・フレイとリクール文庫が中心となり主導している。以下を参照。Fonds Paul Ricœur, publications choisies et archives numériques: https://omekas.obspm.fr/s/psl/ark:/18469/292sw (accessed 28 December 2020). その他、アメリカの Society for Ricoeur Studies のデジタル・リクール・プロジェクト (Taylor, and Nascimento, 2016) がある。Digital Ricoeur: http://ricoeur.pitt.edu/ojs/index.php/ricoeur/article/view/383/190 (accessed 28 December 2020).

4) リクールは「亡霊祓い（exorcisme）」に例える（Ricœur 2007, 60）。本稿の趣旨から非宗教的な側面を強調するため、「Exorciser」に悪霊払いの意味は避け、「振り払うこと」と訳した。

5) 邦題は『ブーヘンヴァルトの日曜日』であるが、仏語の原題訳を用いることにする。

6) フランス国内の宗教的なものをめぐる哲学的状況（Mongin 1998(1994), 200–204）と、カトリック神学とプロテスタント神学への寄与（Dosse 2008(2001), 566–581）がこの事態をさらに複雑にしている。

7) 最晩年までのリクールのテヴェナ受容と詳細な経緯については拙論（Yamada 2014）を参照。

8) 本稿では、フランス国外の対談、論文にもできるだけ言及するよう試みた。

9) 非哲学的源泉と哲学的自律については以下を参照（Ricœur 2006(1994), 152）。

10) 佐藤（2013, 133）は「本質的なもの」を「スピリチュアルなもの」と言い換え、スピリチュアルケアとの関連を指摘する。

11) リクールは「共通の宗教的なもの」（2007a, 43）としている。

12) 久米（2016, 230–234）は、苦しみの経験を「能力ある人」の脆さの主題と結びつける。

13) この時期の「能力ある人間」を言及したものとして久米（2016, 218–240）の議論を参照した。

14) ジベール・ヴァンサン（2009, 241）も同様に、センプルンとアルブヴァクスのや

りとりに、死に臨む人を承認する「象徴的なものの突き上げ」を見ている。

15）杉村靖彦（Sugimura 2012, 33）は、同伴することの場面に生の終わりなき断続的な伝達を読み取る。同伴した者の死は、取り返しのつかない喪失であるだけに、より一層かつて生きていた者として承認する契機となる。それは回想の作業を介した、記憶のつながりの最終的な保証となる。

16）フレデリック・ヴォルムスは、遺稿集『死まで生き生きと』出版以前から、『記憶・歴史・忘却』の「死に向かってではなく、死までは生き続ける（demeurer vivant）という、私が引き受ける誓いによって引き起こされる歓喜」（Ricœur 2003, 466）に注目する。ヴォルムス（2006, 309）によれば、この「死までは生き続ける」は、「最期まで生きる」という時間的な意味の他に論理的な意味を持つ。現在分詞「vivant」は、「死まで」との非対称性から、死までも包含した、生き続けたいという執拗な生を表現する。次に、この現在分詞「vivant」は、他者のために、他者と共に、正しい制度のもとで善く生きるための倫理的能力を含意する。リクールにおいては、読み、書き、考え、反省するという最後まで悦びをもって活動し続けたいという願望となる。久米（2008, 47–48）はヴォルムスのこの解釈を遺稿集における「死までは生き生きと」の解釈に適用する。ヴォルムスと久米の解釈からは、「死まで生き生きと」に生への執拗さと生の悦びの願望の二重の意味を見出すことができる。本稿では、これらの解釈を参照しつつセンプルンとリクールの生の経験に焦点を絞った。この「死までは生き生きと」の二重の意味の萌芽は、1992 年のインタビュー集（1992, 60）を参照。そこで死の直前まで自己の内に活動しているものに敬意を払うことは、「生き生きとしている（rester vivant）」である。それは、死ぬことの準備ではなく最期まで「生き続ける（continuer à vivre）」ことをも意味する。またこのようなリクールの生の思索の二重の意味は、巨視的には初期の『意志的なものと非意志的なもの』の「生きて実存する（exister vivant）」（2009(1950, 1988), 518）とも関連する。この点はジェローム・ポレー（Porée 2017, 6）を参照。

17）「死まで生き生きと」はリクールが日頃から口にしていた言葉である（久米 2008, 44）。

参考文献

久米博 2008:「「死までは生き生きと」―死と復活をめぐるポール・リクール晩年の思索」1、『福音と世界』、五月号、新教出版社、44–51。

―――. 2016:『人間学としてのリクール哲学―ミュトス・ロゴス・プラクシス』、せりか書房。

佐藤啓介　2013:「死の後をめぐる幸福な記憶と忘却―キルケゴールとホワイトヘッドを読むリクールの思索を手がかりに―」、東洋英和女学院大学死生学研究所編『死生学年報 2013』リトン、131–147。

Abel, O. 2007a: "Préface". in. P. Ricœur, *Vivant jusqu'à la mort. Suivi de Fragments*. Paris: Seuil, 7-26. (オリヴィエ・アベル 2010:「まえがき」ポール・リクール 2010:『死まで生き生きと―死と復活についての省察と断章』、久米博（訳）、新教出版社、8–23)。

―――. 2007b: "Remarques sur l'articulation philosophie-théologie chez Paul Ricœur". *Transversalités*. 101, 19–26.

Amherdt, F.-X. 2001: *Paul Ricœur. L'Herméneutique biblique*. Paris: Cerf.

Bouchindomme, Ch. et Rocholitz, R. (ed.), 1990: *Temps et récit de Paul Ricœur en débat*. Cerf: Paris.

Bühler, P. et Frey, D. (ed.), 2011: *Paul Ricœur : Un philosophe lit la Bible, À l'entre-croisement des herméneutiques philosophique et biblique*. Genève: Labor et Fides.

Dosse, F. 2008(2001): *Paul Ricœur, Les sens d'une vie (1913-2005). Édition revue et augmentée*. 3ème éd. Paris: La Découvert.

Frey, D. 2020: "(Re)lire Ricœur à l'heure de l'édition numérique. Qu'est-ce que lire un philosophe ou un écrivain?": http://fondsricoeur.fr/fr/pages/re-lire-ricoeur-a-l-heure-de-l-edition-numerique.html (accessed 28 December 2020). Archives du Fonds Ricœur. Bibliothèque de l'Institut Protestant de Théologie de Paris.

Kemp, P. 1987: *Éthique et médecine*. Paris: Tierce-Médecine.

Mongin, O. 1998(1994): *Paul Ricœur*. 2ème éd. Paris: Points Essais. (オリヴィエ・モンジャン 2000:『ポール・リクールの哲学―行動の存在論』、久米博（訳）、新曜社)。

―――. 2006(1994): "Note éditoriale". in. Ricœur, P. *Lectures 3. Aux frontières de la philosophie*. 2ème éd. Paris: Points Essais, 7–11.

Porée, J. 2017: *L'Existence vive: Douze études sur la philosophie de Paul Ricœur*.

Strasbourg: Presses Universitaires de Strasbourg.

Ricœur, P. 1990: "El carácter hermenéutico commún a la fe bíblica y a la filosofía", 1-6: http://www.fondsricoeur.fr/uploads/medias/articles_pr/foi-et-philosophie-problemes.PDF (accessed 28 December 2020). Archives du Fonds Ricœur. Bibliothèque de l'Institut Protestant de Théologie de Paris.

———. 1992: "Entretien avec Ricœur: 'Je veux continuer à vivre jusqu'à l'extrême'. Une rencontre de G. Farcet". *Sens Magazine*, n°4, janvier, 56–60.

———. 1995a: *Réflexion faite, Autobiographie intellectuelle*. Paris: Esprit.

———. 1995b: "Préface". in. Jervolino. D. *Ricœur. L'Amore difficile*. Roma: Studium, 9–16.

———. 1996a(1990): *Soi-même comme un autre*. 2ème éd. Paris: Points Essais. (ポール・リクール 2003:『他者のような自己自身』、久米博（訳）、法政大学出版局）。

———. 1996b: "Y a t-il une vie avant la mort ?". Entretien par Frederik Stjernfelt. *Weekend avisen*, 1-7: http://www.fondsricoeur.fr/uploads/medias/articles_pr/yatilunevie.PDF (accessed 28 December 2020). Archives du Fonds Ricœur. Bibliothèque de l'Institut Protestant de Théologie de Paris.

———. 1999: *Paul Ricœur: L'unique et le singulier*. Nom de Dieu, 13. Liège: Alice.

———. 2002(1995): *La Critique et la conviction: entretien avec François Azouvi et Marc de Launay*. 2ème éd. Paris: Hachette.

———. 2003(2000), *La Mémoire, l'histoire, l'oubli*. 2ème éd. Paris: Points Essais. (ポール・リクール 2005:『記憶・歴史・忘却』、上巻・下巻、久米博（訳）、新曜社）。

———. 2006(1994): *Lectures 3. Aux frontières de la philosophie*. 2ème éd. Paris: Points Essais.

———. 2007a: *Vivant jusqu'à la mort. Suivi de Fragments*. Paris: Seuil. (ポール・リクール 2010:『死まで生き生きと―死と復活についての省察と断章』、久米博（訳）、新教出版社）。

———. 2007b: "Le tragique et la promesse". in. *Paul Ricœur philosophe de tous les dialogues*. Paris: Montparnasse. Macromedia. CFRT. 2007, 7–27.

———. 2009(1950, 1988): *Philosophie de la volonté I, 1. Le Volontaire et l'Involon-taire*. 3ème éd. Paris: Points Essais. (ポール・リクール 1993–1995:『意志的なものと非意志的なもの I–III』、滝浦静雄、竹内修身、中村文朗、箱石匡行（訳）、紀伊国屋書店）。

———. 2013a: *Écrits et conférences : Tome 3, L'anthropologie philosophique*. Paris: Seuil.

———. 2017: *Philosophie, Éthique et Politique: entretien et dialogues*. Paris: Seuil.

Semprun, J. 1994: *L'Écriture ou la vie*. Paris: Gallimard.（ホルヘ・センプルン 1995: 『ブーヘンヴァルトの日曜日』、右京頼三（訳）、紀伊國屋書店）。

Sugimura, Y. 2012: "'Demeurer vivant jusqu'à...'. La question de la vie et de la mort et le 'religieux' chez le dernier Ricœur", *Études Ricœuriennes / Ricœur Studies*. 3:2, 26–37: http://ricoeur.pitt.edu/ojs/index.php/ricoeur/article/view/142/65: (accessed 28 December 2020).

Taylor, G. H. and Nascimento, F. 2016: "Digital Ricœur", *Études Ricœuriennes / Ricœur Studies*. 7:2, 124–145: http://ricoeur.pitt.edu/ojs/index.php/ricoeur/article/view/383/190: (accessed 28 December 2020).

Thévenaz, P. 1956: *L'Homme et sa raison I*, Neuchâtel: Baconnière.

———. 1960: *La Condition de la raison philosophique*, Neuchâtel, Baconnière.

Worms, F. 2006: "Vivant jusqu'à la mort … et non pas pour la mort". *Esprit*. mars-avril, 300–311.

Vincent, G. 2009: "'Encore vivants' Exorciser l'imaginaire de la mort, selon Paul Ricœur". in. Frey, D. et Lehmkühler, K. (ed.), *Soins et spiritualités: regards de praticiens de théologies*. Strasbourg: Presses Universitaires de Strasbourg, 227–268.

Yamada, T. 2014: "Une Réception de la 'Philosophie sans absolu' de Pierre Thévenaz dans les dernières années de Paul Ricœur". *Revue de Théologie et de Philosophie*, 146, 255-266.

———. 2018: "'Exorciser' l'imaginaire de la mort: une lecture de *Vivant jusqu'à la mort de Paul Ricœur*". in. Rodriguez Suarez, L.P, (ed.), *Patologías de la existencia. Enfoques filosófico-antropológicos*. Zaragoza: Prensas de la Universitas de Zaragoza, 371–380.

"Exorcising" One's Images of Death
in *Living Up to Death* by Paul Ricoeur

by Tomoaki YAMADA

The posthumous work by Paul Ricoeur, *Living Up to Death* (2007) is composed of two parts. The first contains two archival documents, one entitled "Up to Death. Mourning and cheerfulness.", the other simply "Death". These two texts are thought to have been written between 1995 and 1997. The texts of this first part are interrupted around 1997. The period of his writing these works corresponds to that of the illness and death of his wife. Thus, it is also possible to see in this accompaniment of her last days, one of the reasons why he conducted a meditation on death. The second part, "Fragments", was written between 2004 and 2005. In the first part, he ends up fighting against his self-created images of the dead. In the name of the minimal task of philosophical reflection, the conceptual clarification of the status of the dead has therapeutic value. It is important to "exorcise" one's questioning about the fate of the dead and its emotional investment. Ricoeur's effort is devoted to the battle against his imagined world of the dead. By focusing on the sign of his agnostic attitude towards the death of a loved one, how can we understand the therapeutic value of exorcising our made-up ideas of death? In this article, the author aims to describe the difficult path of reconciliation with death, by examining the internal connection between Ricoeur's agnostic attitude and his attempt to exorcise the images of death from his mind in this posthumous work.

〈論文〉

「小さな死」と「孤独」

大林　雅之

はじめに

　「小さな死」という言葉は、「死生学」の分野のみならず使われており、また様々な意味を持って議論されている[1]。「小さな死」はそのようにわれわれの想像力を喚起する言葉であると言ってもよいであろう。そうであるとしても、そこには通底する意味も存在しているのではないかと筆者は考えてきた。すなわち、すべての使われ方においてではないが、「個別的人間存在への否定」ということである[2]。このことについては、筆者はこれまでも論じてきており、そのような「小さな死」ということに触発されての拙論である「小さな死生学」を提唱している[3]。そこでは、「小さな死」ということが、死生学という分野において「死」への考察を導くだけにとどまらず、死に向かう存在であるわれわれの生き方についても多くの示唆を与えていると考えている。そのような「われわれの生き方」に関わる「小さな死」の議論としては、カトリックのシスターであった渡辺和子の著作をめぐって先にも論じている[4]。それ故に、小論では更に、そのような「小さな死」についての考察がわれわれの生き方にも深く関わることについて、特に超高齢社会の現状において、また現下のコロナ禍において強いられることになった「孤独」という生き方について、どのような示唆を与えるものであるかについて考察することを目的としたい。

1. 強いられる「孤独」の時代

　2020年1月に日本で初の新型コロナウィルス（COVID-19）の感染者が確認されて、その後の大型客船ダイヤモンド・プリンセス号の船内感染が起こり、2月の札幌雪まつりでの感染拡大があり、北海道では独自の「緊急事

111

態宣言」が出された。続いて、3月に政府より矢庭に全国一斉の学校休校措置が行われた。こうして、日本社会はあれよあれよという間に、4月になり、全国的な「緊急事態宣言」が発出されるに至った[5]。こうして全国民に強いられたのが、人との接触を避けるという「自粛」であり、その中で「孤独」ということを意識させられた人が多くいたであろうことは想像に難くない。

そのような社会的に強いられる「孤独」の問題は、日本では近年さまざまに指摘されてきた。まずは、1970年代からの日本社会の高齢化による、高齢者の中にも単身で生活する者の増加をめぐる問題がある[6]。また、東日本大地震後の避難者の単身生活の長期化と、さらに「孤独死」や「孤立死」の増加なども大きな議論を喚起した[7]。そして、現在のコロナ禍による否応のない「孤独」の状況が出現した。社会的に強いられる「孤独」の問題が、今や社会的な課題となっている[8]。

2.「孤独」をめぐる議論

社会的な「孤独」の問題への関心は、今日では「孤独論ブーム」と言ってよいような状況をも生んでいる。それらの中には、超高齢社会になっている日本社会における、高齢者の「寂しい（淋しい）、孤立した孤独」をいかに克服するかという問題を提起しているものもある。要するに、ネガティブな「孤独」の状況を克服しようとする議論である[9]。

そのような議論に対して、「孤独」を人間にとって本来的なあり方であるとする議論がある。例えば、次のようなものがある。

　　人間の心の奥底では誰も皆孤独なのだ。生まれた時、われわれは泣き叫ぶ。そしてその叫びは孤独の叫びだ[10]。

ここでは、人間は「皆孤独」であり、それは、生まれた瞬間から始まっているという捉え方である。また、次のようなものもある。

　　孤独とは他人を拒否することではなく、他人を他人として受け容れること。だからこそ、愛することは、ありのままの姿で見れば、孤独なんだ[11]。

112

　ここでは、「孤独」を他者との関係において意味づけ、他者を「愛すること」における「孤独」について述べている。「他人を他人として受け容れる」、つまり「他人」を「受け容れる」ことにおいて、「孤独」が意味を持つと考えるのである。「他者」からの疎外や遊離を「孤独」として、「孤独」を否定的に考えるものとは異なっている。このような「孤独」についての論じ方の系譜にあるのが渡辺和子であると考えられる。渡辺は次のように「孤独」について論じている。

　　卒業生の夫が自殺したことがありました。「夫が死んだこと自体も悲しい。しかし、妻である私になぜ心の中を打ち明けてくれなかったか、ということが、もっと悲しいのです」とその卒業生は話してくれました。旧約聖書のヨブ記の中でヨブは、自分の家族、財産を失った後、こういっています。
　　「私は裸で母の胎を出た裸でそこに帰ろう」（ヨブ記 1.2）
　　「裸で」というのは、もちろん何も身に着けず、何も持たずにという意味でしょう。しかし私はこの述懐の中に、「人間の孤独」を感じてしまいます。「たったひとりで」という人間の本来的孤独といってもいいかも知れません。そして、その淋しさを感じ、深めてゆくことは、人間にとって大切なことだと私は思っています[12]。

　ここで、渡辺は「孤独」を「人間の本来的孤独」として意味づけ、「孤独」の「淋しさを感じ、深めてゆくことは、人間にとって大切なことだ」と述べている。さらに、次のように述べている。

　　かくて私は、他人に 100％理解してもらえるなど夢にも思わず、他人を100％理解し、知り尽くせると思わなくなりました。これは淋しいことです。特に愛する相手を知り尽くしたいと思うのは人の常ですから。しかし同時に、人間は本質的に一人ひとり裸で生まれた別人格であるということを忘れず、その孤独に耐える時、人間は成長します。
　　私たちは、愛する者を持っていない淋しさも味わいますが、反対に、愛する者を持ってしまったがゆえに味わわねばならない淋しさ、孤独もあ

るのです。それに耐えるのも愛の一つの姿だと知りましょう。
「淋しさは愛するためにある」。私の好きな言葉の一つです[13]。

　ここでは、渡辺は「孤独」を「私」と「他者」との関わりの中で捉えて、
「愛する相手を知り尽くしたい」という思いの中で、人間は一人一人が「別
人格」であるが故の「孤独」に耐える時こそ「人間は成長」するとして、「孤
独」の意義を強調している。つまり、愛するが故の「孤独」と、人間が成長
する「孤独」ということについて述べている。渡辺にとっての「孤独」は、
愛する者との間に生じるものであり、それは決してただ「淋しい」だけのも
のではなく、その後の生き方に資するものであると述べている。すなわち、
「孤独」を「淋しい」という「克服すべき」ものであると同時に、「人間の本
来的孤独」として「受容すべき」ものであるという二面性を持つものとして
捉え、「孤独」を肯定的に受け入れようとするのである。ではその「二面性」
はどこから来るのか。そのことを次にみていきたい。

(2)「孤独」における二つの意味

　上記のように、現在の社会における「孤独」の問題を考える時、「孤独」
の意味には二面性があることに注目する必要がある。それは例えば次のよう
に英語表現においても考えられる。
　「孤独」という言葉は、和英辞典[14]を見ると、英語では "loneliness" と、
"solitude" というように二つの言葉が「孤独」の当たる英語として書かれて
ある。"loneliness" とは「寂しさ、淋しさ」という意味であり、"solitude" は
「一人でいること、孤独を楽しむこと」の意味が示されている。そうである
とすれば、つまり、前述したように、「孤独」をネガティブに、克服される
べきものとしてされる議論では "loneliness"（寂しさ）が強調され、「孤独」
を「人間の本来的孤独」として捉らえる議論では "solitude"（一人でいるこ
と、孤独を楽しむこと）が強調されているように考えられる。つまり、「孤
独」には両者の意味が含まれていると言えよう。しかし、国語辞典[15]を見
ると、日本語の「孤独」には、「ひとりぼっち」、「身寄りがない」など、ネ
ガティブな意味が強調されている。そして「孤独感」は「寂しい気持ち」と
され、「孤独癖」は「一人ぼっちでいたがる性癖」という「性癖」として意
味づけられている。このことは、日本語の「孤独」は、否定的な意味におい

て一般的には用いられていることより、前述の「孤独論」ブームにおいては、否定的な意味で受け止められる「孤独」を前提にした議論が多いのかもしれない。それ故に、渡辺による「人間本来の孤独」として肯定的に「孤独」を論じるような議論は関心を引くものとなるのではないかと考えられる。

それでは、渡辺が「孤独」を「人間の本来的孤独」としていることと、「小さな死」はいかに関係しているのであろうか。そのことを次にみていきたい。

3. 渡辺和子の「小さな死」と「孤独」

渡辺は、「小さな死」と「孤独」を直接に結びつけて論じているわけではない。しかし、「小さな死」から「孤独」にいたる道筋については述べているように思われる。その軌跡をここでは追っていきたい。

(1)「小さな死」から「ていねいに生きる」へ

渡辺は、「小さな死」ということを、やがて来るであろう「自分の死」である「大きな死」の「リハーサル」であると言っている。そして、それは、自分の「わがままを抑える」ことであり、「新しいいのち」を生むものであるとしている。そのような「小さな死」は日常生活の中で「ていねいに生きる」ことによって経験することであると述べているのである。例えば、

2011年3月11日の東日本大震災は、私たちに、あたりまえと思っていることが、必ずしもあたりまえではないのだ、ということを教える出来事でもありました。あっという間に、家屋敷が崩れ、流され、多くの人命が奪われた事実は、私たちに、生きているということがあたりまえでなく、死というものも他人ごとでないと思わせたのではないでしょうか。

「生きているということは、自分が使える時間がまだある、ということだ」といった人があります。若いから、まだ時間がたくさんあると思っていても、いつ病気になったり、事故に遭わないとも限りません。

年齢のいかんにかかわらず、一人ひとりが忘れていけないのは、時間の

使い方は、そのまま、いのちの使い方だということなのです。ぞんざい
に生きていないか、不平不満が多くなっていないかを、時にチェックし
てみないと、私たちの使える時間には限りがあるのです。
　人は皆、いつか死にます。公演を行う時など、リハーサルをしておく
と、本番であがったり、慌てないですむように、死そのものを取り乱す
ことなく迎えるためにも、リハーサルをしておくことは、よいことなの
です。
　このリハーサルを、私は「小さな死」と名付けています。そしてそれ
は、日々の生活の中で、自分のわがままと闘い、自分の欲望や感情など
を制御することなのです。
　聖書の中にある「一粒の麦」のたとえのように、地に落ちて死ねば、多
くの実りをもたらすけれども、死を拒否する時は一粒の麦のまま枯れて
しまいます。実りを生む死となるためには、それに先立つ「小さな死」
が求められるのです。その時には辛いとしか思えない自分との闘いが、
実りを生む死となるのです[16]。

　この引用は少し長くなったが、これは「「小さな死」とは」と題された一
文である。前半の「いのちの使い方」についての部分と、後半の「小さな
死」についての部分との繋がりが分かりにくいかも知れないが、全体を見渡
して考えると、渡辺は、順序が逆にはなっているが言い換えれば、後半に述
べた「小さな死」を経験する人生の時間は限られていることを述べたかった
のであろうと考えられる。すなわち、後半において「小さな死」の意味を述
べているが、その「小さな死」を経験するわれわれの使える時間が限られて
いるとするのである。すなわち、「大きな死」に向かうわれわれは、「小さな
死」を経験するためには、限られた時間の使い方を、「いのちの使い方」と
して生きていかなければならないとしている。つまり、渡辺にとって、「小
さな死」の経験というものは、「いのちの使い方」に関わる経験なのである。
それは、単に「生きている」ということではなく、「生きていく」という意
思を示した価値ある生き方なのである。そして、それが「ていねいに生き
る」ということにつながっているのである。すなわち、「ていねいに生きる」
とは、やがて来る「自分の死」である「大きな死」を意識して、「一日一日
をていねいに生きていく」ということであると考えられる。

　更に、そのような「いのちの使い方」としての「ていねいに生きる」ことについては、次のように述べている。

　　「人は、生きたように死ぬ」とも言いますが、これは必ずしもそうでなく、生涯を弱者のために尽くした人が、理不尽としか思えない死を遂げることもあります。
　　それならば「いい加減に」生きてもいいではないかというのも、一理ありますが、反対に、わからないからこそ、「ていねいに」生きることもできるのです。
　　では、ていねいに生きるとは、どういう生き方なのでしょう。数年前、私は「ひとのいのちも、ものも、両手で頂きなさい」という言葉に出合いました。そしてこれは、私に、ていねいに生きる一つのヒントになりました。
　　誰が考えても良いもの、ありがたいもの、例えば賞状、卒業証書、花束等を両手で頂くのには、何の抵抗もないでしょう。しかし、自分が欲しくないものだと、そうはいきません。拒否したい、突き返したいようなものが差し出された時、果たして、それらを受け止めるだけでなく、両手で頂く心になれるだろうか、と私は、自分に問いかけ続けています[17]。

　ここで、渡辺は「ていねいに生きる」とは、「良いもの。ありがたいもの」をいただくのと同じように「自分の欲しくないもの」も両手でいただくことが「ていねいに生きる」ことであると述べている。その「ていねいに生きる」ことが、「小さな死」を経験して生きることであるとしていると考えられる。そのことを渡辺は次のように述べている。

　　「ていねいに生きる」とは、自分に与えられた試練さえも、両手でいただくこと。すすんで人のために自我を殺すことが、平和といのちを生み出す[18]。

　ここでの「人のために自我を殺すことが平和といのちを生み出す」とは、真に「自我を殺し」、新しい「いのちを生み出す」という「小さな死」の意

味を述べている。つまり、「ていねいに生きる」ことは「小さな死」の経験をして生きていくことであると述べていると言えよう。そして、渡辺は、その「ていねいに生きる」ということをより具体的な生き方に言及して述べているのである。そのことを次にみていこう。

(2)「ていねいに生きる」から「孤独」へ

「ていねいに生きる」とは、より具体的にはどのようなことなのであろうか。その具体的な生活のあり方を「孤独」につながると渡辺は見ていたのである。渡辺は次のように、国連の事務総長であったダク・ハマーショルドの著書『道しるべ』[19] に言及しつつ述べている。

> ダグ・ハマーショルドは、その日記『道しるべ』(鵜飼信成訳) の中に、次のように記している。
> 　「——夜は近きにあり」
> 　過ぎ去ったものには——ありがとう
> 　来たろうとするものには——よし！」
> これは、彼が国連事務総長に選ばれた 1953 年の日記の冒頭に書かれていて、その 8 年後、1961 年 9 月、彼は、コンゴ (現在のザイール) に使命を帯びて赴く途中、飛行機事故で死んでいる。「夜は近きにあり」という言葉は、自分の死期の近いこと、それも、「よし！」と引き受けた職務故に、やがてもたらされるものであることを暗に示しているかのようである[20]。

ここで、渡辺は、国連事務総長であったハマーショルドが日記のように記した原稿が死後に発見され一書となった『道しるべ』に言及している。そして、ハマーショルドがその書で何度も「夜は近きにあり」と記しており、その「夜は近きにあり」に附して、詩のように、メモのように記した語句は、特に、年初において記され、そのことは新年に思いを新たにするように述べている。その「夜は近きにあり」に渡辺はたびたび言及し、ハマーショルドの生き方に注目しているのである。例えば、渡辺は次のように述べている。

　1953 年から 1961 年までの間、国連にあって、数多くの国際問題にそ

の手腕を発揮し、名事務総長とうたわれたダグ・ハマーショルドは、スウェーデンの代表的知識人、すぐれた政治家、有能な外交官であったと同時に、深い瞑想の人でもあった。「夜は近きにあり。」という句は、彼の死後発表された日記の中に、何度となく繰り返されている句である。「夜」は、多分「死の訪れ」を指していたのであろう。そして残念ながらその予感は当たって、彼はコンゴに赴く途中、飛行機事故で56歳にして不慮の死を迷げたのであった。

　死後、多くの書類に混じっていた彼の日記は、「道しるべ」（英語の書名は "Markings"）として発刊された。彼が生前、友人宛の手紙の中に書き記していたように、この日記は「自分自身のために」、忙しい公務のかたわら、「万難を排して」書かれていたものであって、それは彼の精神的歩み、神との対話の記録であり、そこには自らの内面的葛藤、人間の存在、人生の意味についての深い洞察が記されている。自らが果たした政治的、行政的活動に触れた個所はいっさいない[21]。

　ここで、渡辺はハマーショルドについて紹介し、彼がその著『道しるべ』で繰り返し述べている「夜は近きにあり」という句に注目し、そこでの「夜」は「多分「死の訪れ」を指していたのであろう」として、ハマーショルドの「生き方」を「死」に結びつけて述べはじめるのである。それでは、その「夜は近きにあり」という句はどのように「死」に結びついているのであろうか。それについては次のように述べている。

　　「夜は近きにあり。」という句は、賛美歌の中の一句であり、ハマーショルドの母親が、毎年大晦日にこの詩を朗誦するならわしだったという。それもあってか、日記の中に度々現れるこの句は、いつもその年の初めに出てきている。
　　　「夜は近きにあり。」そう、またひととせを重ねた。そして、もしきょうが最後の日であるとしたら！
　　　日は日にあいつぎ、われわれを容赦なく前へ前へと押しやってゆく。──この最後の日にむかって。(1951年)
　　ハマーショルドは、修道僧でも、砂漠の隠遁者でもなく、後世にその名を残す有名な外交官であった。その在任中、中近東、スエズ、ハンガ

リー等の諸問題に続くコンゴ危機に対処し、その任半ばで、搭乗機の墜落により死亡したのである[22]。

　ここでは、ハマーショルドが、その国連事務総長としての激務の日々を過ごしていたのであるが、その日々は「最後の日」に向かっての生き方であり、「夜は近きにあり」という句に結びついているとされるのである。現実には国際紛争の解決のために奔走し、「任半ばで」死亡してしまったのであるが、「夜は近きにあり」ということは、その日々を「最後の日」に向かって真摯に生きるという「生き方」とともに、彼の別の「生き方」に結びつけているのである。すなわち、

　　彼をして偉大な人物としたのは、数々の問題を処理した業績でもあったが、それ以上に彼が「祈りの人」であったことによる。祈りは彼に、個人的利益、名誉の一切を捨てさせる潔さと同時に、己れの信念のために決然として立ち上がる勇気を与えたのであった。
　　ニューヨークにある国連本部内の一室が、瞑想室に当てられたのは、彼の発議によるものであった。その部屋は、「外界の感覚の静寂さと、内面の感覚の平穏さのために捧げられ、そこでは、部屋の扉は思索と祈りの無限の国に開かれうる」のであった（「道しるべ」の序文より）。
　　スエズ危機、ハンガリー危機があった 1956 年 4 月の日配に、ハマーショルドは、次のように記している。
　　　理解する──心の静けさをつうじて
　　　行動する──心の静けさから出発して
　　　かちとる──心の静けさのうちに
　　忙しさに追われて、仕事を片付けること、doing に心を奪われ、自分の心のたたずまい、being を見つめることを忘れがちな私たちに、ハマーショルドは、「行動に先立つ心」の大切さを示した人であった。この「心の静けさ」こそは、私たちが日々の生活の中での問題を理解し、行動を起こすに当たって、結果を「かちとる」ために必要な心のありようなのだ[23]。

　つまり、ハマーショルドは「祈りの人」であり、その「祈り」は「彼に、

個人的利益、名誉の一切を捨てさせる潔さと同時に、己れの信念のために決然として立ち上がる勇気を与えた」のであり、その「祈り」は国連本部内に設けた「瞑想室」での「心の静けさ」を求めた「生き方」であるとしているのである。その「心の静けさ」について、更に渡辺は次のように述べている。

> 「夜は近きにあり。」という認識もまた、彼の生活を正すものであった。
> 　　夜は近きにあり……
> 　　日々、これ初日──日々、これ一生。（1957 年）
> 夜が近いがゆえに、与えられた一日一日を、残された人生の第一日目として新しく迎えること、そして、その一日が一生であるかのように、日々をていねいに生きようとしたのである。
> 1952 年の日記にはこう記されている。
> 　　「夜は近きにあり。」道のなんとはるけきことよ。しかし、この道を
> 　　辿るために要した時間は、道がどんなところを通っているかを知る
> 　　のに、私にとって一瞬ごとにいかに必要であったことか。
> この一文から、ハマーショルドが己れの「夜」に向かって歩いてゆく道の一瞬ごとを、いかに重要なものと考えていたかをうかがい知ることができる。彼はいつも、「夜が近くにある」ことを意識しつつ、「心の静けさ」のうちに、一つひとつのことを"受諾"していったのだった。
> 彼の人生に対する"受諾"の意志は、日記にちりばめられた「よし」という言葉に表されている。この言葉は、国連事務総長に就任した 1953 年の日記に多く見られる[24]。

　つまり、ハマーショルドは「夜は近きにあり」という句に思いを託して、常に「自分の死」を意識して、「一日が一生であるように、日々をていねいに生きようとしたのである」と、死を意識して生きることは「ていねいに生きる」ことであると、渡辺はハマーショルドの生き方から、「ていねいに生きる」ことの具体的な生活のあり方を描き出しているのである。一瞬一瞬をその時の「新しい私」に迷いなくなりきり生きることを示している。そして、「「夜が近くにある」ことを意識しつつ」、つまり、「死を意識しつつ」、「心の静けさ」のうちに」、ひとり「孤独」のうちに「人生に対する"受諾"の

「意志」を持って、「よし」として「ていねいに生きる」のである。

更に渡辺は次のようにも述べている。

> 人生に「よし」ということは、同時に自分自身に「よし」ということ
> でもある。（1953年）

自分の身に起こるすべてのこと、または、責務として与えられるすべて
の任務に対して「よし」（英語の原文 Yes）と受諾する勇気は、ハマー
ショルドが、すべての事物の中に神の摂理を見て、それに信頼している
ことによってのみ可能だったのであろう。かくて彼は、捕われない心の
持ち主でもあったのだ。

> 自由であること、立ちあがって、いっさいをあとにして去れるこ
> と─しかも、ただの一目も振り返らずに。「よし」と言えること。
> （1953年）

「いっさいをあとにして去れること」について、彼は、こうも書いてい
る。

> いつでも立ち去る用意のできていない部屋では、挨が厚くたまり、
> 空気はよどみ、光はかげる。（1950年）

これは必ずしも、物質的な部屋の状態のみを指していったのではなく、
いつ訪れるとも知れない「夜」を迎える準備ができていない「心」の状
態を指したものでもあろう。
ハマーショルドの行動の原動力には、祈りと瞑想があり、やがて迎えね
ばならね「夜」への準備があった[25]。

ここで、渡辺は、ハマーショルドの「心の静けさ」とともにある「生き
方」を「ていねいに生きる」という「生き方」とし、それは「心の静けさ」
をもたらす「瞑想」という「孤独」な「生き方」を示唆しているのである。

それでは、ハマーショルド自身は、「孤独」をどのように考えていたので
あろうか。「孤独」については次のように述べている。

> 孤独は死にいたる病ではない。さよう。しかし、それは死による以外は
> 克服せられないのではあるまいか。そして、われわれが死に近づくにつ
> れて、孤独はますます耐えがたくなってくるのではなかろうか[26]。

　ここで、ハマーショルド自身は、「孤独[27]」は「死が近づくにつれて」、「ますます耐えがたくなってくる」ものであり、「克服せられない」ものであるとしている。ここには、「孤独」は「耐えがたく」、「克服されるべき」ものでもあるが、「夜は近きにあり」として「死を意識して生きる」ハマーショルドにとっては、「孤独」を克服されることなくあるものとして受け止めているのである。このような「孤独」の受け止め方は、渡辺のように「人間の本来的孤独」として肯定的に認めていることとは異なるようでもあるが、ハマーショルドにとっても「孤独」は、最後の日まで生きていくには、克服されることなく、不可避的に人間の生き方に存在するものとして受け止めているのであり、このことは渡辺とも共通していると考えられる。

　こうして、渡辺は、ハマーショルドについて述べながら、「死を意識して生きる」ことが、「ていねいに生きる」ことになることであり、そして、その「ていねいに生きる」ことは、「新たな私」になりきるということであり、それは「心の静けさ」を得て、「新たな私」になりきることである。すなわち、「心の静けさ」を持って、自分に一人向き合い、「孤独」に生きることこそが、人間本来のあり方なのであり、そこでは、「ていねいに生きる」、そして「新たな私」になりきるという経験である「小さな死」を積み重ねていくのであると説いていると言えよう。「孤独」を生きることは、また「小さな死」の意味である「個別的人間存在への否定」という経験、つまり、自我を殺し、「新たな私」という「新しいいのち」に向かうことであると示唆しているのである。

まとめ

　渡辺にとっては「小さな死」の経験は、「死」を意識しつつ「ていねいに生きる」ことにおいて経験するものであり、「孤独」に生きることにおいて成し遂げられるのである。そして、「孤独に生きる」生き方にこそ、人間の本来のあり方があると言っているのである。

　すなわち、「小さな死」を経験し生きることは、「ていねいに生きる」ことであり、「ていねいに生きる」ことは「死を意識して生きる」ことである。その「小さな死」は「自分へのこだわり」を棄て、その時々の必要な自分

に、「よし」としてなりきり生きることなのである。それは、「なりきる」べき「新しい私」を生きることである。そして、その「新しい私」となって最後の「大きな死」に向かい、全くの「新しい私」になるのである。しかし、そこには「孤独」ということが結びついている。それは決して避けることのできないことである。なぜなら、「孤独」が「人間本来の孤独」であり、肯定せざるを得ないものなのである。そのように、渡辺は、ハマーショルドの「夜は、近きにあり」とした生き方に託して、「小さな死」を生きることは「孤独」を生きることでもあると示唆しているのである。

注

1) 大林雅之 2018：『小さな死生学入門―小さな死・性・ユマニチュード―』東信堂、6–7。
2) 同上、20–34。
3) 同上、i – ii。
4) 大林雅之 2020：「「小さな死」と「赦し」」東洋英和女学院大学死生学研究所（編）『死生学年報　死生学の未来』リトン、247–262。
5) 美馬達哉 2020：『感染症社会―アフターコロナの生政治』人文書院。
6) 沢部ひとみ 2010：『老い楽暮らし入門―終の住みかとコミュニティづくり』社団法人コミュニティネットワーク協会（監修）、明石書店、12。
鶴若麻理 2012：「第 2 章　高齢者福祉」『シリーズ生命倫理学　高齢者・難病患者・障害者の医療福祉』大林雅之／徳永哲也（編）、丸善、26。
7) 久保稔／土田昭司／静間健人 2017：「福島県における東日本大震災に伴う関連死に関する検討」『日本原子力学会誌』、Vol.59, No.12 号、727–731。
8) 伊藤ふみ子／田代和子 2020：「独居高齢者の社会的孤立に関する文献検討」『淑徳大学看護栄養学部紀要』、Vol.12、69–77。
小高正浩 2020：「増加する独り暮らし高齢者：地域の取り組みで孤立回避を」産経ニュース、2020 年 11 月 19 日。https://www.sankei.com/life/news/201119/lif2011190032-n1.html、閲覧日 2021 年 1 月 17 日。
9) 保坂隆 2019：『精神科医がたどりついた「孤独力」からのすすめ―「ひとり」と「いっしょ」の生き方』さくら舎。
小川仁志 2020：『孤独を生き抜く哲学』河出書房新社。
河合薫 2020：『定年後からの孤独入門』SB 新書。

三浦雅士 2018：『孤独の発明または言語の政治学』講談社。

五木寛之 2019：『孤独のすすめ　続　人生後半戦のための新たな哲学』中央公論新社。

10）J．クーパー・ポウイス 1977（1933）：『孤独の哲学』原一郎（訳）、みすず書房、33。

11）アンドレ・コント＝スポンヴィル 2000（1995）：『愛の哲学、孤独の哲学』中村昇／小須田健／C・カンタン（訳）、紀伊國屋書店、29。

12）渡辺和子 2003：『目に見えないけれど大切なもの』PHP 研究所、111–112。

13）同上、112。

14）小西友七（編集主幹）2006–2008：『ウィズダム和英辞典（デジタル版）』三省堂。

15）松村明（監修）2008：『大辞泉　増補新装版（デジタル大辞泉）』小学館。

16）渡辺和子 2013：『面倒だから、しよう』幻冬舎、26–27。

17）渡辺和子 2019：『強く、しなやかに　回想・渡辺和子』山陽新聞社（編）、文藝春秋、262–263。

18）渡辺和子 2012：『置かれた場所で咲きなさい』幻冬舎、157。

19）ダグ・ハマーショルド 1967（新装版 1999）：『道しるべ』鵜飼信成（訳）、みすず書房。原書はスウェーデン語で書かれた、次のものである。Dag Hammarskjöld, *Vägmärken*, Bonnier, 1963.

20）渡辺和子 1992：『心に愛がなければ　ほんとうの哀しみを知る人に』PHP 研究所、25。

21）渡辺和子 2003：『目に見えないけれど大切なもの　あなたの心に安らぎと強さを』PHP 研究所、205–206。

22）同上、206–207。

23）同上、207–208。

24）同上、208–209。

25）同上、210–211。

26）ハマーショルド、前掲書、89。

27）ここでの「孤独」は、次の英訳書によれば "loneliness" である。Dag Hammarskjöld, *Markings*, Vintage Books, 2006, p.87.

"Little Deaths" and "Solitude"

by Masayuki OBAYASHI

In this paper I will clarify the relationship between the meaning of "Solitude" as a way of life, and the meaning of "Little Deaths" which were discussed by Kazuko Watanabe, a Catholic sister. Watanabe defined "Solitude" as the original way of human existence, and as a positive concept. She showed that "Little Deaths" were experienced when living with a consciousness of death, and when living honestly. Furthermore, living honestly means facing oneself and living honestly in "Solitude," which is seen as the original way of life for human beings. In other words, she seemed to say that the original way of human existence is to accumulate experiences of "Little Deaths" through "Solitude" and honesty.

〈論文〉

いのち教育はどこに向かうのか？

坂井 祐円

1. いのちを教える

　いのちを教える。学校でこんなことが要請されるようになったのは、いつからだろうか。いのちは儚く移ろいゆくものだという実感があった時代には、おそらく思いつくことすらなかったにちがいない。経済成長が極まりモノがあふれるようになった1980年代の後半、人々の心にいのちの実感が失われつつあったこの時期に、Death Education（死の準備教育）が叫ばれ始めるようになった。1990年代に入って不登校やいじめが深刻化し始めると、いのちを教えることは緊急の課題として教育者の間で共有されるようになっていった。ちなみに、スクールカウンセラー制度が学校に導入されたのは1995年である。さらに2006年の「教育基本法」の改正の際には、教育の目標の一つとして「生命を尊ぶ態度を養う」という言葉が含まれることになる。そして、2015年には学習指導要領の一部が改訂され、それまで教科外の活動であった「道徳」が「特別の教科」として位置づけられることになった。この「道徳」の教科において身につけるべき内容項目の一つに、「主として生命や自然、崇高なものとの関わりに関すること」が挙げられている。

　このようにして、近年の学校では、いのちはもはや教えなければならない課題の一つになっている[1]。しかし、そうした状況であるからこそ、改めて素朴な疑問として思うのである。そもそもいのちを教えるとはどういうことなのだろうか。

　学校で「命の授業」が行われると何かと話題になる。この授業は特別な時間である。児童や生徒たちも普段の授業より関心が高まっている。まず講師が特別だ。いつもの学校の先生ではない。外から招かれたゲストが先生である。出産と小さな命を育てることの喜びを語る、助産師さんと赤ちゃんを抱いたお母さん。人生の苦難に立ち向かいながらも生きる喜びを語る、身体に

127

障害をもつ方。難病を患い死の淵をさまよった経験を通して日々の生活への感謝を語る、高齢者の方。動物とふれあうことで育てることや世話をすることの大切さを教える、獣医師の方や愛護団体の方、それから動物たち。

　特別な先生による特別な時間。それが「命の授業」である。要するに学校の中で「いのち」を扱うというのは、日常とは異なる、普通ではない、特殊な事態なのである。

　いま、漢字の「命」を、「いのち」と平仮名に置き換えてみた。同じ意味の言葉を、漢字から平仮名に変換したところで、とくに何か変わるわけでもないだろう。ところが、小学校の集まりで、子どもたちに二つの文字を見せて聞いてみたところ、「命」は、生々しい、ドキドキする、重たい、などの感想が返ってきた。一方、「いのち」は、やさしい、ゆるやか、あたたかい、などの感想だった。もちろん人それぞれ感性は異なるのだから、こうした感じ方も一つの例にすぎないわけであるが、とりあえずこの感性に寄せて考えてみるとすれば、「命の授業」というのは普段よりも緊張度の高い感覚を子どもたちの内に喚起させている、そうしたことが文字の上からもうかがえるわけである。あるいはこうも言えるかもしれない。普段は扱いにくい、どう扱ってよいのかわからない「いのち」の問題を、なんとか子どもたちに伝えるために「命の授業」という形を取っているのだ、と。

　このことに関連して、宗教哲学者の上田閑照（1926–2019）が、ある講演[2] の中で「いのちについての学問は成り立たない」と語っていたことを思い出した。生きるとはどういうことかを考えるとき、ヨーロッパ語では、life, Leben, vie といった一つの単語で済ませられるあり方が、日本語では、生命、生（生活、人生、生きがい）、いのち、などいろいろな表現の仕方があって豊かである。しかも、表現の違いによって独特の位相を形成している。学問として見た場合、生命という言葉は、生命科学、生命倫理といった具合に、人間の生物的な側面が強調されている。また、生という言葉は、日常的には使われることが少ないが、生の哲学という思想的な営為がある。生の哲学は、人間の文化的な側面の構造を考えていく学問である。生命は科学の立場で対象化され、生は哲学の立場で自覚的に主題化されている。では、いのちはどうだろうか。

　「いのち」については、学問は成り立ちません。文学や芸術や殊に宗教

がいのちの自覚を遂行します。ですが、「いのち」について語ることは出来ません。わたくしたちに出来ることは、「いのち」が語る言葉、「いのち」の言葉を聴くことです。（上田 1991, 47）

　学問や研究というのは、近代の科学主義の理念のもとにある。それはつまり、事物を対象化し、客観化し、分析することを意味している。そしてまた、こうした科学的思考も文化的な営為の一つであり、一人の人間の生活や人生に深く影響を与えている。生命から人間的生へは連続性をもっている。ところが、いのちは、この連続性とはまったく次元が異なる。むしろいったんこの連続が断ち切られることによって開かれる飛躍である。いのちは「死」や「老」や「病」「貧」「争」といった否定的な契機を通して自覚されるものであり、我がなくなること、自我中心が消え去ったところに顕われる。死んで蘇るという仕方で実感されるのが「いのち」のあり方である（安藤 2004, 292）。いのちは本来、対象化することができず、分析も不可能である。なぜなら、いのちはすべての事象とつながっており、元より自己を超越しているからである。そしてまた、いのちは否定を通して自己とすべての事象とを結びつける根源のはたらきでもある（得丸 2008,14）。ということは、いのちとはとりもなおさず「私」の問題である。別の言い方をすると、いのちによって初めて「私」が成り立つということである。

　いのちは私を超えており私を生かしめている。それゆえ、私がいのちについて語ること自体がすでに論理矛盾と言ってよい。人間にはいのちそのものを表現する手立てがない。言葉は事象のつながりを分断し対象を作り上げる。言葉を用いていのちを対象化するかぎり、いのちに触れることはありえないのである。

　いのちを教える。それはすなわち、いのちについて分析することであり、いのちを対象化することを意味する。しかし、それが矛盾する営みであることは見てきた通りである。いのちは本質的に教えることができないのだ。いのちのリアリティに触れたとき、私たちに起こってくるのは、いのちから発せられるメッセージ、いのちが語る言葉に共鳴することのみである。そして、それは強烈なインパクトを伴ったヌミノースな体験にほかならない。

　いのちは教えることができない。ただいのちから教えられるのみである。そうだとすれば、「いのちの教育」とはいったい何なのだろう。はっきり言っ

てしまえば、人間の傲慢ではないだろうか。いのちを教育の指標として掲げるのは、初めからいのちを俎上にのせてあれこれと吟味しようとしているのと変わらない。言うなれば、人間のほうがいのちよりも上位となってしまっている。それは、いのちへの冒瀆である。いのちが教育として成り立つことがあるとすれば、唯一いのちに触れる瞬間であろう。それはいのちが私を生かしめていると自覚するときである。その刹那においては、いのちがそのまま教育となっている。いのち＝教育。だから、「いのち教育」である。「いのちの教育」ではこの微妙なニュアンスが崩れてしまう[3]。とはいえ、言葉で表現しているかぎり、実際には大した違いはないのかもしれない。結局のところ、あえて「いのち教育」と呼ぶのは、いのちは教えることができる、と考えてしまいがちな人間の奢りへのささやかな抵抗であり、自戒を込めた言葉なのである（坂井 2020, 184）。

2. いのちの重さ

　子どもの頃、家に置いてあった絵本の中に、こんなお話があった。絵本のタイトルは忘れてしまったが、仏教にまつわるお話であった。

　　昔々、インドに心優しい王様がいました。
　　ある時、王様のもとに一羽の鳩が舞い込んできて、
　　「王様、お願いです。鷹に追われていて、見つかったら食べられてしまいます。どうか助けてください。」と頼んできました。
　　王様は鳩をかくまうと、すぐに鷹が飛んできました。
　　「人間め、鳩をかくまったな。それは私の獲物だ、早く返してくれ。」
　　「それはできない。生きているもののいのちは大切だ。鳩が食べられるのを私は見過ごすわけにはいかない。」
　　すると、鷹は言いました。
　　「私だって生きているものの一員だぞ。私はとても飢えていて、鳩を食べなければすぐにでも死んでしまう。」
　　なるほどと思った王様は、
　　「それでは、鳩の代わりに私の肉を与えることで許してはくれないか。」
　　と言い、これで鳩の重さくらいにはなるだろう、と自分の片腕を切って

鷹に与えました。

鷹はその肉を食べ終わると、

「まだまだ足りない。私の飢えはこんなものではおさまらない。」と言います。

ならばと、もう一方の腕を与えますが、やはり足りないと言います。

両足も与えましたが、鷹はまったく満足しません。

「よし、わかった。ならば、私をまるごと食べるがよい。」と王様は言いました。

鷹は、王様の体をすべて食べ終わると、ようやく満足して飛び去っていきました。

　この物語4) を読み終えた後、私の心の中に何とも言いようのない恐怖感が漂ったことを覚えている。挿絵が妙に赤みがかっていて生々しかったことも影響しているが、人肉の一部を切りとって他の動物に食べさせるという行為、しかもそれに満足しない鷹が要求をエスカレートしていき、ついには体をまるごと食べさせるというストーリーの結末に、大きなショックを受けたのだろうと思う。私は子どもながらに、この絵本からいのちのリアリティを感じとっていたのである。

　いのちは、そのリアリティに触れると、けっこう怖い。パラドキシカルな恐怖とも言えるかもしれない。生きているものは、同じく生きているものを食べなければ、死んでしまう。他の生き物を犠牲にすることでしか自らを維持することができない。喰う、喰われる。生き物の世界ではごく当たり前のことなのだが、改めて考えだすとなんとも複雑な気持ちになる。食物連鎖という理科の用語にあてはめれば、自然の摂理という話になってくる。とはいえ、人間は、無自覚にその自然から自分たちの存在を外して考えている。食物連鎖の中に人間は含まれていないのだ。なぜなら、人間は一方的に食べる側にいるからである。自分たちが食べられる側になるということを想定していない。人間には、この地球上にあって特別な存在である、という極めて傲慢な感覚がある。しかも残念なことに、そうした感覚が思い上がりであることにすら気づいていない。他の生き物よりも上位であり強者であり特別であると勝手に思い込んでいるが、いのちという視点から見ればまったくもって愚かな発想である。いのちのリアリティを怖いと感じるのは、人間の思い上

がりが打ち砕かれ、自身が自然界の生き物の一員にすぎないことを無防備に
さらけ出されるからであろう。

　ところで、この絵本の元になる物語は、調べてみると大乗仏教の流れを汲
む『大智度論』という仏典に説かれている[5]。これによると、王様の名前は
シビ王（尸毘王）といい、釈迦の前世ということになっている。シビ王の徳
の高さを試すために、天界の帝王であるインドラ（帝釈天）が鷹に、その侍
臣であるヴィシュヴァカルマン（巧妙天）が鳩にそれぞれ変身して、この物
語の舞台を演出したことになっており、いかにも神話的である。

　仏典に返してみると、記憶していた絵本の内容とはだいぶ異なっているこ
とがわかってきた。実際の物語では、シビ王が自分の肉を鷹に食べさせよう
とする前に、鷹から「鳩と同じ重さの肉を差し出すように」という条件を出
されたため、鳩の重さと自分の肉の重さを天秤ではかっていく、という展開
になっている。シビ王が自分の体の一部を切り取って天秤の一方に載せてい
くが、もう一方に載せられた鳩のほうが重くてどうしても釣り合わない。や
がて事の真相に気づいたシビ王が、血まみれになった自分の体もろとも天秤
に乗りこむことで、ようやく天秤が釣り合うというわけである。物語の結末
では、鷹に変身していたインドラが正体を明かし、瀕死の状態のシビ王が、
「生き物の尊厳を守るためには自分の身命を犠牲にすることすら厭わない、
こうした生き方の果てにはブッダになる決意である」と伝えると、バラバラ
になった体はすぐさま元に戻ることになる。最後には、周囲にいた人々や
神々が、シビ王の崇高なる行為とその徳をほめたたえて礼拝するという、お
決まりの展開も用意されている（三枝 1973, 105–112）。

　このように原典に当たってみると、天秤を用いた肉体の量的な重さを比喩
としながら、いのちの質的な重さについて読み手に気づかせようとする形式
をとっており、かなり教訓的である。とはいえ、ここには、天秤で重さをは
かるという理知的な要素が混じることで、絵本の物語にあったような他の生
き物に人間が食べられるという生々しいモチーフは薄まっている。しかも結
局はシビ王が食べられることはなく体も元に戻るのであるから、わりとご都
合主義的に作られたストーリーでもある。子どもの頃に見た絵本の内容があ
まりに衝撃的であっただけに、原典を知ることで私はかえって拍子抜けして
しまった。

　生きとし生けるもののいのちの重さは平等であり、人間もまた例外ではな

い。確かにそうしたメッセージを伝えようとするところに、この物語の真意はあるのだろう。けれども、メッセージは同じであっても、表現の仕方によってその伝わり方や受け止め方がまったく異なってくる。このことをどう考えたらよいのだろうか。

　少し前のことになるが、「人間の命は地球より重い」というフレーズが流布したことがあった。これを聞いたときまずよぎったのは、本末転倒だなという思いだった。人間はそもそも地球の上で生きている。地上のあらゆる生命を支えている基盤は地球である。大地の恵みを忘れて、それよりも人間の命のほうが重いとは、なんという不遜な発想だろうと半ば憤りすら感じていた。ところが、このフレーズは、1977 年にバングラディッシュのダッカ空港において日本赤軍による日航機ハイジャック事件が起こった際に、犯行グループが日本政府に対して、乗客たちを人質にして高額の身代金と服役ならびに拘留中の過激派の仲間を釈放するように要求し、当時の福田赳夫首相が苦渋の決断からやむなくこの要求を受け入れたときにつぶやいた一言であるという。文脈からすると、人命を救助するのか、テロリズムに対抗するのか、というきわめて緊迫した状況下で絞り出された言葉であった。このとき、人命救助を優先した福田首相の英断を賛美する者からすれば、「人間の命は地球より重い」[6] は実に感動的で人道主義の模範ともいうべき言葉として映ったにちがいない。そう考えると、これはむしろ本末転倒した表現をとることによって、逆説的にいのちの重さというリアリティを伝えているのかもしれない、とさえ思えてきた。とはいえ、冷静に考えれば、人間の生命と地球を比較すること自体、そもそも無意味なことであるし、違和感を覚える（なので、このフレーズを推奨しようとはやはり思わない）。ただ、ここから言えることは、危機的で緊迫した文脈の中で生み出される表現には、理屈を超えて直に人間の感受性に響いてくるような「いのち」の生の言葉が宿るということではないだろうか。

3. いのちをいただく

　学校教育の現場では、2007 年に文部科学省が公表した『食に関する手引き』（2019 年に二次改定）に基づいて、本格的に「食育」が推進されることになった。この手引きの中の食に関する指導目標の一つに、「食物を大切に

し、食や食文化、食料の生産等にかかわる人々へ感謝する心を育む」という項目がある。食育もまた、いのち教育の一つの展開であり、命の授業のプログラムに組み込まれることは多い。とはいえ、ここで「感謝する心」が向けられる対象は、食の文化や生産者であって、あくまで人間中心的に考えられている。人間に食べられる側の生き物、食料となった動物や植物の奪われたいのちには向けられていない。児童生徒たちの心に「生き物を食することのありがたみ」や「いのちへの感謝」といった思いが育まれるためには、これでは不十分であろう。しかしながら、食育が人間中心的にならざるを得ない背景には、いのちへの衝撃を和らげようとする配慮がはたらいている。

　産業社会の発展により、家畜、ブロイラー、養殖魚といった食用のための産業動物の大量飼育と屠殺を合理的に遂行していくシステムが開発・導入されて久しい。ところが、牛や豚や鶏が、工場で生産される製品のように、機械的に屠畜され食肉になっていく過程が、学校教育の名のもとに、児童生徒たちに生々しく目に見える形で映し出されることは近年ではまずないだろう。それは教育の題材としてはふさわしくないと判断される。理由は単純である。生き物を殺すからである。生き物たちを殺していく様子を直接見せることは、残酷であり、刺激が強すぎる。恐怖のほうが先行しトラウマ（心の傷）を負ってしまう。もしくは残虐性が亢進され犯罪が誘発されてしまうかもしれない。こうした事実を暴露するよりは、「食文化や生産者への感謝」というクッションを置くことによって、間接的にその向こうに潜んでいる「生き物たちの犠牲」について感じ取ってもらおうとするのが、学校における食育のあり方なのである。

　1980 年に、公立小学校の教員であった鳥山敏子が、担任クラスの小学 4 年生の児童たちを対象に「ニワトリを殺して食べる授業」を行った。今日の学校現場からすれば、保護者からの集中的な批難を浴びることは必至であり、実施されることはまずないだろうと思われる授業である。この授業の具体的な様子を描いた著書『いのちに触れる』は、参加した一人の児童の次のような感想文（鳥山 2011, 8–9）から始まっている。

　　とてもざんこくでした。
　　にわとりを殺しました。わたしは殺せませんでした。殺し方……というので、先生が見せてくれました。まっ赤な血が、びゅーっととびちり

ました。あたり一面がまっ赤にそまりました。わたしの好きなにわとり
も殺されました。

「もうやめて、やめてったらー」

女子は泣きさけびました。にわとりをだきながら、泣いている人もい
ました。男子がナイフをもっておいかけてきました。

「バカバカバカっ、れい血人間——」

なんどもなんどもさけびました。でも、もうだめでした。ほとんど殺
されていました。大きい柱の後ろで、声も出さないで泣きました。

「も、もう、わたし、なんにも食べない！」

そう、わたしは言いました。でも、ほんとはとってもおなかがすいて
いました。さっき、わたしがいったようなことをいった人も、しまいに
は、

「わたし、鳥の肉だけ食べない」

といっています。なんだかなさけない気持ちです。でも、わたしも、
ソーセージを二本、たべました。

書き出しからもの凄い衝撃が走る。体験した者だからこそ描くことのでき
る臨場感が迫ってくる。子どもたちの心臓のバクバクとした鼓動音が、今に
も聞こえてくるようだ。これほどの文章を子どもに書かせてしまうすさまじ
さが、この授業にはあったのである。著書には、他の子どもたちの感想文も
載せられている。鶏の首が切り落とされても、まだ羽をバタバタさせてい
て、その首からはボタボタと血がたれている（同書, 19）。そんな生々しく
惨たらしい表現も見られる。そうした状況の中での「殺される鶏から目を離
すな」という指示（同書, 19）にも驚かされる。「しまいには人間というの
が、あくまのように感じた」（同書, 20–21）という感想すらある。

この授業を企画した意図について述べる鳥山の言葉もまた過激である（同
書, 18）。

自分の手ではっきりと他のいのちを奪い、それを口にしたことがないと
いうことが、本当の命の尊さをわかりにくくしているのだ。殺されてい
くものが、どんな苦しみ方をしているのか、あるいは、どんなにあっさ
りとそのいのちを投げ出すか、それを体験すること。ここから自分のい

のち、人のいのち、生きもののいのちの尊さに気づかせてみよう。

　子どもたちにいのちの尊さに気づいてもらうために、ここまでしなければならないのだろうか。いのちに触れるというのは、いのちを生きること自体の根本矛盾に直面し、そこにもだえるほかないということなのか。この授業から40年余りを経た今日の学校現場で行われている食育のあり方とのコントラストを考えるならば、もはや言葉を失ってしまうほどの落差がある。「ニワトリを殺して食べる授業」は、人間の犠牲となった生き物への感謝の心を育てるどころか、それを通り越して、他の生き物のいのちを奪うことへの罪の深さを徹底して鋭利なまでにえぐり出している。子どもたちの感想文には、人間を殺せば刑務所に入るのに、なぜ鶏を殺しても刑務所に入らなくてよいのか（同書, 21）、さらには、もし反対に、人間が鶏に殺されていたらどうなるかと思った（同書, 20）、などといった問いが発せられ、次の日の給食でたまたま鶏肉入りのシチューが出たときには、「ごめんなさい」と言いながら食べていたとのエピソードが紹介されている（同書, 23）。この体験を通して、子どもたちの心には、痛ましいばかりの罪の意識が呼び覚まされているのだ。

　「感謝する」と「謝罪する」は、とりわけいのちをいただくという局面においては、実は表裏一体のことなのである。仏教は、もともと殺生することを戒律で禁じているが、日本仏教（なかでも浄土仏教の思想）では殺生せざるを得ない人間の業についての洞察を深めている。他の生き物を殺し食べなければ人は生きていけない。この矛盾する実存性を、罪の内在化、悪人の自覚として捉えたのは親鸞（1173–1263）であった。そうした意味では、鳥山の意図するいのち教育のまなざしは、日本的なスピリチュアリティの発露へと向かっており、この授業自体がスピリチュアル教育の先駆的な実例であったことを示している。

　このような生命存在の根幹にさし迫る授業は、今日の学校現場ではなかなか実現が困難であるにちがいない[7]。とはいえ、保護者を含めた学校コミュニティのコンセンサスがしっかりと取れており、しかもプレ教育とアフター教育を十分に行うことを条件とすれば、決してできないわけでもないだろう。とりわけプレ教育ではこの授業の目的を子どもたちや親たちに念入りに伝えることが大事である。そして、アフター教育においては、子どもたちへ

の心のケアとして親子の間で、さらにはクラス全体で体験を共有する話し合いを行う必要がある。また、死を受容し昇華するための日本的な風習として、自分たちが殺した鶏たちの供養を子どもたちが中心となって行うことも勧められると思う。これらの教育的配慮は、いのちから直に教わるための大切なフォローアップである。本当に重要なことは、ここにおいてもやはり変ってはいない。それは、いのちの発するメッセージをいかに聴くのか、そこから何を受け取るのかにかかっているのである。

4. いのちの尊さ

いのちの矛盾について、とりわけ他のいのちをいただくという問題に焦点化して考えてきた。いのちはそもそも矛盾に満ちている。いのちを生きることは素晴らしい、と諸手をあげて喜べるほど単純ではない。世界を見渡せば、戦争、テロ、殺戮、差別、暴力などがいつの時代にも氾濫している。搾取や貧困、飢餓はどこにでもある。難病や重度の障害に苦しむ人は後を絶たない。自然環境は破壊される一方である。これらの出来事は、いのちのやりとりの中で起こっている現実である。

しかしながら、やはりいのちは美しく、尊いのである。なぜそう言えるのか。その根拠を、いのちのあり方に即して挙げてみると、次のようである。

いのちの固有性・・いのちは一つだけのものであり、代替不可能である
いのちの実現性・・いのちは生きる力、成長する力である
いのちの有限性・・いのちには限りがある、終わりがある
いのちの連帯性・・いのちのつながりあい、響きあい
いのちの連続性・・いのちは何世代にもわたって受け継がれていく
いのちの神秘性・・生まれてくるフシギ、死んでゆくフシギ
いのちの永遠性・・永遠の生命・死後にも続いていく生命

いのち教育は、こうしたいのちのあり方に触れることで、一人ひとりがいのちの放つメッセージに気づくことが大切なのだと強調する。ところが、その気づきは、個々の受け止め方、理解の仕方によって広がりをもち、一様ではない。いのちのあり方を情緒的に受け止める者もいれば、論理的に受け止

める者だって当然いる。いのち教育が命の授業という形態をとって行われるときには、いのちのあり方に合わせてそれなりの教材やプログラムを用意することになる。ただし、授業を行ってみたものの、伝えたいことがなかなか伝わらずに、不全感のままでいる教師も少なからずいることだろう。

　何かが「わかる」というときには、およそ「頭でわかる」、「心でわかる」、「体でわかる」といった三つの位相を考えることができる。これに合わせて、物事の伝わり方や教育のあり方にも三つの展開があるのではないかと思う。「頭でわかる」とは、思考や理性によって理解することであり、物事を論理的に捉えることである。いわゆる客観的理解と言える。「心でわかる」とは、感情や想い、気持ちに寄り添って了解することであり、相手がいる場合には共感することを指している。こちらは主観的理解と言える。科学的思考が基準になっている学問研究などは、どちらかと言えば、「頭でわかる」ことに比重が置かれている。一方、対人援助やカウンセリングのように人間関係やコミュニケーションが重視される場面では、「心でわかる」ことが強く求められる。ここではまた、主観的理解を超えて、「わかりあう」といった相互的理解へと移行することもある。この二つの「わかる」の位相は、程度の差はあるとしても、日常の中で誰もが行っていることである。

　いのちのあり方に即して説明を試みれば（坂井 2020,177-180）、たとえば「いのちの有限性」というのは、いわゆる個体の死を意味しているが、死について「頭でわかる」とは、まずは肉体の機能停止を考えることである。また現象面から死の不可逆性や不可避性を考えることも含まれるだろう。一方、「心でわかる」とは、親しい人との死別に際して起こってくる悲しみや嘆き、寂しさや悔恨などの思いに共感することである。

　ところで、「体でわかる」という位相は、前の二つの「わかる」の位相に比べると、かなり性質が異なっている。「体でわかる」とは、ニュアンスとしては、「体感する」とか「実感する」ということを指している。文字通り、体で感じるのである。これは「身体知（手続き記憶）」のように、身体が訓練を重ねていくことで、所作や技能などを身につけていくこととも関連していないわけでもない。身体知の場合は、「体でおぼえる」ということであり、これには時間的なプロセスを要する。ところが、「体でわかる」というときには、経験に基づいて物事の本質をそのまま丸ごと感覚的に把握する、といったことが瞬時に起こるのである。つまりは「直観（intuition）」である。

直観・体感・実感は、それぞれ微妙な違いはあるとしても、「体でわかる」ことの一連の流れの中にある。その瞬間においては、主体と客体の区別がなく、非言語的であり、ヌミノース的に与えられ、自身の生き方に根本的な変容をもたらす。いのちに触れることによっていのちのメッセージに気づくというとき、その「気づき（awareness）」というのは、「体でわかる」ことと等しいと言えるだろう。

　とはいえ、このときの「体」とは、「心」と区別されたものではない。身心二元論の片方としての体ではないということである。禅語でいう「身心一如」は、身心を二つに分断していた迷妄から、一如であると直観するその刹那をとらえた言葉である。これはひとえにいのちの根本転換を表している言葉と言ってよいだろう。いのちのあり方の中で、前半の「固有性」「実現性」「有限性」というのは、個別的で分断されたいのちである。個の内で完結しているからである。ところが、中盤にある「連帯性」「連続性」というのは、個と個が互いにつながりあって分けることのできないホリスティックないのちを指しており、それぞれの個がいのち全体に開かれている。つまり、「体でわかる」という気づきは、いのちの全体性への目覚めを指しているのである。なお、他のいのちを奪わなければ生きていくことはできないという罪業感は、「いのちの連帯性」への気づきである。

　では、後半にあるいのちの「神秘性」と「永遠性」とはどういうことだろうか。これは「私たちはどこから来て、どこへ行くのか」、あるいは「なぜ人は生まれ、そして死ななければならないのか」といった存在理由（raison d'être）への問いに連なっている。この問いは、心や体でわかるいのちの状況とは次元が異なっている。要するに、「心（mind）」と「体（body）」とが統合されるその深層からはたらいてくる「魂（spirit）」の次元[8]において問われるいのちのあり方である。そこに開かれたときには、永遠の生命、生死を超えた大いなるいのちに目覚めていくことになろう。これは気づきの深まりである。

　いのちの尊さは、いのち教育の根幹を支える最も重要な理念であるが、それは気づきの深まりにおいて見出されるいのちの実感であると言えるだろう。

5. いのち教育のゆくえ

　いのち教育は、何のために行われるのか、その目的とは何なのだろう。今更ながら、このような問いを投げかけるのは、いのち教育がともすると、これを受け取る側の心にただ負荷をかけるだけの暗くて重いひずみのような印象を与えているとも感じるからである。いのちを実感するときには、否定的契機がどうしても含まれてしまう。しかし、この否定性に耐えられない、あるいは逆に鈍感である（何も感じられない）、という反応がしばしば起こるのも理解できることである。しかも、こうした反応には、思いがけない示唆が潜んでいる場合も少なくない。

　いのちはこの上なく大切である。いのちは尊く、かけがえのないものである。こうした感覚に気づくことによって、いじめや虐待をしなくなる、自殺を考えなくなる、心が折れなくなる。そうして、人生を豊かに生きることができるようになる。こうした方向へとシフトチェンジできるように促すことが、いのち教育の目的である。とはいえ、この考え方は、いかにも理想的で、現実感に乏しく、白々しく聞こえるスローガンに思えてしまう。なぜなら、実際の社会は全くそのようになってはいないからである。いのちの大切さ、いのちのかけがえのなさは、誰でもが耳にしているし、大抵の人はそうだと思っている。けれども、いじめも、虐待も、暴力や差別も一向になくなる気配はない。経済が落ち込めば、自殺者も増加する。辛いこと、苦しいことが重なれば、心は簡単に折れてしまう。科学技術の急速の進歩により、モノはあふれ返り、情報はいつでも手に入るようになり、生活は著しく便利になっている。個人レベルでみれば、娯楽や趣味に興じて楽しく幸せに生きている人はそれなりにいることだろう。しかし、いくら生活が豊かになっても、苦しみや悩みや生きづらさをどうしても抱えながら生きざるを得ない人だっているのだ。誰でもが人生の途上でそうならないとは限らない。いのち教育とは、人生がつらく、苦しいものにならないようにするための予防策なのだろうか。おそらく学校現場にいのちの問題を考えさせるようとする機会を導入する意図はそのようなものなのだろう。コミュニティ心理学の危機介入モデルからすれば、これは一次予防にあたる。だが、いのち教育は、本質的にそのようなものとは違っているように思う。

　いのちについて考えるとき、いつも思い出す詩がある。それは次のような

詩（星野 2012, 50）である。

> いのちが一番大切だと思っていたころ
> 生きるのが苦しかった
> いのちより大切なものがあると知った日
> 生きているのが嬉しかった

　いのちより大切なものとは何ですか？ 詩人の星野富弘は、長年この質問を受けてきたという（同書 ,24）。一時期、私も学生たちに同じ質問をよく投げかけていた。誰もがふと立ち止まってしまう質問である。そして、誰もがうまく答えることができない。しかし、よくよく考えてみると、この詩は「いのち教育とは何であるのか」をそのまま伝えているのかもしれない。

　「いのちが一番大切だと思っていたころ」のいのちとは、自我中心で見ていたいのちのことを指している。だからこそ、そうした思い込みが崩れ去ったとき、初めて「いのちよりも大切なもの」に出会うことができたのだ。それは自我中心から解き放された「無私なるいのち」なのではないだろうか。つまり、この詩はまさしく「いのち＝教育（気づき）」が実現したその瞬間を表現したものなのである。

　いのち教育とは、気づきであり、いのちの実感である。したがって、このことさえ心得ておけば、後はどのような教育とも協同することが可能である。とりわけ今日の学校現場では、道徳教育、健康教育、環境教育、食育、平和教育、人権教育などと深いかかわりがあり、その根底を支えているとも言える。ここからあと一歩踏み出すことが可能であれば、いのち教育は、宗教情操教育、スピリチュアル教育、ホリスティック教育、マインドフル教育へと移行することになるだろう。そう願いたいものである。これらの教育が目指していることもまた、本来のいのちへの気づきであり、ひいては人間性の本来的な回復であろう。

注

1) 学校教育にいのちの教育が導入されていく経緯などは、弓山（2018）を参考にした。この論文では、いのちの教育には、死から「いのち」を考える方向性と、誕生し成長する子どものより良い生を目指すために「いのち」を考える方向性の二通りがあると述べている。またいのちの教育を 4 領域（かけがえのなさ・尊厳性・つながり・死）に分けて考察している。

2) 1988 年 8 月に行われた京都清水寺の暁天講座である。演題は「生命といのち—仏教的生活」である。

3) こうした認識のもとで「いのち教育」を推進してきたのは、上越教育大学名誉教授の得丸定子である。得丸は 1990 年代に「いのち教育研究会」を立ち上げ、教員養成の大学にいのち教育の講座を開設し、学際的な視野からいのち教育の理論と実践の研究を行い、先駆的な業績を残した。

4) この物語の出典を探してみたが見つからなかった。ここでは記憶をたどって筆者が再現した物語を提示しているが、天秤の話が出ていた記憶が一切ないので、絵本の原作者が意図的に外していたのだろうと思われる。

5) 候（2005）によれば、この物語は『大智度論』が主ではあるが、釈迦の本生譚である『ジャータカ』や『六度集経』などいくつかの仏典にも説かれているという。また辿っていくと、古代インドの神話的叙事詩である『マハーバーラタ』に描かれる物語が原初であるらしい。

6) この言葉の原点を探っていくと、1948 年に死刑制度合憲判決事件という新憲法のもとに死刑が合法であることを判断する裁判があり、その判決文の中に「生命は尊貴である。一人の生命は、全地球よりも重い」という言葉が出てくる。このときの裁判官の一人であった真野毅判事は、この言葉の出どころが、明治 3 年（1872 年）に翻訳出版されたサミュエル・スマイルズの『自助論』の前半にあたる『西国立志編』であったことを明かしている。この本の序文には「一人の生命は全地球より重し」と書かれている。

7) ちなみに、教科教育となった道徳の学習指導案の中には、例えば、屠畜解体業の方を主人公にした絵本『いのちをいただく』を教材として用いた授業（小学 4 年生対象）や、卵からふ化して 2 ヵ月あまり育てたヒヨコを自ら解体し、水炊きにして食べるという高校の流通食品科の高校生の体験のドキュメンタリービデオをもとに、子どもたちにいのちをいただくことの意味を考えさせる授業（小学 6 年生対象）が載せられている。

ところで、屠畜の体験学習においては、生き物を殺す体験をあえて児童生徒にさせる必要があるのか、いのちの尊さを教えることとは矛盾するのでは、という批判が

常にある。一方で、現代人は産業社会の構造的変化から死が見えなくなったためタブー視するようになったという言説のもとで、だからこそ児童生徒には生き物の死の現実をあえて曝露し、当たり前のこととして考えさせる必要があるのではないかとする意見もある。死のタブー視（隠蔽化）と死のポルノグラフィー化の両極端な見方は、いのち教育を考えていく上で大きな課題となっている。

8) ここでの魂の次元とは、ユング派分析家のジェームズ・ヒルマンが提唱する「元型心理学」において強調される心と体をつなぐ魂（spirit）としての Self 元型を想起している。学校現場におけるいのち教育の射程に、この「魂」の問題を導入することになれば、一気にスピリチュアル教育に接近することになるだろう。

参照文献

安藤泰至 2004：「読書案内 いのちへの問い」池上良正他『生命：生老病死の宇宙』岩波講座宗教7、岩波書店、290–311。

上田閑照 1991：「生命と生といのち」『生きるということ：経験と自覚』人文書院、28–56。

カール・ベッカー他 2009：『いのち　教育　スピリチュアリティ』大正大学出版会。

鳩摩羅什（譯）：『大智度論』巻四『大正新脩大藏經』25、87–88。

候巧紅 2005：「シビ王物語に登場するインドラ：鳩の同じ重さの人肉を賠償として要求」『国際文化論集』33、1–22。

三枝充悳 1973：『大智度論の物語（一）』（「35 尸毘王の物語」）第三文明社レグルス文庫27。

坂井祐円 2020：「いのちを教えるってどういうこと？」竹尾和子他『ワークで学ぶ 発達と教育の心理学』ナカニシヤ出版、第12章173–186。

得丸定子（編）2008：『「いのち教育」をひもとく：日本と世界』現代図書。

鳥山敏子 2011（1985）『いのちに触れる：生と性と死の授業』太郎次郎社 OD 版。

星野富弘 2012：『いのちより大切なもの』いのちのことば社フォレストブックス。

文部科学省 2015：道徳教育『小学校道徳・中学校道徳 学習指導要領』https://www.mext. go.jp /a_menu/shotou/doutoku。

文部科学省 2019：『食に関する指導の手引：第二次改訂版』https://www.mext.go.jp/a_menu /sports/syokuiku/1292952.htm.

弓山達也 2018：「スピリチュアリティといのちの教育」堀江宗正『現代日本の宗教事情：国内編Ⅰ』岩波書店、第6章168–184。

Where is the Teaching of *Inochi* in Japanese Schools Heading?

by Yuen SAKAI

Recently *inochi*, meaning "life," has become one of the subjects that teachers are required to teach in Japanese schools. The question remains: what does it mean to educate students about life? *Inochi*, in Japanese, is a concept, not an object or information that can be taught. Furthermore, it should be regarded as a function that connects the world and the self, making the self as alive as it can be. Therefore, the teaching of *inochi* will be feasible only in a moment where one can touch and feel life. Such a moment will be when one is aware that "life" is leading and teaching us. In other words, the subject to be taught is not about the person, but life itself.

In this article, two examples are given in order to show this understanding of life. One is a Buddhist fable that explicates that a human life is equal to a life of other creatures. The other is an experimental class in an elementary school where students themselves killed chickens to eat so that they could learn that their own lives are based on other creatures' sacrificing their lives. By reflecting on these examples, one can understand how learning about life could be composed of three phases: learning by the brain; learning by the mind; and the learning by the body. Understanding life must include learning by the body, which is one's intuitive sense of living here and now. Learning by the body will lead to awareness of the totality of life. The author believes, then, that educational activities based on this awareness will, in turn, involve spiritual education, holistic education, and mindfulness training in the very near future.

〈論文〉

近代日本における医療と宗教
——死生学の制度的背景——

奥山　倫明

1. 近代日本の医療と医学

　2020年は新型コロナ・ウイルス感染症の世界的な蔓延のなか、日本においても春先以降、感染者・死者が急増した。感染防止のために一般市民にも行動変容が求められ、「新しい生活様式」への適応が呼びかけられるにいたった。また、感染拡大を防ぐための諸施策の動向とともに、日本の医療体制、医療政策にも一定の関心が集まった。従来、日本人が特段の不信を抱いていたわけではなかったように思われる日本の医療制度は、突然、注目を浴びるようになり、メディア上では「医療崩壊」といった煽情的な見出し語が躍ることにもなった。

　もっとも、2020年春に刊行した著書『日本医療の近代史：制度形成の歴史分析』で日本の医療制度を回顧した宗前清貞は、その冒頭で次のように肯定的に評価している。

> 日本の医療費は、OECD加盟36カ国中で上位25％程度にあるが、高齢化率が高いことを考慮すると、日本は相対的に医療費負担が軽い。平均寿命はWHOデータ（2016）によると女性で1位（87.1歳）、男性で2位（81.1歳）、両性合算で1位（84.2歳）を獲得している。新生児死亡率は1000出産あたり0.9で世界2位であり、3.0前後を示す欧米先進国の多くと比べて日本の数値は驚異的に低い。つまり日本の医療は「安くて良い」のである。（宗前2020, 2）

少なくともコロナ禍の襲来以前の状況は、こうした数値が示すとおりだったのだろう。本稿ではまず、今日の状況にいたるまでの日本の医療体制に関する状況について確認しておきたい。

厚生労働省による 2018 年の「医師・歯科医師・薬剤師統計」を参照してみると、同年 12 月 31 日現在、医師 327,210 人、歯科医師 104,908 人、薬剤師 311,289 人という数値が挙がっている。また同年の「医療施設（動態）調査・病院報告」を参照してみると、10 月 1 日現在における施設の数として、病院（医業・歯科医業を行ない、患者 20 人以上の入院施設を有する）8,372、一般診療所（患者の入院施設を有しない、あるいは患者 19 人以下の入院施設を有する）102,105、歯科診療所（歯科医業のみを行ない、患者の入院施設を有しない、あるいは患者 19 人以下の入院施設を有する）68,613、総数 179,090 という数値が示されている。また病床数は、病院 1,546,554 床、一般診療所 94,853 床、歯科診療所 61、総数 1,641,468 床である。病院の病床のうち、精神病床 329,692、感染症病床 1,882、結核病床 4,762、療養病床（長期にわたる療養のための病床）319,506、一般病床 890,712 となっている。[1]

　こうした現状にいたるまでの日本の医療制度のおおよその展開について、簡単に振り返ってみる。明治期以降、開国とともに、国家としての医療専門職の制度化、医療機関の制度化、医学教育（医育）の制度化等を通じて、医療の近代化が進展していく。特に明治末期、20 世紀初頭以降になると、一通り整備された医療制度がさらに改変され、やがて昭和初頭から戦時体制に突入していく。このあたりの概要を、戦後から今日にかけての現代的医療制度の前史として確認しておこう。なおここで主に参照したのは、1976 年刊行の厚生省医務局編『医制百年史』である。[2]

　あらかじめ指摘しておくと、内務省の社会局・衛生局を分離独立させ、「国民体力向上と国民福祉の増進を任とする」厚生省が設置されたのは 1938 年のことである（厚生省医務局 1976, 268）。[3] 背景の一つに、出生率が 1920 年を頂点に次第に低下（同年人口 1000 人に対して 36.3 人から 1936 年に 30.0 人）、人口自然増加率も 1926 年を頂点に漸減（同年人口 1000 人に対して 15.6 人から 1936 年 12.4 人）していたことがあったとされる（厚生省医務局 1976, 269）。

　医療専門職の制度化については、1906 年に「医師法」、「歯科医師法」が公布された。1915 年には内務省が「看護婦規則」を公布、また 1925 年には「薬剤師法」が制定、翌年施行された。1923 年に日本医師会、1926 年に日本歯科医師会、日本薬剤師会が法的位置づけを得ることになる（すでに

1898 年に日本薬剤師会が設立、また 1914 年に日本連合医師会、1916 年にはそれを発展的に解消した大日本医師会が設立、また 1903 年に大日本歯科医師会が設立、その後、日本連合歯科医会を経て 1918 年に日本連合歯科医師会が設立されていた）。看護婦については、1929 年に帝国看護婦協会が設立された（また 1899 年「産婆規則」が制定されている）。

　医療機関の制度化については地方レベルでの進展ののち、国のレベルにおいては 1933 年に行なわれた「医師法」、「歯科医師法」の改正に合わせて、「診療所取締規則」、それに準ずる「歯科診療所取締規則」が制定された。ここで、診療所と病院との区別について、「医業をなす場所を診療所とし、診療所のうち患者一〇名以上の収容施設を有するものを病院と定義」することになった（厚生省医務局 1976, 214）。1937 年には、「保健所法」が制定される。「保健所法」の趣旨については、『医制百年史』は次のように記している。

　　保健所は、予防医学的指導を行うことを本旨として設置された機関であって、その設置当初は道府県及び五大都市に属し、一定地区を担当し、国民体位の向上を図るため担当区域内の公共的関係団体と連絡提携し、衛生思想の涵養、栄養の改善及び飲食物の衛生、衣服住宅その他の環境の衛生、妊産婦及び乳幼児の衛生、疾病の予防、その他の健康の増進に関し各種の指導を行うべきものとされていた。（厚生省医務局 1976, 188）

この「保健所法」制定に伴い、同法施行規則に保健婦という名称が明記され、その後、保健婦の養成事業も始まっていく。

　なお医療を支える制度としては、1922 年に「健康保険法」が制定されていたが、1923 年の関東大震災をはさんで施行は延期され、1927 年より実施されることになる。のち 1938 年には「国民健康保険法」が制定された（1942 年、1944 年に改正）。また 1929 年には公的扶助制度が「救護法」により定められたが、同年勃発の世界恐慌により施行は 1932 年まで延期された。その後 1941 年に「医療保護法」が制定、公布されることになる。

　医学教育の制度化については、明治時代から戦前までの医師資格には 4 種が併存していたが、1916 年以降、医学校での修学が必須条件となった。[4] そ

の後、1918年の「大学令」の公布を受けて医学校が大学医学部や医科大学となっていく。その増設推移を見ると、1912年に東京、京都、福岡の3官立大学医学部、1926年に官立10、公立4、私立2、1936年に官立13、公立1、私立3の大学医学部、あるいは医科大学が設置されていた（厚生省医務局 1976, 200）。[5]

　歯科医師資格については、「歯科医師法」が歯科医学専門学校卒業を要件としていた。該当する学校としては、財団法人大阪歯科医専、日本大学専門部歯科、九州歯科医専、東洋女子歯科医専、東京女子歯科医専の私立学校に加え、1928年に官立の東京高等歯科医学校が指定された。

　なお1915年の「看護婦規則」の制定に伴い、同年「私立看護婦学校養成所指定標準ノ件」が制定されていた。また1936年施行の「薬剤師法」は、大学令における大学で薬学の学士を得た者、官立公立の薬学専門学校、医科大学附属薬学専門部、医学専門学校薬学科を卒業した者、その他の薬剤師免許資格を定めた。

　上述のとおり1938年に厚生省が設置されていたが、戦時体制の強化のなかで人口政策が重視され、1940年に閣議決定された「基本国策要綱」では「国是遂行ノ原動力タル国民ノ資質、体力ノ向上並に人口増加ニ関スル恒久的方策」の樹立が目指され、翌年「人口政策確立要綱」が閣議決定された（厚生省医務局 1976, 272）。なお国民体力向上を目指す「国民体力法」と国民素質の向上を目指す「国民優生法」が1940年に制定されている（なお第二次世界大戦後の1948年には「優生保護法」が成立する）。

　保健所の設置については上述したが、1941年に「保健婦規則」が制定され、国民体力向上のための保健指導の専門技術者として保健婦の資格が定められた（同年、「私立保健婦学校保健婦講習所指定規則」も公布、のち1945年に後述の「国民医療法」に伴う新「保健婦規則」と「保健婦養成所指定規程」を制定）。保健所の設置、保健婦の配置により母子衛生のための保健指導が拡充するようになっていく。1942年には「妊産婦手帳規程」が公布され、保健指導に加えて妊産育児に必要な物資の配給も実施されていく（厚生省医務局 1976, 275）。なお1942年には府県行政機構の改編により、衛生行政事務は警察部から内政部に移管された。

　戦時体制下では1942年に「国民医療法」が制定され、従来の各種法令で規定されていた医療制度が統合的に扱われるようになる。医師会、歯科医師

会は国策協力機関として改組され、また「国民体力ノ向上ニ関スル国策ニ即応シ医療ノ普及ヲ図ル」特殊法人として日本医療団が新設された（厚生省医務局 1976, 280）。また上述の「薬剤師法」のほか、薬事制度関係諸法の統合のために 1943 年に「薬事法」が制定された。これにより薬剤師会も国策協力機関と位置づけられた。

　戦時下での医学教育については、軍医の応召による医師不足が進み、医師養成の必要性が高まったことから、1939 年に 7 帝国大学（東京、京都、東北、九州、北海道、大阪、名古屋）、6 官立医大（新潟、岡山、千葉、金沢、長崎、熊本）に臨時附属医学専門部が附置された。さらに敗戦直前まで各地に公立の医学専門学校が設置された（厚生省医務局 1976, 298）。[6] また看護婦需要も高まり、1941、44 年に「看護婦規則」が改正され年齢が 18 歳から 17 歳、さらに 16 歳に引き下げられることになった（厚生省医務局 1976, 307）。

　なお軍部主導の医師養成拡大により、1945 年度入学の医学校定員は 10,533 人になっていたが、医学専門学校での教育の質は低劣であり、卒業生の多くは戦後の医療の高度化に対応できなかったという。この点について、宗前清貞は以下のようにまとめている。

　　戦後の彼らは病院などの医療機関では活動できず、他方で膨張した医専卒業生を吸収する充分な規模が開業医市場にはなかった。戦後、地方の保健所に応募した医専卒業生が職を得られない事例さえあり、国民皆保険の成立で医療需要が増大する 1960 年代までこうした医師過剰は続いた。医専拡大は、医療制度の発展に供給上の大きな影響をもたらした。（宗前 2020, 108）

2. 戦後の医制の概観

　1945 年の敗戦ののち、日本の医療・医学・保健衛生制度は、占領下での改編と戦後の再編成を経ていくことになる。占領下の改革に関連する詳細な経緯は省くが、1948 年には「医師法」「歯科医師法」「医療法」「薬事法」「保健婦助産婦看護婦法」が制定され、さらにその後の幾度かの改正を通じて、それぞれ近代的な制度の拡充が図られていく。それを通じて、医師資格要件

は、医科大学・大学医学部の卒業、1年以上の実地修練（インターン）、医師国家試験の合格として一元化された。[7] また1948年には「歯科衛生士法」が、1951年には「診療エックス線技師法」が制定された。なお1947年に新たな社団法人として日本医師会、日本歯科医師会が、1950年に日本薬剤師協会が結成された。1947年設立の社団法人、日本助産婦看護婦保健婦協会は、1951年に日本看護協会と改称した。[8] なお、1955年以降、医療関係の資格制度が拡充され、歯科技工士、理学療法士、作業療法士、診療放射線技師、視能訓練士などの資格が法定化されていく。[9]

　公衆衛生体制としては、1947年に「児童福祉法」、1948年に「優生保護法」、1949年に「身体障害者福祉法」が制定された。また精神衛生に関しては、1900年に私宅監置を認める「精神病者監護法」、1919年には同法に加えて、「精神病院法」が制定されていた。戦後、1950年には両法を廃止したうえで「精神衛生法」が制定され、精神障害に対する医療の促進とともに、発生予防、精神的健康の保持、向上を図ることが目指された（厚生省医務局 1976, 482）。

　公的扶助制度については1946年に「生活保護法」が制定されたのち、さらに改良を加え、1950年に改正された新たな「生活保護法」が制定された。また国民健康保険制度については1948年、1951年に改正され、1953年までに財政基盤も徐々に安定していった（厚生省医務局 1976, 371）。その後、1958年に新たな「国民健康保険法」が制定され、1961年には国民皆保険が実現した。1962年には厚生省の外局として、社会保険庁が設立され、医療保険、年金制度を所掌することになる（社会保険庁は2009年に廃止）。

　戦後の荒廃状況下、医療機関の再建、拡充は喫緊の課題だった。1948年制定の「医療法」は患者収容施設20床以上の医療機関を病院とし、当該機関における医療従事者と施設の要件を定め、診療所は患者を収容しないことを原則とした（厚生省医務局 1976, 436）。また病床100床以上の総合病院について規定するほか、公的医療機関の制度も設けた。[10] その後、1950年の同法改正により、医療法人制度が設けられ、私人による医療機関経営の条件を緩和することになった。1955年頃までに再編成された医療機関は、①国立病院、国立療養所、②公的医療機関（都道府県立病院、市町村立病院、その他の開設者［日本赤十字社[11]、済生会[12]、全国厚生農業協同組合連合会＝全厚連[13]、等］による病院）、③その他、となる。

　ここで菅谷章による分類を参照すると「③その他」は職域病院、各種保険団体病院、法人立病院に区分され、さらにそれぞれが以下のように分類されている（菅谷 1976, 433–438）。

　　職域病院：会社立病院、各種共済組合病院（公的医療機関の厚生連＝
　　　厚生農業協同組合連合会の病院もこの区分に入る）
　　各種保険団体病院：厚生年金病院、労災病院、船員保険病院、社会保
　　　険病院
　　法人立病院：社会福祉法人の病院（公的医療機関である済生会の病院を
　　　含む。なお北海道社会事業協会も天皇の下賜金を基盤とする）、公
　　　益法人の病院、学校法人の病院（私立医科大学附属病院など）、宗
　　　教法人の病院、医師会の病院

　なお、菅谷が宗教法人の病院として例示しているものを現名称で表記しておこう。それらは、天理よろづ相談所病院（天理教、1935 年、天理よろづ相談所開設、1937 年、奈良県知事より私立病院認可、奈良県天理市）、佼成病院（立正佼成会、1952 年、交成病院として開設、1960 年、立正佼成会附属佼成病院と改称、東京都杉並区）、浅草寺病院（聖観音宗浅草寺、1910年、隅田川水害の際に救療所開設、1924 年、浅草寺病院落成、東京都台東区）である（天理よろづ相談所病院と佼成病院については後述。その他、カトリックの病院も存在することが言及されている）。[14]
　なお戦後、各種伝染病（のち「感染症」と改められる）が多発したことから、防疫活動の実施のために保健所が重要な役割を担った。1947 年に改正「保健所法」が公布され、公衆衛生の指導業務に加え、結核、性病の治療、公衆衛生のための試験検査等が、保健所において実施されるようになった（厚生省医務局 1976, 491）。[15]
　その後、高度経済成長期には、医療機関全般の整備拡充に加えて、医療の高度化に対応する専門病院の設置が進められていく。また自動車事故、産業災害等に対応するために緊急医療体制が整備されるようになり、1964 年には「救急病院等を定める省令」（厚生省令）が制定された。
　この間、人口増加、都市化、国民皆保険の実現などを背景として、医師の偏在、さらには医師不足が表面化していく。それに対処するために、医

科大学（医学部）の定員増が図られた。医科大学（医学部）の入学定員は、1969年度には46校で計4,040人だったが、1970年以降、医科大学（医学部）の新設、既存の医学部の定員増が行なわれ、1975年4月には70校、入学定員7,120人となった（1973年開設の防衛庁の施設等機関、防衛医科大学校を含む）。1970年から1979年までの医科大学新設は、国立18校（防衛医大含む）、私立14校であり、[16] さらに僻地医療の向上のため1972年に自治医科大学、産業医養成のために1978年に産業医科大学が開学した（宗前2020, 241–242）。また歯科医師については、1955年の入学定員が650人、その後、歯科大学（歯学部）新設や既存の歯学部の定員増により、1965年度1,140人、1975年度2,220人となった（厚生省医務局1976, 541–542）。

厚生省・厚生労働省の事務官だった岩渕豊が2015年に著した『日本の医療：その仕組みと新たな展開』によると、現代日本の医療政策について、以下のような3つの課題が指摘されている（岩渕2015, 25–31）。

① 「急速な少子高齢化の進行や、経済状況、国の財政赤字、非正規労働の増加などの経済社会の変化を背景に医療保険制度の持続性が脅かされつつあることに、いかに対応していくか」
② 「医療提供体制における、医療資源の不足・偏在及び需要と供給の不整合」
③ 「医療の質の向上」

このうち、②のなかの医師の数に関連して岩渕は、OECDの2014年のデータを用いて、「医療従事者数の水準をOECDの国際比較で見ると、人口千人あたりの臨床医師数2.3人はOECD平均3.2人より少ない」と指摘していた（岩渕2015, 13）。また医療資源の偏在については、医師数は「西日本が比較的多いのに対し東日本（特に東京圏を除く首都圏）で少ない」こと、病院病床についても「四国、九州など西日本に多く、首都圏や中部圏で少ない」ことが指摘される（岩渕2015, 27）。

また③については、医療の質の評価について、「医療従事者の人数や設備などの構造の評価」、「統一的な診療指針による診療がなされたかどうかのプロセスの評価」、「手術などによる治癒率などのアウトカムの評価」があるとしたうえで、医療の質は「数値で指標化されるものだけでなく、例えば人生

の最終段階における医療（終末期医療）のあり方など、さまざまな側面にかかわって」いることを指摘している（岩渕 2015, 31）。

　ここで指摘される終末期医療のあり方と死生学とは密接な関わりをもつ。以下ではすでに触れた宗教系病院に関心を絞って、日本における医療と宗教との接点に焦点を当て、具体的な状況を把握することにする。

3. 日本における宗教系緩和医療機関

　島薗進は、1970 年代以降の日本への死生学が導入に関連して、1977 年に大阪で始められた「日本死の臨床研究会」と、1980 年前後の二つの病院における活動に着目している。後者の活動のうちの一つは、淀川キリスト教病院における、精神科医、柏木哲夫氏（1939 年生まれ）によるターミナルケアのためのチームアプローチの活動であり、もう一つは、聖隷三方原病院における日本最初のホスピスの設立である（島薗 2013, 89–90）。

　淀川キリスト教病院は、宗教法人在日本南プレスビテリアンミッションを設立母体とし、1955 年に淀川基督教診療所として開設され、1960 年に現在の名称となった。聖隷三方原病院は、1942 年に聖隷保養農園附属病院として開設、1973 年に現名称に改称、1981 年に日本初のホスピスを開設した。創設者、長谷川保（1903 ～ 1994）はクリスチャンの福祉事業家であり、1946 年から衆議院議員を 7 期務めた。[17] これら二つの病院については改めて後述する。

　1990 年に厚生省が告示した「緩和ケア病棟入院料の施設基準等」に従い、緩和ケア提供に対する医療費の請求が可能になり、従来のホスピスが緩和ケア病棟として運営できるようになる。そのころの関連する動向として、1991 年に雑誌『ターミナルケア』が創刊される（三輪書店、2004 年から青海社、2005 年から『緩和ケア』に誌名変更）。[18] 同年、全国ホスピス・緩和ケア病棟連絡協議会が発足し、年次大会を開催し始めた（2004 年に日本ホスピス緩和ケア協会と改称）。1996 年には日本緩和医療学会が活動を開始している。[19] 2017 年には緩和ケア関連団体会議が開催され、すでに言及した、日本死の臨床研究会、日本ホスピス緩和ケア協会、日本緩和医療学会を含む 18 団体が参加した。[20]

　日本緩和医療学会の会員数は 2001 年の 1,829 人から 2019 年 4 月の

12,786 人に増加、内訳は医師 6,217 人（49％）、看護師 4,651 人（36％）、薬剤師 1,058 人（8％）だという。同学会では 2010 年度より専門医制度を開始しており、その数は 2010 年度の 12 人から 2019 年 4 月の 244 人に増大している。また日本看護協会によるがん看護専門看護師、がん性疼痛認定看護師、緩和ケア認定看護師数の推移によると、2000 年にそれぞれ、9、37、26 人だったのが、2020 年 1 月に 881、760、2,438 人と増加した。日本緩和医療薬学会の認定薬剤師は 2010 年の 71 人から 2019 年 3 月の 722 人に増加している。[21]

　日本において、ホスピスが緩和ケア病棟として展開していくなかで、キリスト教との関係については目立たなくなっていく。他方、仏教界ではホスピスに対応する運動が「ビハーラ」として展開されていく。1985 年に田宮仁氏が「仏教ホスピス」の代替語として提唱した「ビハーラ」の概念を受け（田宮 2007, 3）、浄土真宗本願寺派の社会部は社会事業活動の一端として、1987 年よりビハーラを推進している。[22] また日蓮宗では 1995 年よりビハーラ活動を推進し、2001 年には日蓮宗ビハーラ・ネットワークを設立している。[23] 自身がビハーラ僧を務めた経験をもつ谷山洋三は、2014 年 11 月現在の情報として、仏教系緩和ケア病棟（ビハーラ病棟）として、長岡西病院、佼成病院、あそかビハーラ病院の 3 施設が開設されていると指摘している（谷山 2015, 44）。

　このうち、医療法人崇徳会・長岡西病院（新潟県長岡市）は 1992 年に開設され、翌 93 年緩和ケア病棟（ビハーラ）22 床が認可された。[24] 先に言及した佼成病院は、ホームページ上ではビハーラという表記は判然としないが、2004 年に緩和ケア病棟を開設し、2016 年に緩和ケア病床は 20 床となっている。[25] 一般財団法人本願寺ビハーラ医療福祉会・あそかビハーラ病院（京都府城陽市）は、2008 年に開設された「あそか第 2 診療所（あそかビハーラクリニック）」を前身とし、2014 年に 28 床の入院施設をもつ、あそかビハーラ病院として開所した。ホームページ上では「伝統仏教教団が単独で取り組み、仏教精神を理念とした独立型緩和ケア病棟（ビハーラ病棟）としては国内初の試みとなります」と謳っている。[26]

　ホスピスが日本において緩和ケア病棟として制度化されていくなかで、上述のとおり一面ではキリスト教との関係は見えにくくなっていくが、仏教的な緩和ケア病棟がビハーラ病棟として開設される動きからはまた、宗教と医

療との関係という主題が改めて浮上しているとも言えよう。そこで、本稿では備忘録的な意味で、『ホスピス緩和ケア白書2020』(青海社) において緩和ケアにかかわっているとされる施設のうち、①日本におけるカトリック系の緩和医療機関、②日本におけるプロテスタント系の緩和医療機関、③日本における宗教系緩和医療機関 (①②以外) について、暫定的なリストを提示しておきたい。なお緩和ケアにかかわらない宗教系医療機関も多々あるが、日本における死生学の制度的背景について理解を深めるために、緩和ケアとの関連に限定して取り上げることにする。こうして、参照する対象の範囲を一定程度狭めたうえで、具体的に認識しておくことを試みたい。

①カトリック系緩和医療機関

まず『カトリック教会情報ハンドブック2020』(カトリック中央協議会) の「住所録」に掲載されている2019年7月現在の医療施設の住所録と『ホスピス緩和ケア白書2020』とを照らし合わせ、両者に掲載されている12医療機関について、各ホームページ等を参照し概観する。

なお1942年の日本医学会の際のカトリック医師11人の集まりが、カトリック医師会の発足と見なされている。設立の背景に、医師兼司祭の戸塚文卿 (桜町病院創設者、1892～1939)、永井隆 (当時長崎医科大学助教授、1908～1951)、三浦岱栄 (桜町病院院長、戦後に慶應義塾大学教授、1901～1995) がおり、1942年は戸塚の没後であるが、この3名が発起人と見なされている。実際の活動としては1951年の日本医学会の際の集まりが第1回総会とされ、120人のカトリック医師が参集したという。[27] 同会の関連団体として日本カトリック医療施設協会、日本カトリック看護協会 (1957年、井深八重を中心に設立) があり、三団体が合同で2008年より日本カトリック医療団体協議会を組織している。なお日本カトリック医療施設協会は、表1をほぼ含み、さらにその他の施設も合わせ27施設が参加している。[28]

【表1】(次頁)

ここで挙げたカトリック医療機関については、設立の発端が、主として聖職者や修道会の活動によるものと、主として信者の活動によるものとに二分

名　称	法人名等	所在地	沿　革	理念・指針等	緩和ケアとの関係	関連宗教団体
光ヶ丘スペルマン病院	一般財団法人光ヶ丘愛世会	仙台市	カトリック北仙台教会ピエール・ビソネット神父（カナダ管区聖ドミニコ男子修道会士）の主導のもとフランシス・スペルマン枢機卿の援助等を受け1955年カトリック仙台教区が結核病院として開設、1961年オタワ愛徳修道女会に経営移管、1972年結核病棟廃止、1977年教区へ経営移管、1998年緩和ケア病棟開設、2013年財団法人から一般財団法人光ヶ丘愛世会に法人移行。	愛をもって奉仕します／病者一人ひとりを大切にし、喜びをもって仕えます。人間の尊厳を大切にします／研鑽に務めて医療の質を高め、病者と助けを必要とする人々の生と死に希望を与えます。祈りつつ努力します／神は、いつも共にいてくださるという、強い信念をもって、祈りつつ努力します。	1998年緩和ケア病棟入院料届出受理施設、現在140床中20床が緩和ケア病床	カトリック仙台教区
桜町病院	社会福祉法人聖ヨハネ会	東京都小金井市	戸塚文卿神父が品川に1911年聖ヨハネ汎愛医院開設、1929年洗足荏原町に結核患者のためのナザレト・ハウス開設、1939年現在地で桜町病院として開設、1952年社会福祉法人認可、1991年総合病院として承認、1994年緩和ケア病棟開設。	私たちはキリストのように人を愛し病める人、苦しむ人もっとも弱い人に奉仕します	1994年緩和ケア病棟入院料届出受理施設、現在199床中20床が緩和ケア病棟	福音史家聖ヨハネ布教修道会
聖マリアンナ医科大学病院	学校法人聖マリアンナ医科大学	神奈川県川崎市	カトリック信者明石嘉聞により1971年東洋医科大学開学、1972年東洋医科大学病院として開設、1973年法人名・大学名を聖マリアンナ医科大学に改称、1974年聖マリアンナ医科大学病院開設、2019年緩和ケアセンター開設。	生命の尊厳を重んじ、病める人を癒す、愛ある医療を提供します。	2010年地域がん診療連携拠点病院、2012年緩和ケア診療加算届出受理施設	
聖マリアンナ医科大学横浜市西部病院	学校法人聖マリアンナ医科大学	横浜市	1983年横浜市との間で西部地域総合病院の設立に関する基本協定を調印、1987年「よこはま21世紀プラン」の一環として開設。	「生命の尊厳」を重んじ、常に病める人の声に耳を傾け、癒すこと	2018年緩和ケア診療加算届受理施設	
神山復生病院	一般財団法人神山復生会	静岡県御殿場市	1886年パリ外国宣教会ジェルマン・レジェ・テストウィド司祭がハンセン病者収容を開始、1889年に現在地でハンセン病療養施設として開設、2002年ホスピス病棟開設、2012年財団法人から一般財団法人に移行。	神山復生病院はキリストの愛に基づいて病める人も健やかな人も神によって創られた人間として喜びも苦しみも共にしながら一人ひとりの命を大切にし希望をもって医療と福祉に献身します	2002年緩和ケア病棟入院料届出受理施設、現在20床中20床が緩和ケア病床	

近代日本における医療と宗教

聖霊病院	社会福祉法人聖霊会	名古屋市	カトリック聖霊会により 1945 年開設、2009 年ホスピス聖霊開設。	地域医療を通して、キリストの愛をもって人びとに奉仕します。	2009 年緩和ケア病棟入院料届出受理施設、現在 198 床中 15 床が緩和ケア病床	聖霊奉侍布教修道女会
ガラシア病院	医療法人ガラシア会	大阪府箕面市	カトリック大阪大司教区と大阪聖ヨゼフ宣教修道女会により大阪市西区で 1953 年に開設、1969 年箕面市に移転。	ガラシア会は病める人を癒されたキリストの慈しみの心にならい運営される	2005 年緩和ケア病棟入院料届出受理施設、現在 104 床中 51 床が緩和ケア病床	カトリック大阪大司教区・大阪聖ヨゼフ宣教修道女会
姫路聖マリア病院	社会医療法人財団聖フランシスコ会	兵庫県姫路市	1949 年長崎に聖フランシスコ病院開設、1950 年宗教法人聖フランシスコ病院修道女会により姫路に聖マリア診療所として開設、1952 年病院に移行、1984 年総合病院に移行。	姫路聖マリア病院はキリスト教の倫理に基づき運営される	1996 年緩和ケア病棟入院料届出受理施設、現在 440 床中 22 床が緩和ケア病床	聖フランシスコ修道女会
坂出聖マルチン病院	宗教法人カトリック聖ドミニコ宣教修道女会	香川県坂出市	坂出カトリック教会設立の際に隣接地を譲渡され、1949 年聖ドミニコ宣教修道女会により聖マルチン病院開設。	私たちはキリスト教の愛に基づいて生命の尊重、人格の尊厳と平等、病める人々の権利を守る医療を行い心身の救いを目指します。私たちは医療にかかわる者としての使命を深く認識し人格の向上、相互愛、専門職の研究向上に励み地域医療に役立つよう努力いたします。	2016 年緩和ケア病棟入院料届出受理施設、現在 196 床中 20 床が緩和ケア病床	聖ドミニコ宣教修道女会
聖マリア病院	社会医療法人雪の聖母会	福岡県久留米市	1915 年カトリック信者井手用蔵が井手内科医院を開設、1945 年空襲により閉鎖、1948 年井手医院として再開、用蔵の長男・一郎を中心に 1952 年医療法人雪の聖母会設立、1953 年聖マリア病院開設、1964 年福岡県救急病院指定、1967 年総合病院に移行、1997 年ホスピス「聖母病棟」開設、2009 年社会医療法人に認定。	カトリックの愛の精神による保健、医療、福祉、および教育の実践／「愛の精神とは主イエズス・キリストの限りない愛のもとに、常に弱い人々のもとに行き、常に弱い人々と共に歩むことです」	2010 年地域がん診療連携拠点病院、2018 年緩和ケア診療加算届出受理施設、1997 年緩和ケア病棟入院料届出受理施設、現在 1097 床中 16 床が緩和ケア病床	
聖フランシスコ病院	宗教法人聖フランシスコ病院会	長崎市	1945 年 3 月男子フランシスコ会により結核療養所・浦上第一病院開設、8 月原爆で壊滅、11 月焼け跡に聖フランシスコ診療所開設、1949 年聖フランシスコ病院修道女会に移管、聖フランシスコ病院開	私たちはキリストの愛の精神に基づき地域の皆さまに信頼される質の高い医療を目指します	1998 年緩和ケア病棟入院料届出受理施設、現在 190 床中 34 床が緩和ケア病床	聖フランシスコ病院会から 2019 年に長崎大司教区に移管

			設（1955年から60年聖フランシスコ診療所）、1968年宗教法人聖フランシスコ病院会として改組、1998年ホスピス病棟開始、2019年カトリック長崎大司教区に移管。			
イエズスの聖心病院	社会福祉法人聖嬰会	熊本市	1877年幼きイエズス修道会修道女来日、1889年熊本で露天生活者病人訪問看護開始、1895年無料診療所開設、1909年聖心医院と改称、1961年イエズスの聖心（みこころ）病院と改称、1971年社会福祉法人聖嬰会設立、1993年みこころホスピス開設、1994年ホスピス病棟開設、2004年現在地に移転。	キリストの教えに根ざして	1994年緩和ケア病棟入院料届出受理施設、現在75床中、37床が緩和ケア病床	ショファイユの幼きイエズス修道会

できる。後者に属する聖マリアンナ医科大学と、聖マリア病院に関しては、特に関連施設の拡充は特筆すべきであり、とりわけ医科大学運営についての功績も振り返る必要があろう。

　このうち聖マリアンナ医科大学の校名に関しては、創設者、明石嘉聞（1897〜1973）の妹で米国メリノール女子修道会において活動した明石志都香、シスター・マリアンナ（1899〜1944）を記念するものになっている。[29] 前史をさかのぼると1941年、東横医院開設、1947年、宗教法人聖マリアンナ会設立、聖マリアンナ会東横病院開設、1952年、宗教法人から財団法人聖マリアンナ会となった。この法人は2014年に一般財団法人となり、今日、同財団は東横惠愛病院（神奈川県川崎市）を運営している。[30]

　西日本に目を転じてみよう。1953年に開設された聖マリア病院は、1915年に井手用蔵（1878〜1953）が開設した井手内科医院、第二次世界大戦でそれが閉鎖されたのち1948年に再開した井手医院を前身とする。同病院については、25周年記念誌『聖マリア病院のあゆみ』（1978年）を拝読する機会を得た。病院自体の略史は「表1」中に記したこととして、その記念誌に記される人物史をごく簡単にまとめておきたい。

　井手用蔵は、福岡県三井郡太刀洗村のキリシタンの家系である農家の出身だった。中学卒業後、いったんはカトリックの伝道師を志したが、当時の今村の村長はじめ有力者が、講を作って学費を工面し国立長崎医学専門学校

（1901 年設立、1923 年より長崎医科大学となり、のち長崎大学医学部）に通わせた。用蔵は 1908 年に長崎の浦上出身の内藤盛・サトの長女、内藤ナカと結婚、大学は 1909 年に卒業。その後、久留米市立病院に内科医として勤務、1911 年に長男、井手一郎が誕生している（1911〜2004）。用蔵・ナカ夫妻は二男三女に恵まれるが、三女は早世している。1915 年、用蔵は久留米市で井手内科病院を設立した。長男と次男はともに医者となり、第二次世界大戦中は陸軍軍医大尉、海軍軍医大尉を務めた。[31] なお 1945 年 8 月 11 日の久留米空襲で井手内科医院は焼失した。戦後 1948 年に井手医院として再建され、井手用蔵に、当時、海仁会病院（佐世保市総合医療センターの前身の一つ）の小児科医だった甥の井手速見（1909〜1986）、当時、九州大学医学部放射線治療学教室講師だった一郎が加わり、内科、小児科、放射線科を擁した再出発となった。医院の運営の拡大のなか、用蔵は体調が衰え1953 年 2 月に亡くなる。井手速見、一郎が担っていた医院は、1952 年に医療法人雪の聖母会を設立、1953 年には 6 月に筑後川ほか多くの河川が氾濫した西日本水害が発生したが、それを乗り越え同年 9 月に井手一郎を院長として聖マリア病院が設立された。その後、1973 年に聖マリア病院高等看護学院を設置、1976 年、聖マリア看護専門学校と改称、1982 年学校法人聖マリア学院を設立し、看護専門学校を移管、1986 年聖マリア学院短期大学を開学、2006 年聖マリア学院大学開学となった。

②プロテスタント系緩和医療機関

　次にキリスト教年鑑編集委員会編『キリスト教年鑑 2020 年版』（キリスト新聞社）「ガイド　病院」に掲載されている医療施設のうちの①以外で、『ホスピス緩和ケア白書 2020』にも記載されている 17 機関を挙げる。[32]
　プロテスタントの医療関係者は、日本キリスト者医科連盟を結成している。その前身は 1938 年に学生 YMCA に属する医学生が医療伝道を中国に派遣したことに始まるという。1941 年には南京に朝天病院を開設したが、これは 1945 年 9 月に閉鎖された。戦後、1949 年に横須賀の衣笠病院にキリスト者の医師、看護師、医学生が集まり、日本キリスト者医科連盟を結成した。1959 年以降、発展途上国の医師、看護師に日本での研修の機会を提供している。1960 年にはこの連盟を母体に、日本キリスト教海外医療協力会を結成し、医師、看護師、保健師等を発展途上国に派遣しているとい

う。[33)] なお、プロテスタントの福音主義の医療関係者は、「福音主義医療関係者協議会」を結成している。

【表2】

名　称	法人名等	所在地	沿　革	理念・指針等	緩和ケアとの関係	関連宗教団体
救世軍ブース記念病院	宗教法人救世軍	東京都杉並区	1912年救世軍病院開設、1916年ウィリアム・ブース記念救世軍結核療養所開設、1968年救世軍ブース記念病院と改称、2003年ホスピス病棟設置。	キリストの愛を原点に地域医療に貢献する	2003年緩和ケア病棟入院料届出受理施設、現在199床中20床が緩和ケア病床	救世軍
東京衛生アドベンチスト病院	医療法人財団アドベンチスト会	東京都杉並区	1929年東京衛生病院開設（1945年から47年閉鎖）、1996年緩和ケア病棟開設、2019年東京衛生アドベンチスト病院に改称。	こころとからだのいやしのために、キリストの心でひとりひとりに仕えます。	1996年緩和ケア病棟入院届出受理施設、現在186床中20床が緩和ケア病床	セブンスデー・アドベンチスト教団
賛育会病院	社会福祉法人賛育会	東京都墨田区	1918年東京帝国大学キリスト教青年会有志（吉野作造、河田茂、片山哲ら）が賛育会設立、妊婦乳児相談所を開設、1930年賛育会病院竣工、1970年総合病院となる。1998年緩和ケア病棟開設。	キリスト教の「隣人愛」の精神に基づいた医療・保健活動を行い地域社会に貢献します。	1998年緩和ケア病棟入院届出受理施設、現在199床中22床が緩和ケア病床	
聖路加国際病院	学校法人聖路加国際大学	東京都中央区	1901年聖路加病院開設、1917年聖路加国際病院と改称、1943年大東亜中央病院と改称、1945年財団法人聖路加国際病院、2013年財団法人が一般財団法人聖路加国際メディカルセンターと改称、同法人が医療関連施設を学校法人聖路加国際大学に譲渡。	キリスト教の愛の心が人の悩みを救うために働けば苦しみは消えてその人は生まれ変わったようになる。この偉大な愛の力をだれもがすぐわかるように計画されてできた生きた有機体がこの病院である。（ルドルフ・B・トイスラー）	2010年地域がん診療連携拠点病院、2012年緩和ケア診療加算届出受理施設、1998年緩和ケア病棟入院料届出受理施設、現在520床中23床が緩和ケア病床	米国聖公会
救世軍清瀬病院	宗教法人救世軍	東京都清瀬市	1939年開設、1990年ホスピス病棟設置。	私たちの病院はキリストの愛の精神を模範とし、病む者と家族の痛みを共有し、これを癒し、祈りのこころをもってこれを支えることを使命とします。	1990年緩和ケア病棟入院料届出受理施設、現在142床中25床が緩和ケア病床	救世軍
総合病院衣笠病院	社会福祉法人日本医療伝道会	神奈川県横須賀市	1947年日本基督教団衣笠病院開設、1948年財団法人日本医療伝道会衣笠病院認可、1952年社会福祉法人日本医療伝道会衣笠病院に改組、1998年ホスピス病棟設置。	わたしの兄弟であるこのもっとも小さいものの一人にしたのは、わたしにしてくれたことなのである。（マタイによる福音書　25章40節）	1998年緩和ケア病棟入院料届出受理施設、現在251床中20床が緩和ケア病棟	日本基督教団

近代日本における医療と宗教

愛和病院	医療法人愛和会	長野市	1989年医療法人愛和会設立、1991年愛和内科開業、1997年愛和病院に改称、2008年入院病棟全病床48床が緩和ケア病床になる。	私たちは患者さん中心の「全人的医療」を目指します。患者さん中心の医療を目指すため、患者さんが望まれる医療を共に考える姿勢を常に持ちたいと思います。また、全人的医療を目指すため、患者さんの身体的、精神的、社会的、霊的痛みに目を注ぎます。	1997年緩和ケア病棟入院料届出受理施設、現在48床が緩和ケア病床	
総合病院聖隷三方原病院	社会福祉法人聖隷福祉事業団	静岡県浜松市	1930年結核患者の収容施設開設、1931年「ベテルホーム（神の家）」と称する。1942年聖隷保養農園附属病院開設、1973年聖隷三方原病院と改称、1981年ホスピス開設。	キリスト教精神に基づく「隣人愛」	2010年地域がん診療連携拠点病院、2011年緩和ケア診療加算届出受理施設、1990年緩和ケア病棟入院料届出受理施設、現在934床中27床が緩和ケア病床	
総合病院聖隷浜松病院	社会福祉法人聖隷福祉事業団	静岡県浜松市	1959年聖隷浜松診療所開設、1962年病院竣工、1969年総合病院として認可。	人々の快適な暮らしに貢献するために最適な医療を提供します。／私たちは利用してくださる方ひとりひとりのために最善を尽くすことに誇りをもつ	2010年地域がん診療連携拠点病院、2012年緩和ケア診療加算届出受理施設	
ヴォーリズ記念病院	公益財団法人近江兄弟社	滋賀県近江八幡市	1918年近江基督教慈善教化財団設立、結核療養所近江療養院開設、1946年近江サナトリアムと改称、1971年ヴォーリズ記念病院と改称、2006年ホスピス希望館開設。	キリスト教の「隣人愛」と「奉仕」の業を、医療を通して実践します。	2006年緩和ケア病棟入院料届出受理施設、現在168床中16床が緩和ケア病床	
総合病院日本バプテスト病院	一般財団法人日本バプテスト連盟医療団	京都市	1954年日本バプテスト診療所開設、財団法人日本バプテスト連盟医療団創立、1955年日本バプテスト病院開設、1995年ホスピス病棟開設、2012年一般財団法人への移行認可。	日本バプテスト病院の基本理念は全人医療です。人間は「からだと、こころと、たましい」からなる全人格的な存在です。当病院は、イエス・キリストの隣人愛に基づき、全職員がよいチームワークを保ち、専門的知識と技術を活かして、全人医療の業に専念します。	1995年緩和ケア病棟入院料届出受理施設、現在167床中20床が緩和ケア病床	米国南部バプテスト連盟
淀川キリスト教病院	宗教法人在日本南プレスビテリアン	大阪市	1955年淀川基督教診療所開設、1956年病院業務開始、1960年宗教法人在日本南プレスビ	淀川キリスト教病院の全人医療とは、「からだとこころとたましいが一体である人間（全	2012年緩和ケア診療加算届出受理施設、1990年	宗教法人在日本南プレスビテリアン

161

淀川キリスト教病院	ミッション		テリアンミッション淀川キリスト教病院となる。1973年より柏木哲夫医師による末期がん患者に対するチームアプローチを実施、1984年ホスピス病棟23床開設、2017年ホスピス・こどもホスピス病院を統合	人)にキリストの愛をもって仕える医療」です。	緩和ケア病棟入院料届出受理施設、現在581床中27床が緩和ケア病床	ミッション
神戸アドベンチスト病院	宗教法人セブンスデー・アドベンチスト教団	神戸市	1903年神戸衛生院開所、1945年活動休止、1967年神戸アドベンチスト診療所開設、1973年神戸アドベンチスト病院開設、1992年緩和ケア病棟開設	キリストの愛と確かな医療をもって 心と体のいやしをめざします。	1993年緩和ケア病棟入院料届出受理施設、現在116床中21床が緩和ケア病床	セブンスデー・アドベンチスト教団
松山ベテル病院	医療法人聖愛会	松山市	1948年森外科医院開設、1980年医療法人聖愛会設立、1982年松山ベテル病院開設、2000年緩和ケア病棟20床開設。	私たちは、キリスト教の『愛の精神』を基本理念として、ホスピス精神を大切にした全人的なケアの実現を目指します。	2000年緩和ケア病棟入院料届出受理施設、現在155床中38床が緩和ケア病床	
栄光病院	社会医療法人栄光会	福岡県糟屋郡	1986年福岡亀山栄光病院開設、1990年緩和ケア病棟開設、1991年医療法人福岡亀山栄光病院設立、1999年特別医療法人栄光会栄光病院設立、2009年社会医療法人栄光会設立。	キリスト信仰に基づいた全人的で最善の医療・看護・介護を目指します	1990年緩和ケア病棟入院料届出受理施設、現在178床中71床が緩和ケア病床	九州キリスト福音フェローシップ香住丘キリスト教会
オリブ山病院	社会医療法人葦の会	那覇市	1958年精神科神経科たがみ医院開設、1976年医療法人葦の会設立、1983年オリブ山病院に改称、1983年ホスピスケア実施、1995年ホスピス病棟竣工。	私たちはキリスト教精神にもとづき、病める者の肉体的、精神的、社会的、さらに霊的ないやしを含めた全人医療の実践をとおして、主の栄光のために奉仕する。	1995年緩和ケア病棟入院料届出受理施設、現在343床中21床が緩和ケア病床	
アドベンチスト・メディカルセンター	宗教法人セブンスデー・アドベンチスト教団	沖縄県中頭郡	1953年セブンスデー・アドベンチスト（首里）診療所開設、1959年アドベンチスト・メディカルセンター、那覇市に新築移転、1984年中頭郡西原町に移転、2002年緩和ケア病棟開設。	こころとからだの癒しのために、キリストの心で一人ひとりに仕えます	2003年緩和ケア病棟入院料届出受理施設、現在48床中26床が緩和ケア病床	セブンスデー・アドベンチスト教団

　カトリック以外のキリスト教系医療機関については、まず海外から来日したいくつかの教派の活動が目覚ましい。表中の3施設を運営するセブンスデー・アドベンチスト教団、2施設を運営する救世軍は、その代表例である。他方、カトリックにおける信者主導の活動と類比できるのが、個別の医

院・病院から発展してきたいくつかの施設である。特に聖隷福祉事業団の関連施設は、『キリスト教年鑑 2020 年版』で触れられていないその他の施設も含めて考えると、展開が著しい。なお聖路加国際病院については、早瀬圭一『聖路加病院　生と死の現場』が刊行されていて参考になる。

③その他の宗教系緩和医療機関

　最後に『ホスピス緩和ケア白書 2020』に記載があるが、『カトリック教会情報ハンドブック 2020』と『キリスト教年鑑 2020 年版』のどちらにも記載されていない、それ以外の宗教系と見なすことができる 8 医療機関を挙げる。ここには明らかにキリスト教系と考えられる医療機関も含まれている（ただし、うち 1 機関は、病院名を除いて現在まったく宗教的ではないと推定される）。

【表 3】

名　称	法人名等	所在地	沿　革	理念・指針等	緩和ケアとの関係	関連宗教団体
シャローム病院	医療法人社団シャローム	埼玉県東松山市	1994 年 19 床の診療所として開設、2013 年 55 床の病院に移行。	私たちは聖書の教えに基づき、病める人々のご家族の痛みに寄り添い、心を合わせて、優しく温かい医療に努めます。	2016 年緩和ケア病棟入院料届出受理施設、現在 55 床中 30 床が緩和ケア病床	
聖隷佐倉市民病院	社会福祉法人聖隷福祉事業団	千葉県佐倉市	1874 年東京鎮台佐倉営所病院として創設、1936 年佐倉陸軍病院、1945 年国立佐倉病院、2004 年現法人へ経営移譲、聖隷佐倉市民病院と改称。	キリスト教精神に基づく「隣人愛」に立ち患者本位のより良質な医療を求めて最善を尽くします	2008 年緩和ケア病棟入院料届出受理施設、現在 400 床中 18 床が緩和ケア病床	
立正佼成会附属佼成病院	宗教法人立正佼成会	東京都杉並区	1952 年交成病院開設、1960 年立正佼成会附属佼成病院と改称、2004 年緩和ケア病棟開設。	真観、正しくみて正しく手当する	2004 年緩和ケア病棟入院料届出受理施設、現在 340 床中 20 床が緩和ケア病床	立正佼成会
信愛病院	社会福祉法人信愛報恩会	東京都清瀬市	日本クリスチャン教会の牧師・松野菊太郎（1868 ～ 1952）の結核患者慰問の精神を継ぐ。1940 年信愛病院開設。	キリスト教の愛と奉仕の精神をもって福祉医療をおこない、社会に貢献します。	1996 年緩和ケア病棟入院料届出受理施設、現在 199 床中 20 床が緩和ケア病床	
長岡西病院	医療法人崇徳会	新潟県長岡市	1967 年田宮病院開設、1992 年長岡西病院開設、1993 年緩和ケア病棟（ビハーラ）認可。	疾病の治療・予防・健康増進にとりくみ、地域の人々の健康づくりをめざします。／種々の医療機関、福祉施設	1993 年緩和ケア病棟入院料届出受理施設、現在 240 床中 32 床が	仏教者ビハーラの会（地元の僧侶の有志で構

163

				や機能など地域社会とのネットワークを密にしながら、治療、介護、在宅ケアまで考慮した質の高いリハビリテーション医療をめざします。／緩和ケア病棟「ビハーラ」を開設し「いのち」の尊さを大切にした安らぎの医療と看とりの実践をめざします。／「長岡医療と福祉の里」の基幹病院として関連施設の医療のサポートをいたします。	緩和ケア病床	成するボランティア組織）
長岡西病院						
あそかビハーラ病院	一般財団法人本願寺ビハーラ医療福祉会	京都府城陽市	2008 年あそか第 2 診療所（あそかビハーラクリニック）開設、2014 年あそかビハーラ病院に移行。	あそかビハーラ病院は仏のお慈悲の「ぬくもり」の中生かされて生きる「おかげさま」のこころでやすらぎの医療を実践します	2015 年緩和ケア病棟入院料届出受理施設、現在 28 床中 28 床が緩和ケア病床	浄土真宗本願寺派
天理よろづ相談所病院「憩の家」	公益財団法人天理よろづ相談所	奈良県天理市	1935 年天理よろづ相談所開設、1937 年私立病院認可、1966 年財団法人設立認可、2011 年公益財団法人認可。	高度な医療を提供する身上部、信仰に基づいて人々の苦悩の解決指導にあたる事情部、生活上の諸問題および医療従事者の養成に関する世話どりを行う世話部の 3 部が緊密に連携。医学と信仰と生活の 3 つの側面から悩める人々の救済を目指して、歩み続けています。	2010 年地域がん診療連携拠点病院、2018 年緩和ケア病棟入院料届出受理施設、現在 715 床中 10 床が緩和ケア病床	天理教
聖ヨハネ病院	医療法人はるか	福岡県北九州市	2012 年桃園公園クリニック開設、2014 年医療法人はるか設立、2015 年聖ヨハネ病院事業承継。	社会貢献、地域貢献に取り組む法人であり続けます。事業に誠実に取り組み、継続する法人であり続けます。社員と共に成長する法人であり続けます。	2001 年緩和ケア病棟入院料届出受理施設、現在 20 床が緩和ケア病床	（現在、キリスト教とは無関係か）

　以上、3 つのカテゴリーに分けて、緩和医療に携わっている宗教系の医療機関について概観してきた。本稿で触れたもののほかは、それぞれ個別事例として改めて検討すべきものであろうと思われる。

　さらに日本における医学教育のなかで宗教が果たしてきた役割について考える素材とするために、宗教系の私立大学における医学に関連する教育の状況について、次節において概観しておくことにする。

4. 宗教系大学における医学教育

　日本における宗教と教育、また宗教教育、あるいは宗教と学校といった主題については、すでにさまざまな研究が蓄積されてきている。とりわけ近代日本においてキリスト教が学校教育に果たしてきた役割を反映し、キリスト教教育についての研究も続けられている。

　ここでは焦点を絞り、宗教系の私立大学における医学、歯学、薬学、看護学等の医療系教育課程の設置の現状について確認しておきたい。あらかじめ指摘しておくと、カトリック系の大学は、一般財団法人カトリック学校連合会・日本カトリック大学連盟に加盟している（聖マリアンナ医科大学を除く）。プロテスタント系の大学は、一般財団法人キリスト教学校教育同盟に属している。[34]

　以下、仏教系 13 大学（創価大学を含む）、カトリック系 7 大学、プロテスタント系 13 大学、その他 2 大学について、宗派・教派・教団ごとに大学とそれぞれの学部の概要をそれぞれのホームページ等を参照してまとめたものを示す。なお沿革については大学設置以前の前史にさかのぼる場合もあるが、表中では省略し、大学設置から時点から記載する。詳細については各大学のホームページ等を直接参照されたい。

【表4】

関連する宗教	大学名所在地	設置学部学科	設置年、沿革、関連病院等	建学の精神と宗教的背景（要約・抜粋）
浄土宗	佛教大学 京都市中京区	保健医療技術学部 　理学療法学科 　作業療法学科 　看護学科	1949 年 新 制 大 学。2006 年保健医療学部理学療法学科・作業療法学科開設、2012 年同学部看護学科開設。	佛教大学は、仏教精神を建学の理念とし、大学の責務である「人材養成」を目的とし、「教育」「研究」「社会貢献」の三領域において、仏教精神に基づく多様な活動を行いながら、世界文化の向上と人類福祉の増進に貢献することを使命として、これを達成するために相応しい教育研究組織を設置しています。
真宗大谷派	京都光華女子大学 京都市右京区	健康科学部 　看護学科	1964 年光華女子大学開学、2001 年京都光華女子大学に改称。2011 年健康科学部看護学科開設。	京都光華の校名「光華」は、「清澄にして光り輝くおおらかな女性を育成したい」との願いを込めて名付けられました。仏教の経典『仏説観無量寿経』に、「その光、華の如し。また星月の虚空に懸處せるに似たり」という一節があります。浄土の清澄な智慧の光は、華のように、星や月のように、心の闇を破り常に私たちを明るく照らしてくださる、という意味です。

関連する宗教	大学名所在地	設置学部学科	設置年、沿革、関連病院等	建学の精神と宗教的背景（要約・抜粋）
真宗大谷派	大阪大谷大学 大阪府富田林市	薬学部 薬学科	1966年大谷女子大学開学、2006年大阪大谷大学に改称。2006年薬学部薬学科開設。	本学では、「大乗仏教の精神」に基づき、互いを「いのち」を尊び、感謝の心で接し合うことができるような人間関係を築くことによって、輝かしい個性の集う理想の学園を作り、社会に貢献してゆくことを目指しています。
浄土真宗本願寺派（龍谷総合学園加盟校）	武蔵野大学 東京都江東区	薬学部 薬学科 看護学部 看護学科	1965年武蔵野女子大学開学、2003年武蔵野大学に改称。2004年薬学部薬学科、2006年看護学部看護学科開設。	武蔵野大学の建学の精神は、仏教の根本精神である四弘誓願（しぐぜいがん／ほとけのねがい）を基礎とする人格教育です。学校法人武蔵野大学の教育の目標は四弘誓願を基礎として人格向上をはかり、人格向上の実現によって釈尊の理想を具現化することです。
浄土真宗本願寺派僧侶同志（龍谷総合学園加盟校）	岐阜聖徳学園大学 岐阜市	看護学部 看護学科	1972年聖徳学園岐阜教育大学開学、1998年岐阜聖徳学園大学に改称。2015年看護学部看護学科開設。	学校法人聖徳学園の設立趣旨は、仏教精神を基調とした学校教育を行うところにある。本学園は、この仏教精神とりわけ大乗仏教の精神を建学の精神とし、浄土真宗の宗祖親鸞聖人が和国の教主と敬慕された聖徳太子の「以和為貴」（和をもって貴しとなす）の聖句をその象徴として掲げ、「平等」「寛容」「利他」の大乗仏教の精神を体得する人格の形成をめざしている。
（龍谷総合学園加盟校）	兵庫大学 兵庫県加古川市	看護学部 看護学科	1995年兵庫大学開学。2006年健康科学部看護学科開設、2017年看護学部看護学科と改編。	建学の精神は聖徳太子の十七条憲法に示された「和」の精神です。すなわち「聖徳太子の御徳を慕い、その十七条憲法に示された「和」を根本の精神として仰ぎ、仏教主義に基づく情操教育を行い、有為の人材を養成する」ことです。
曹洞宗	東北福祉大学 仙台市青葉区	健康科学部 保健看護学科 リハビリテーション学科	1962年東北福祉大学開学。2006年健康科学部保健看護学科開設、2008年健康科学部リハビリテーション学科開設。	東北福祉大学は『行学一如』を建学の精神に掲げ、その教育の理念は『自利・利他円満』の哲学を基調とし、人間力、社会力をもつ人材を世に送り出しています。
	駒澤大学 東京都世田谷区	医療健康科学部 診療放射線技術科学科	1925年大学令による大学、1949年新制大学。2003年医療健康科学部診療放射線技術科学科開設。	駒澤大学は「仏教」の教えと「禅」の精神を建学の理念、つまり教育・研究の基本とする大学です。道元禅師の教えを大学の教育・研究の理想的なあり方として簡潔に表現したのが、「行学一如」です。それは、大学では自己形成を目指す「行」と、学問研究である「学」とは一体であるという意味であり、それが建学の理念を表わす言葉として用いられてきたのです。
	鶴見大学 横浜市鶴見区	歯学部 歯学科	1963年鶴見女子大学開学。1970年鶴見女子大学歯学部歯学科開設、1973年鶴見女子大学を鶴見大学と改称。1970年歯学部附属病院（横浜市鶴見区）開設。	本学は、仏教、とくに禅の教えにもとづいて、円満な人格の形成と人類社会に対する感謝・報恩の実践をもって建学の精神としています。この精神を、本学の創設に深くかかわられた中根環堂先生は、「大覚円成　報恩行持」の二句をもって示されました。これを分かりやすく表現すれば、「感謝を忘れず　真人（ひと）になる」、あるいは、「感謝のこころ　育んで　いのち輝く　人となる」となります。

曹洞宗	愛知学院大学 愛知県 日進市	歯学部 歯学科 薬学部 医療薬学科	1953年愛知学院大学開学。1961年歯学部歯学科開設、2005年薬学部医療薬学科開設。1961年愛知学院大学歯科病院開設、1972年愛知学院大学歯学部附属病院と改称（名古屋市）。	愛知学院大学は、専門の理論と応用を教授・研究し、あわせて本学設立の趣旨である仏教精神を基とした「行学一体」の人格形成に努め、「報恩感謝」の生活のできる社会人を育成し、広く社会に寄与し、人類の福祉と文化の発展に貢献することを教育理念としています。
仏教 （1885年旧足利市内各宗17か寺が結成した足利仏教和合会を母体とする）	足利大学 栃木県 足利市	看護学部 看護学科	1967年足利工業大学開学。1979年足利短期大学開学。1996年足利短期大学看護科開設、2010年看護科を看護学科と改称。2014年足利工業大学看護学部看護学科開設。2018年足利工業大学を足利大学に改称。	聖徳太子が制定した「17条の憲法」の第1条にある和の精神を本学の建学の精神としています。「人と人」「工学と自然環境」「工学と社会環境」の調和を目標に、『和』の精神を現代に活かし、工学に関する学術の研究と教育を行うことにより、人類の平和と国際社会の発展に貢献できる専門職業人の育成を目指します。
仏教（大乗）[35]	淑徳大学 千葉市	看護栄養学部 看護学科	1965年淑徳大学開学。2007年看護学部看護学科開設。	淑徳大学の建学の精神「利他共生」は「他者に生かされ、他者を生かし、共に生きる」という意味で、これは大乗仏教の精神に基づく理念であります。大乗仏教では、出家し厳しい修行をした人だけではなく、どんな人も信仰があれば大きな乗り物に乗るように救われると考え、そのために「自利利他（自らの人格の完成のために修行し努力することと、他者を生かすために自分が尽くすことを、共に行う）」を理想としています。
創価学会	創価大学 東京都 八王子市	看護学部 看護学科	1971年創価大学開学。2013年看護学部看護学科開設。	人間教育の最高学府たれ　新しき大文化建設の揺籃たれ　人類の平和を守るフォートレス（要塞）たれ
カトリック（マリアの宣教者フランシスコ修道会）	天使大学 北海道 札幌市	看護栄養学部 看護学科	2000年天使大学開学、看護栄養学部看護学科開設。1911年天使病院開設（北海道札幌市）。	建学の精神「愛をとおして真理へ」の源は、修道女たちが身をもって示した人間愛の教えにあります。すべての人を大切にし、その人の立場にたって看護と栄養の責務にあたる職業人を育てること。それが天使大学の誇りであり、アイデンティティです。
カトリック（イエズス会）	上智大学 東京都 千代田区	総合人間科学部 看護学科	1913年専門学校令による上智大学開学。1928年大学令による上智大学開学。1948年新制大学。2011年学校法人聖母学園との法人合併、総合人間科学部に看護学科を増設。	1906年、ローマ教皇ピウス10世は、前年日本に派遣し、明治天皇に拝謁した親善使節の報告を受けて、イエズス会に対し日本にカトリック大学の設立を要請し、1913年、東京紀尾井の地に上智大学が開学してザビエルの望みは実現した。上智大学はその後、様々な時代の変遷をぬって成長してきたが、建学理念は一貫して変わらない。それは、「キリスト教ヒューマニズム」の精神を根幹とする大学であり、世界の人々と共に歩む「隣人性」と「国際性」を貫く「大学」であるという理念である。
カトリック（純心聖母会）	東京純心大学	看護学部 看護学科	1996年東京純心大学開学。2015年看護学部看護学科開設。	カトリック女子修道会「宗教法人純心聖母会」を設立母体とする学校法人東京純心女子学園は、「キリストの教えに基づ

関連する 宗教	大学名 所在地	設置学部学科	設置年、沿革、関連 病院等	建学の精神と宗教的背景（要約・抜粋）
カトリック（純心聖母会）	東京都 八王子市			いて真善美を探求するために、聖母マリアを理想とすること」を建学の精神とし、聖母マリアにならい、キリストにおいて示された神の愛によって、豊かな情操と高い知性を育み、責任ある奉仕の精神に富む人を育成することを教育の目的としています。
カトリック系学校法人	聖マリアンナ医科大学 神奈川県川崎市	医学部 医学科	1971年東洋医科大学開学。1973年聖マリアンナ医科大学に改称。1974年大学病院開設（神奈川県川崎市）、1987年横浜市西部病院開設。2006年川崎市立多摩病院指定管理者。2008年東横病院新規開院（神奈川県川崎市）。	「キリスト教的人類愛に根ざした「生命の尊厳」を基調とする医師としての使命感を自覚し、人類社会に奉仕し得る人間の育成、ならびに専門的研究の成果を人類の福祉に活かしていく医師の養成」を建学の精神に掲げ、6年一貫教育体制のもと、一般教育から専門教育にいたるまでキメ細かなカリキュラムを設計。医師としての自覚と、将来必要となる基本的医学知識、技能、態度の修得をはかり、プロフェッショナルとしての誇りと、豊かな人間性、そして幅広い教養を持つ医師の輩出に力を注いでいます。
カトリック（聖心侍女修道会）	清泉女学院大学 長野市	看護学部 看護学科	2003年清泉女学院大学開学。2019年看護学部看護学科開設。	本学は、キリストの福音（good news）に基づいた大学です。学問研究と教育を通じて、真摯に真理を探究する大学として建学されました。学術研究を深めると共に、キリスト教の精神に基づく全人教育を教育理念としています。知的および道徳的に高い見識と広い教養を養い、たゆまぬ自己開発を通して文化の向上と社会の福祉のために貢献しうる女性を育成することを目的としています。
カトリック系学校法人	聖マリア学院大学 福岡県 久留米市	看護学部 看護学科	2006年聖マリア学院大学開学、看護学部看護学科開設。1953年聖マリア病院開設（福岡県久留米市）。	カトリックの愛の精神。主イエス　キリストの限りなき愛のもとに、常に弱い人々のもとに行き、常に弱い人々と共に歩むことです。
カトリック（純心聖母会）	鹿児島純心女子大学 鹿児島県 薩摩川内市	看護栄養学部 看護学科	1994年鹿児島純心女子大学開学、看護学部看護学科開設、2002年看護学部を看護栄養学部に改称。	「聖母マリアのように神様にも人にも喜ばれる女性の育成」　イエス・キリストの母、聖母マリアを理想と仰ぎ、現代に生きる若者が自他の命の尊さを認識し、他者の幸せのためにという精神をもって行動することを意味する。
プロテスタント（メソジスト）	弘前学院大学 青森県 弘前市	看護学部	1971年弘前学院大学開学。2005年看護学部開設。	弘前学院は、本多庸一（津軽藩校の稽古館の司監、後の東奥義塾塾長になった）によって1886年に設立された。本多先生は、キリスト教の精神を基に「畏神愛人」を信条とされた。神を畏れるとは、聖書に示されている天地の創造者のみを主（神）として拝すること、即ち特定の思想や人物及び自己を絶対化せず、他のなにものをも神格化しないということである。隣人を愛するという事は、自己と同質の人あるいは仲間ではなく、他民族及び自己と異なる一人ひとりの人格

				と個性と立場を尊重し、受容することである。本学はキリスト教の精神と本多先生の信条を建学の基とし、このような人間形成を教育の根底に据えて、その上で高度の専門の知識と技術を習得する事を志向しているのである。
プロテスタント	茨城キリスト教大学 茨城県 日立市	看護学部 看護学科	1967年茨城キリスト教大学開学。2004年看護学部看護学科開設。	共に生きるものとして相手を思いやる"心の平和"を教育の根幹に据え、愛に生き、社会や平和に貢献する人間を育んでいく。
聖公会	聖路加国際大学 東京都 中央区	看護学部	1964年聖路加看護大学開学、看護学部開設。2014年聖路加国際大学に改称。1901年聖路加病院開設、1917年聖路加国際病院と改称（東京都中央区）、1943〜45年大東亜中央病院と改称。	本学はキリスト教精神に基づき、看護保健・公衆衛生の領域において、その教育・学術・実践活動を通じて、国内外のすべての人の健康と福祉に貢献することを目的とする。
プロテスタント（米国バプテスト伝道協会）	関東学院大学 神奈川県 横浜市	看護学部 看護学科	1949年関東学院大学開学。2013年看護学部看護学科開設。	関東学院大学の建学の精神は、キリスト教の精神にあります。これは、キリスト教の精神（創造主への畏敬、無償の愛、対等な尊厳を有する存在としての他者の受容）に基づき、地球上の多様な生命への慈しみと敬虔、森羅万象に対する寛容と慈愛、それらの徳目を基本とした姿勢のもとで、他者を理解し共感することを可能とするための広く深い教養を修得し、他者のために行動できる奉仕の精神を涵養することを意味します。
セブンスデー・アドベンチスト	三育学院大学 千葉県 夷隅郡 大多喜町	看護学部 看護学科	2008年三育学院大学開学、看護学部看護学科開設。	本学は、プロテスタント・キリスト教の精神、とりわけその潮流のもとにあるセブンスデー・アドベンチスト教団の理念と実践に基づく教育共同体である。そのめざすところは、聖書に示されている本来的人間すなわち霊性（spiritus）、知性（mens）、身体（corpus）の統合体としての人間の全体的な回復である。本学の使命は、この目的のもと、神をすべての価値の源として真理を探究し、自己と他者の尊厳を重んじ、より良い社会の形成をめざして、それに貢献し得る人物を育成することである。
プロテスタント	聖隷クリストファー大学 静岡県 浜松市	看護学部 看護学科 リハビリテーション学部 理学療法学科 作業療法学科	1992年聖隷クリストファー看護大学開学、看護学部看護学科開設。2002年聖隷クリストファー大学に改称。2004年リハビリテーション学部開設、2011年リハビリテーション学部学科改編。[36]	「隣人愛」とは、「自分のようにあなたの隣人を愛しなさい」という聖書に示された愛の心です。聖隷学園は、創立以来この隣人愛と生命の尊厳を基本理念として、保健医療福祉分野の専門職の育成に取り組んできました。その原点は、1930年に浜松のクリスチャンの若者たちが建てた結核患者のための小さな病舎にさかのぼります。目の前で苦しんでいる人のために、自分自身が感染するかもしれないという状況のなかで無償の愛を捧げたこの行いが、今日、日本有数の医療・福祉・教育集団となった聖隷グルー

関連する宗教	大学名 所在地	設置学部学科	設置年、沿革、関連病院等	建学の精神と宗教的背景（要約・抜粋）
				プのすべての事業の始まりなのです。混迷する現代社会の医療・福祉のなかで、人と共にあり、その不安や苦痛、悲しみを理解し、共に生きることを人生の喜びとする。聖隷クリストファー大学では、先人たちによって示された愛と奉仕の精神を受け継ぎ、地域に貢献し、国際社会においても活躍できる専門職を育成しています。
福音主義キリスト教	金城学院大学 愛知県 名古屋市	薬学部 薬学科	1949 年金城学院大学開学。2005 年薬学部薬学科開設。	金城学院大学は福音主義のプロテスタント・キリスト教に基づき、女性に広く知識を授けるとともに、深く専門の学芸を教授研究し、もって真理と正義を愛し、世界の平和と人類の福祉に貢献する女性を養成することを目的とします。
プロテスタント（米国メソジスト・プロテスタント教会）	名古屋学院大学 愛知県 名古屋市	リハビリテーション学部 理学療法学科	1964 年名古屋学院大学開学。2006 年人間健康学部リハビリテーション学科開設、2010 年リハビリテーション学部開設。	敬神愛人
プロテスタント	同志社女子大学 京都市	薬学部 医療薬学科 看護学部 看護学科	1949 年同志社女子大学開学。2005 年薬学部医療薬学科開設。2015 年看護学部看護学科開設。	同志社女子大学は、創立以来「キリスト教主義」「国際主義」「リベラル・アーツ」を教育理念の柱とし、教育・研究活動を行っています。
プロテスタント	梅花女子大学 大阪府 茨木市	看護保健学部 看護学科 口腔保健学科	1964 年梅花女子大学開設。2010 年看護学部看護学科開設、2015 年看護保健学部に改組、看護学科・口腔保健学科を開設。	キリスト教精神に基づき、他者への愛と奉仕の精神を備える自立した女性を育成する。
プロテスタント（米国南部バプテスト連盟）	西南女学院大学 福岡県 北九州市	保健福祉学部 看護学科	1994 年西南女学院大学開学、保健福祉学部看護学科開設。	本学院のキリスト教に基づく女子教育は、創設時に校訓「感恩奉仕」を掲げて、営まれてきました。この「感恩奉仕」は今日、西南女学院の「建学の精神」となっています。神の恩寵（恵みの意味）の中に生かされていることへの感謝を意味する「感恩」と、隣人への愛を意味する「奉仕」を教育の基盤とする教育によって、本学院は多くの優秀な人材を社会に送り出し、地域社会にその名を知られるようになりました。
プロテスタント（米国メソジスト監督教会）	福岡女学院看護大学 福岡県 古賀市	看護学部 看護学科	2008 年福岡女学院看護大学開学、看護学部看護学科開設。	キリスト教精神に基づき、人間の尊厳、倫理観を備え、ヒューマンケアリングを実践できる人材を育成し、社会に貢献する事を教育理念とします。
プロテスタント	活水女子大学 長崎市	看護学部 看護学科	1981 年活水女子大学開学。2009 年看護学部看護学科開設。	活水学院は、創立者であるラッセル女史が信念の拠り所としたキリスト教を「建学の精神」としています。スクール・モットーは、創設者が常に教えておられ

（米国メソジスト監督教会）				た「知恵と生命との泉—主イエス・キリストーに掬（むす）べよ」です。女史はイエス・キリストの人格に触れることこそが最良で最高の教育の土台であると確信し、人が生きるために必要な知恵と生命を、決して尽きることがないイエス・キリストという泉から汲みなさいと教えられました。
天理教	天理医療大学 奈良県 天理市	医療学部 看護学科 臨床検査学科	2012年天理医療大学開学、医療学部看護学科・臨床検査学科開設。1935年天理よろづ相談所開設、1937年奈良県より私立病院認可、1966年公益財団法人天理よろづ相談所・憩の家開設（奈良県天理市）。	本学は、教育基本法及び学校教育法の定めるところにより、人に尽くすことを自らのよろこびとするという天理教の信条教育を基調として、社会人としての豊かな知識を持ち、医療に関わる専門性の高い技術・技能を習得し、真摯に科学する精神を育み、人に対する深い愛情と自分を律する謙虚な心を胸に秘めた人材を育成することを目的とします。大学設立の目的にそって、自ら積極的に知識と技術を学びとる学習態度を持ち、また、他者との関わりを大事にして、チーム医療の一員としての役割を果たせる心と技術を獲得できる、即ち自律と協働する力を持った医療者を育てることを医療学部設置の目的とします。
金光教	関西福祉大学 兵庫県 赤穂市	看護学部 看護学科	1997年関西福祉大学開学、2006年看護学部看護学科開設。	関西福祉大学では、「人間平等」「個性尊重」「和と感謝」を建学の精神として掲げています。「人間平等」とは、人として平等であり、人を受け容れる寛容なこころをもつこと、「個性尊重」とは、個性や役割の違いを理解し、傾聴し、共感する豊かなこころをもつこと、「和と感謝」とは、和（やわらぎ）のこころをもち、感謝する気持ちを忘れないことであり、すべての人々が共に生きる社会を実現することを意味するものです。

　いくつか気づいた点を列挙しておく。仏教系の大学においては看護学部を設置している大学が多い。また曹洞宗に関係する鶴見大学と愛知学院大学に歯学部が設置されているのが目を引く。カトリック系の大学でも看護学部の設置がほとんどだが、聖マリアンナ医科大学の存在が注目される。プロテスタント系の大学でも同様に看護学部の設置がほとんどだが、薬学部、リハビリテーション学部を設置している大学も見られる。こうして見ると、宗教関連の大学において、看護学の専攻課程が充実していることがわかる。

　ところで、1975年に設立され、2010年に一般社団法人になった日本看護系大学協議会には、2020年現在、287校が加盟しているという。[36] そのうち私立大学は193校で、67.25％を占める。表中の看護学専攻を設置している29大学はすべて会員校であり、同法人加盟の私立大学のなかに占める割

合は、約15%となる。医学、歯学、薬学、その他と比較して、大学の看護学教育における宗教系大学の割合の大きさは注目すべきものと思われる。[37]

むすび

　本稿で見てきたことをまとめておこう。明治以降の日本の医療制度は、20世紀初頭以降、「医師法」、「歯科医師法」の整備も含め医療専門職の制度化が進められる一方、1930年代には病院、診療所、さらに保健所といった医療機関の法整備が進展した。また1918年に「大学令」が公布されると医学校が大学医学部や医科大学となり医学教育も拡充していく。その後、1938年の厚生省の設置、1942年の「国民医療法」の制定ののち、戦時体制下で養成される医師の数が増大していった。第二次世界大戦後には公衆衛生、公的扶助の諸制度の整備とともに医療制度の再建が目指され、その後、高度経済成長期には医療機関の整備拡充、高度化が進められていった。

　こうした日本の医療制度のなかで、本稿は特に1990年以降に認定されるようになった緩和ケア病棟に着目し、そのなかの宗教系緩和医療機関について、リストを提示することを試みた。ここではカトリック系12施設、プロテスタント系17施設、その他8施設について概観した。加えて、宗教系私立大学における医学、歯学、薬学、看護学等の医療系教育プログラムの設置状況について、リストを提示して概観した。

　これらのリストを概観すると、当然のことながら、それぞれの医療機関、また大学が個別の背景をもって緩和ケアの提供、また医学系教育課程の設置にいたっていることが窺える。ここからなにか一般的な結論を引き出すことは、本稿では試みていない。しかしながら少なくとも、今後、近代日本における宗教と医療・医学との関係を考察するうえで、こうした基礎的な事例についての認識は欠かすことができないのではないかと考えられる。そしてそうした考察が、日本における死生学の展開の一面を理解するうえでも、一定程度の意義を有するものと言えるだろう。

〈付記〉
　社会医療法人雪の聖母会、聖マリア病院からは、企画部・診療統括部門５事務長・

井手健一郎様を窓口として、貴重な資料をご提供いただき、また施設見学等でご配慮いただきました。心より感謝申し上げます。

注

1) 厚生労働省「平成 30 年（2018 年）医師・歯科医師・薬剤師統計の概況」（https:// www.mhlw.go.jp/toukei/saikin/hw/ishi/18/index.html）、「平成 30（2018）年医療施設（動態）調査・病院報告の概況」（https://www.mhlw.go.jp/toukei/saikin/hw/iryosd/18/）を参照。2020 年以来のコロナ禍において、この感染症病床数ではまったく対応ができなくなった。

2) ただし関連する諸団体、諸機関のホームページ等も参照し、適宜修正を加えてある。なお、より手軽に参照しうる最近の文献としては、坂井（2020）がある。

3) 「厚生」の語は、『書経』の「正徳利用厚生」から採られたという（小高 2011, 301）。

4) 併存していた 4 種とは、①江戸時代以来の漢方の開業医など従来の開業者で申請により医師資格を得た者、②各種学校で学び医術開業試験に合格した者、③一定の基準を満たした甲種医学校や専門学校を卒業した者、④帝国大学または大学医学部を卒業した者、である（坂井 2019, 303–304）。明治から昭和初期までの医学教育の変遷については、澤井（2019）を参照。

5) 今日まで存続する私立の医学教育機関のうちで、第二次世界大戦中までに設置されていたものは以下のとおりである（菅谷 1976. 229–231）。

 1900 年 私立東京女医学校設立（1912 年、東京女子医学専門学校、1947 年、東京女子医科大学予科、1950 年、東京女子医科大学）。

 1903 年 私立東京慈恵医院医学専門学校設立（1881 年に設立された成医会講習所を前身とする。1907 年、東京慈恵会医院医学専門学校、1921 年、東京慈恵会医科大学）。

 1904 年 私立日本医学校設立（1876 年から 1903 年まで運営された済生学舎を前身とする。1912 年、私立日本医学専門学校、1919 年、日本医学専門学校、1926 年、日本医科大学）。

 1917 年 慶應義塾大学医学科設立（1873 年から 1880 年まで運営された慶應義塾医学所を前身とする）。

 1918 年 東京医学専門学校設立（1946 年、東京医科大学）。

 1925 年 帝国女子医学専門学校設立（1947 年、東邦医科大学予科、1950 年、

東邦大学）。

1925 年　日本大学専門部医学科設立（1952 年、日本大学医学部医学科）。

1927 年　大阪高等医学専門学校設立（1946 年、大阪医科大学）。

1928 年　九州医学専門学校設立（1943 年、九州高等医学専門学校、1946 年、久留米医科大学、1950 年、久留米大学）。

1928 年　岩手医学専門学校設立（1947 年、岩手医科大学）。

1928 年　昭和医学専門学校設立（1946 年、昭和医科大学、1964 年、昭和大学）。

1928 年　大阪女子高等医学専門学校設立（1947 年、大阪女子医科大学、1954 年、関西医科大学）。

1943 年　順天堂医学専門学校設立（1946 年、順天堂医科大学、1951 年、順天堂大学）。

またそれぞれの学校がホームページ上で公開している沿革も参照。済生学舎、慶應義塾医学所、成医会講習所については、志村（2012）を参照。成医会講習所と済生学舎についてはさらに福永（2014）も参照。

6) そのほか、台湾、朝鮮、樺太、満州・関東州の医科大学、医学専門学校については、泉（2012）を参照。

7) 実地修練生（インターン）の地位・身分の不安定性をめぐり、その廃止を求めて 1967 年に学生運動が活発化、68 年の医師法改正で同制度は廃止され、医学部卒業者はただちに医師国家試験を受験できるようになる（坂井 2019, 313）。

8) 看護婦（士）・准看護婦（士）の名称は 2001 年の法律改正「保健婦助産婦看護婦法の一部を改正する法律」により、翌 2002 年より、保健婦から保健師、助産婦から助産師への変更とともに、看護師・准看護師と改められた。

9) 現在、医療職の国家資格には以下の 23 種がある。医師、歯科医師、看護師、准看護師、保健師、助産師、薬剤師、臨床検査技師、診療放射線技師、臨床工学技士、理学療法士、作業療法士、視能訓練士、言語聴覚士、義肢装具士、歯科技工士、歯科衛生士、管理栄養士、救急救命士、あん摩マッサージ指圧師、はり師、きゅう師、柔道整復師（坂井 2020, 453）。

10) 総合病院は 1997 年の医療法改正により廃止され、地域医療支援病院が創設された（島崎 2011, 98）。なお、1992 年の医療法改正により、高度医療に対応する特定機能病院が創設され、1997 年改正で、医療法上、二つの機能類型の病院が設定されたことになる。

11) 日本赤十字社は、1877 年の西南戦争の際に設けられた救護団体「博愛社」を前身とする。1886 年に日本政府が万国赤十字条約に加入し、1887 年に博愛社は日本赤十字社と改称した。のち、1952 年、「日本赤十字社法」が制定され、認可法人となる（菅谷 1976, 152–156）。

12) 1910 年の大逆事件ののち、社会主義運動を抑制するために、1911 年、明治天皇

の詔と下賜金をもとに窮民への施薬救療を目的とする恩賜財団済生会が設立された（菅谷 1976, 175–178）。

13) 農村部における医師と医療施設の確保、医療費支払いの安定化のために、1919 年以降、「医療利用組合」が結成され、昭和初期にかけて増加していった。戦時中は「農業会」に改組され、戦後、「農業会」に代わって 1948 年より農業協同組合が発足し、同年、厚生農業協同組合、同連合会、また全国厚生農業協同組合連合会が発足した（福永 2014, 257–262）。

14) 浅草寺病院については、中西（2004, 49–51）も参照。中西は明治期以降の仏教者・仏教教団による医療、社会福祉事業について具体的な事例を列挙している。また福永（2014, 265–266）は「施療病院・慈善病院」というカテゴリーのもと、明治期に設立された以下のような宗教系の病院・診療所を挙げている（天理病院も言及されているが、この注では省略する）。便宜的にハンセン病療養所①とその他②に分けて記す。①ハンセン病療養所：パリ外国宣教会・神山復生病院（1889 年設立）；英米プロテスタント系・慰廃園（1894 年設立、1942 年閉鎖）；英国国教会系・熊本回春病院（1895 年設立、1941 年閉鎖）；カトリック・待労院（1898 年設立、2013 年閉鎖）；日蓮宗・身延深敬病院（1906 年設立、1992 年閉鎖）。②その他：スコットランド長老派・健康社（築地病院、1875 年設立、のち建物が聖路加病院となる）；真言宗・済生病院（1909 年設立、1946 年閉鎖）；救世軍・救世軍病院（1912 年設立、本稿表 2 を参照）；近江兄弟社・近江療病院（1918 年設立、本稿表 2 を参照）。なお、済生病院と身延深敬病院については、中西（2004, 73–86；190–192）、前者についてはさらに栗田（2011）を参照。
中西は活動が途絶したさまざまな仏教系医療機関のほか、現在まで活動が継承されているいくつかの機関についても論じている。後者の例としては、1930 年開設のあそか病院（浄土真宗本願寺派系、なお「あそか」は無憂樹のこと）、1926 年開設の六条診療所（現、西本願寺あそか診療所、浄土真宗本願寺派系）、1931 年開設の四天王寺施薬療病院（現、四天王寺病院）がある（中西 2004, 148–152）。

15) 「保健所法」は 1994 年に「地域保健法」に改められ、市町村レベルでの保健センターの設置が法定化された。

16) 新設私立大学・医学部は以下のとおり。1970 年：杏林、北里、川崎医科、1971 年：帝京、東洋医科（1973 年聖マリアンナ医科大学）、愛知医科、1972 年：埼玉医科、金沢医科、名古屋保健衛生（1984 年藤田学園保健衛生大学、1991 年藤田保健衛生大学、2018 年藤田医科大学）、兵庫医科、福岡大、1973 年：独協医科、1974 年：東海大、近畿大（宗前 2020, 242）。

17) 長谷川保の生涯については山内（1996）、今日の聖隷福祉事業団の創立史については蝦名（1999）を参照。

18) 『緩和ケア』30 巻 1〜3 号（2020 年 1 月、3 月、5 月号）が「『緩和ケア』誌 30 巻

を迎えて」という特集を組んでいる。

19）それぞれの団体のホームページを参照。日本ホスピス緩和ケア協会：https://www.hpcj.org/index.html　日本緩和医療学会：http://www.jspm.ne.jp/

20）その他の団体は、日本緩和医療薬学会、日本がん看護学会、日本がんサポーティブケア学会、日本癌治療学会、日本サイコオンコロジー学会、日本在宅医学会、日本在宅医療学会、日本プライマリ・ケア連合学会、日本ペインクリニック学会、日本放射線腫瘍学会、日本ホスピス・在宅ケア研究会、日本麻酔科学会、日本臨床腫瘍学会、日本臨床腫瘍薬学会、日本老年医学会。

21）この段落の数値は、升川／宮下（2020）による。

22）浄土真宗本願寺派社会部社会事業担当ホームページを参照（https://social.hongwanji.or.jp/html/c11p1.html）。

23）谷山（2005, 36）参照。また日蓮宗ビハーラ・ネットワークホームページを参照（http://www.nvn.cc/home/top_page.htm）。

24）医療法人崇徳会ホームページを参照（http://www.sutokukai.or.jp/cssc/media/files/about/tamiya_nagaoka.pdf）。

25）佼成病院ホームページを参照（https://kosei-hp.or.jp/hospital/history.html）。

26）あそかビハーラ病院ホームページを参照（http://www.asokavihara.jp/seturitu.html）。

27）同会ホームページの沿革を参照（http://www.j-cma.com/history）。

28）日本カトリック医療施設協会は、2014年に創立50周年記念誌を刊行している。日本における16世紀以降のカトリック系医療施設に関する情報を集成し、また歴史上の一時期のみ存在しすでに閉鎖されている施設についても言及しており、貴重な記録となっている。「施設紹介」に紙幅を割き、「キリシタン時代の施設」、「過去に加盟していた施設　加盟が確認できない施設」、「現在加盟している施設」において施設ごとに概要を掲載している。同誌については、社会医療法人雪の聖母会、聖マリア病院のご厚意を得て、参照が可能になった。

29）明石嘉聞、明石志都香については、鈴木範久監修『日本キリスト教歴史人名事典』（2020）にそれぞれ立項されている。小野忠亮「明石嘉聞」、村上誠志「明石志都香」を参照（鈴木 2020, 18–19）。また泉孝英編『日本近代医学人名事典【1968–2011】』には明石嘉聞の項目がある（泉 2012, 6）。

30）福永は「高度経済成長時代は、一人の医師が個人診療所からスタートして病院を創ることも不可能ではなかった」。「診療所の個人開業医が病院を開設し、発展させていったという日本病院史にみられる史実は、日本の病院の際立った特徴といえる」として、聖マリアンナ医科大学病院、川崎医科大学附属病院、藤田保健衛生大学病院、徳洲会グループを例として挙げている（福永 2014, 410）。

31）終戦直後、井手一郎は九州帝国大学医学部放射線治療学教室の副手として長崎市原

176

爆研究救護班員に加わり、1945年9月から11月にかけて長崎に滞在した（調査はその後数年継続）。その間、長崎大学の永井隆（1908〜1951）とも接していた（医療文化社 1995, 38–44；90）。

32）このうち長野市の愛和病院については、2020年9月9日に同病院チャプレン、松村さおり様より情報を提供していただいた。記して感謝申し上げたい。

33）日本キリスト者医科連盟ホームページを参照（http://japan-cma.net/）。

34）日本カトリック大学連盟とキリスト教学校教育同盟のそれぞれのホームページを参照（http://www.catholic-u.jp/index.html；https://www.k-doumei.or.jp/）。なお、仏教主義学校連盟という組織も存在するようだが、確認していない。

35）ただし創立者の長谷川良信（1890–1966）は浄土宗僧侶。

36）聖隷クリストファー大学のホームページでは、聖隷グループとして以下の病院名が列挙されている（＊の指定管理者受託施設、運営受託事業、共同事業を含む）。静岡県：聖隷三方原病院、聖隷浜松病院、浜松市リハビリテーション病院＊、聖隷袋井市民病院＊（以上、社会福祉法人聖隷福祉事業団）、一般財団法人芙蓉協会・聖隷沼津病院、一般財団法人恵愛会・聖隷富士病院。関東：聖隷佐倉市民病院、聖隷横浜病院（以上、社会福祉法人聖隷福祉事業団））。関西：聖隷淡路病院（社会福祉法人聖隷福祉事業団）。四国・九州：特定医療法人聖愛会・松山ベテル病院。

37）同協議会によると、看護系大学とは「保健師、助産師、看護師の国家試験受験資格を取得させ得る四年制大学及び省庁大学校」を指すという。日本の看護系大学は1990年代前半まで11校であり、その後、増大して現在の数に至った。同協議会のホームページを参照（https://www.janpu.or.jp/outline/）。

38）参考までに、日本におけるキリスト教系大学の割合を挙げておく。文部科学省「令和2年度学校基本調査」によると、日本の大学の数は795、うち私立大学は615校である（https://www.mext.go.jp/content/20200825-mxt_chousa01-1419591_8.pdf）。日本カトリック大学連盟加盟校は18、キリスト教学校教育同盟加盟の大学は58なので、私立大学に占めるキリスト教大学の割合は約12％となる。

参考文献

泉孝英（編）2012：『日本近代医学人名事典【1968–2011】』医学書院。

医療文化社（編）1995：『主の溢れる恩寵によりて』医療法人雪ノ聖母会聖マリア病院。

岩渕豊 2015：『日本の医療：その仕組みと新たな展開』中央法規。

小高健 2011：『日本近代医学史』考古堂書店（新潟）。

栗田英彦 2011：「宗教と医学を超えて：済生病院長小林参三郎の治療論」『東北宗教学』
　　7、65–93。

厚生省医務局 1976：『医制百年史』（記述編）ぎょうせい。

厚生省医務局 1976：『〔医制百年史付録〕衛生統計からみた医制百年の歩み』ぎょうせ
　　い。

坂井建雄 2019：「近現代の医学教育の概観：明治以後の医師養成制度と医学校の変遷」
　　坂井建雄編『医学教育の歴史：古今と東西』法政大学出版局、303–317。

坂井建雄 2020：『医学前史：西洋から東洋・日本まで』筑摩書房（ちくま新書）。

澤井直 2019：「近現代の医学教育の諸相《2》　明治・大正・昭和初期の医師資格制度
　　と医学教育機関」坂井建雄編『医学教育の歴史：古今と東西』法政大学出版局、
　　393–433。

島崎謙治 2011：『日本の医療：制度と政策』東京大学出版会。

菅谷章 1976：『日本医療制度史』原書房。

鈴木範久（監修）、日本キリスト教歴史大事典編集委員会（編）2020：『日本キリスト
　　教歴史人名事典』教文館。

宗前清貞 2020：『日本医療の近代史：制度形成の歴史分析』ミネルヴァ書房。

谷山洋三 2005：「ビハーラとは何か？：応用仏教学の視点から」『パーリ学仏教文化学』
　　19、33–41。

谷山洋三 2015：「ビハーラと仏教者」『ホスピス緩和ケア白書 2015　ホスピス緩和ケ
　　アを支える専門家・サポーター』青海社、44–47。

田宮仁 2007：『ビハーラの提唱と展開』学文社。

中西直樹 2004：『仏教と医療・福祉の近代史』法藏館。

日本カトリック医療施設協会創立 50 周年記念誌編纂委員会（編）2014：『1964–2014
　　創立 50 周年記念誌』日本カトリック医療施設協会。

早瀬圭一 2020：『聖路加病院　生と死の現場』岩波書店（岩波現代文庫）。

福永肇 2014：『日本病院史』ピラールプレス。

升川研人／宮下光令 2020：「データでみる日本の緩和ケアの現状」『ホスピス緩和ケア
　　白書 2020　心不全の緩和ケア：心不全のパンデミックに備えて』青海社、63–99。

年鑑・白書

カトリック中央協議会出版部（編）2019：『カトリック教会情報ハンドブック 2020』
　　カトリック中央協議会。

キリスト教年鑑編集委員会（編）2020：『キリスト教年鑑 2020 年版』キリスト新聞社。

木澤義之他（編）2020：『ホスピス緩和ケア白書 2020　心不全の緩和ケア　心不全の
　　パンデミックに備えて』青海社。

Medicine and Religion in Modern Japan:
An Institutional Backdrop of Japanese Thanatology

by Michiaki OKUYAMA

With the worldwide COVID-19 pandemic outbreak in 2020, a critical interest in the current situation of the Japanese medical system has been emerging. The modern Japanese medical system had not drawn much serious criticism before this pandemic, but this event has created a suitable occasion for reflection on it. Such reflection is also a chance to clarify the institutional backdrop of thanatology in Japan.

Modernization of the medical system started in Japan in the late 19th century, and then around the beginning of the 20th century, the Japanese government attempted to readjust its medical system to improve the health of the general public. This was done through the institutionalization of the medical profession, of hospitals and other medical facilities, and of the medical education system. After WWII, the postwar rebuilding of the medical system was enabled by the government alongside the establishment of other social security systems. Around 1980, early examples of thanatological activities started in two Protestant hospitals, one in Osaka, and the other in Hamamatsu, Shizuoka. They were followed by the growth of palliative medicine nationwide from around 1990 onwards.

The current situation surrounding thanatology in Japan can be seen partly in the presence of palliative care hospitals, some of which have been established and managed by religiously-affiliated medical organizations. Some contributions by religious organizations to the field of medicine also can be seen in the establishment and management of universities that offer majors in medicine or in other related areas. In this article, a summary of activities related to thanatology in those 37 hospitals and 35 universities is presented. By knowing information of this kind, readers can further understand the institutional backdrop of Japanese thanatology.

子どもの魂と再生
——神話・儀礼・昔話から——

古川　のり子

はじめに

　生まれて間もない子どもが亡くなってしまったとき、特定の宗教の信者ではない現代の日本の人たちは、子どもの魂の行く先をどのように表現するだろう。あの子は「天国に行った」、「お星様になった」などと表すかもしれないが、それらはあまり確かな実感、世界観を伴うものではないように思われる。

　ここでは子どもの魂の行方と再生について、日本の私たちがどのように考えてきたのか、縄文時代の宗教、古代の神話、さらには近現代の習俗や昔話などを通じて、その一つの伝統的な考え方を確認していきたいと思う。

1. 古代の創世神話——大地母神イザナミ

　8世紀にまとめられた『古事記』『日本書紀』には、この世界と、生きて死ぬ運命を背負った人間の誕生の物語が書き残されている。そこには偉大な女神イザナミが登場する。

　『古事記』によると世界の始まりの時、最初の男女であるイザナキとイザナミが出現し、天から下界の混沌の海に降りてきてそこにオノゴロ島という最初の陸地を作った。その島の上で二人は世界で最初の結婚をして、その結果イザナミは自分の腹から日本の国土のすべての島々を生んだ。さらに海、山、川、草、木、風などのたくさんの神々も生み出した。その中には山の神としての猪や鹿、海の神としてのサメ、風の神としての鷹などの動物たちや、草の一種としての「人草」である人間も含まれている。つまりイザナミはこの地上世界の万物や、あらゆる生き物をすべて生み出したわけである。

　しかしイザナミは火の神を生んだときに火傷を負い、苦しみながら金属や

粘土や作物の神などを生んだものの、ついに死んで最初の死者となって黄泉の国へ行く。夫のイザナキは彼女を連れ戻そうと黄泉の国まで追いかけて行ったが、そこで腐った醜い死神となった妻の姿を見てしまう。怒るイザナミに追いかけられたイザナキは、地上世界と地下の死の世界との境目にある黄泉比良坂を大岩で塞ぎ、二人は互いに絶縁を誓った。このときイザナミは「地上の人間を一日に千人殺す」と誓い、イザナキは「それなら一日に千五百人生まれることにする」と言い返した。このときから人間はみな最後には必ず死んで、イザナミが黄泉津大神として支配する彼女の国に行かなければならない運命を背負うことになったと物語られている。こうして生と死、春と冬を繰り返す定めをもつ、人間や世界が成立したのである。

　イザナミという女神は、日本の国土の島々をすべて生んだとされる、大地の母なる神で、人間を含むあらゆる動植物も、鉱物や水などの資源も、その身体から無尽蔵に生み出してくれるような大地そのもの、すなわち「大地母神」であると見なされている。大地はすべての生命や恵みを生み出す母胎である一方で、すべての生命が死んで帰って行く墓場＝死の国そのものでもある。したがってイザナミもまた「生み出す女神」と「死の女神」という二つの顔をもち、死と再生を司る大女神としての本質を持つ。

　古代神話の世界観においては、人間を含む生き物はすべて大地母神イザナミから生まれ、やがて死んで彼女の胎内である死の国に帰り、そこで再び妊娠されてまた新たに地上世界に生まれ出る。人間をはじめとするすべての生き物は、このような生と死の循環を繰り返すと考えられていたのである。このイザナミのような有り難くもあり、恐ろしくもある大地母神に対する信仰は、後期旧石器時代にまで遡るとされているが、日本では縄文時代の宗教に顕著に認められると考えられている。

2. 縄文時代の女神信仰

（1）土偶に表された大地母神

　今から一万二千年前、あるいは一万六千年前から始まるとされる縄文時代は、約一万年の長きに渡って続き、日本の文化の基盤を形成したといわれている。この縄文文化の宗教を考えるにあたって最も重要な手がかりとなるのが、粘土を捏ねて焼いて作った「土偶」と呼ばれる人形である。（図1）

　土偶はほとんどすべてが女性の像で、とくに胸や膨らんだ腹、女性器などが強調されているという特徴がある。したがって土偶は、子どもを妊娠し生んで育てる母としての働きをする女神像だと考えられている。このような土偶のもう一つの大きな特徴は、きわめて稀な例外を除いてほとんどすべてが破壊されて出土するという点にある。破壊された土偶の断片は、村の周囲にばらまかれたり、貝塚の中に入れられたり、あるいは家の中などで大切に祭られていたりすることが明らかになっている。

　神話学者の吉田敦彦氏は、土偶は生み出す力に満ちた大地母神を表しているとする。そしてこの母なる神の身体の断片は、そこからなお旺盛な生産力を発揮して、人間のために動植物や作物などの様々な資源をふんだんに生じさせてくれると信じられていたという。[1]

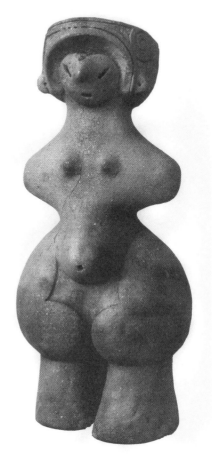

図1　土偶　縄文のビーナス　長野県茅野市
棚畑遺跡出土

　ところで縄文時代の土偶の女神は、生産力に満ちた母神の姿を持つ一方で、恐ろしい死の女神の姿を持っていた。その姿は「容器型土偶」と呼ばれる土偶によく表現されている。これは、縄文時代の終わり頃に関東西部から中部地方で作られた不気味な容貌をした土偶で、容器のように体内が中空になっている。神奈川県の中屋敷遺跡から発掘されたこの型の土偶の胴体には、この女神の子宮とそこに至る長い道が描かれ、体内には赤子の骨が入れ

図2　容器形をした土偶　神奈川県中屋敷遺跡出土

られていた。（図2）つまりこの土偶の母神の体内は、死んだ子どもが行く死の国そのものである。しかしそこはただ恐ろしい他界であるというだけの所ではない。吉田敦彦氏が指摘しているように、大地母神の体内と同一視された他界は、万物がそこで妊娠されてまた新たに生み出される、母神の子宮に他ならない。大地母神の体内に呑み込まれた死者は、そこでまた受胎され胎児となってやがて再生を果たす。容器型土偶の体内に入れられた赤子の骨には、早くに死んでしまった子どもの速やかな再生を願う祈りが込められていたと解釈されている（吉田2018, 39–42）。

　8世紀の神話に登場する大地母神イザナミは、万物を生み出す母神の性質と同時に、自分が生んだすべての生命を呑み込む死の女神の性質を持っていた。彼女のこのような性質は、古い縄文の女神が持っていた、死と再生を司る大地母神の本質を受け継ぐものなのである。

（2）埋甕

　人間は大地の母神から生まれ、生きて、働いて、子どもを作って、老いて死んで、大地に埋葬されることで、母神の胎内へ帰り、そこで再び妊娠されてやがてまた新たにこの世に生まれ出る。このような考え方は、大人に対しても子どもに対しても基本的に同じであるが、大地の母胎から生まれてまだ間もない赤子が死んだ場合や死産児の場合は、埋葬において何か特別な扱い

が見られるだろうか。

　縄文時代の大地母神信仰を背後にもつと思われる、独特な習俗のひとつに「埋甕」がある。縄文中期後半から後期前半にかけて、とくに関東と中部地方で盛んに行われたもので、子どもの魂との関わりをうかがわせる遺物として注目されている。（図3）

図3　埋甕　茅野市中ッ原遺跡出土

　埋甕とは、竪穴住居内の出入り口部分の床面の下に深鉢の土器を埋める風習のことで、土器の口は上を向いていたり、逆さまになっていたりするが、いずれにしても土器の胴下半部や底部を欠くものが多い（木下忠2000; 桐原健1998）。

　長野県諏訪郡の唐渡宮遺跡から出土した埋甕には、股を広げて両足を踏ん張って立つ女性の姿と、大地から彼女の女性器に向けて何かが立ちのぼっていることを示すような線が描かれていた。（図4）この絵について考古学者の渡辺誠

図4　屋外埋甕の黒彩絵画　富士見町唐渡宮遺跡出土

氏は、子どもの魂が女性の体内に入るところを描いたものだと解釈した。そして埋甕は死産児や幼児を埋葬するための施設であり、家の出入り口に埋められた甕の上をその母親が跨ぐことで、死んだ子どもの魂が再び彼女の体内に宿ることを願うものだと考えた。

　　2本線で描かれた両足は左右に大きく踏んばり、下腹部には楕円形の女性性器が誇張され、ここから地面に向かって4条の線が垂れている。

これは死んだ子供の魂が、大地からかげろうのごとく母親となるべき女性の胎内に入る様子を示しているのである。この絵を出産の様子ととる説もあるが、女性の腹部に妊娠線を示す中軸線がみられないことや、乳房が大きく描かれていないことから、やはり子供の魂の「再入」と考えるべきであろう（梅原猛・渡辺誠 2003, 75）。

　渡辺氏によれば、多くの埋甕の底部が欠けているのは「封じられた精霊の母なる大地と母体との行き来を妨げないための配慮だろう」という（渡辺誠 1970, 12）。
　神話学者の吉田敦彦氏も渡辺氏の説に賛成し、次のように述べている。

　　この時期（縄文中期、筆者注）には人々はしばしば、住居の入り口に、甕の形をした深鉢型の土器を、口あるいは土器が土中で逆立ちをしている場合には底の部分が、床とほとんどすれすれになるようなやり方で、埋めることをしていました。専門家の人々によって「埋甕」と呼ばれているこの習俗は、縄文考古学の権威者の渡辺誠氏によって、死んだ赤児の一日も早い再生を願ってされたものだったと明快に説明されています。つまり当時の人々は、死んで生まれたり、生まれてすぐ死んでしまった赤児を特別に憐れみ、このようなやり方でその子の母親になる女性が、いつもまたいで通る場所にわざわざ、地母神の子宮を表わした甕に入れて、埋葬してやっていました。そうすればその甕の上を母親がまたぐときに、そこに埋葬されている死んだ赤児の魂が、地母の子宮を出て母の股間から胎内に入り、また妊娠されて再生できると、信じられていたからだというのです（吉田 2018, 42）。

　吉田氏によれば、住居は大地母神の子宮、そこへの通路は女神の産道である。埋甕もまたそれ自体女神の子宮を表す。容器型土偶の女神の体内に赤子の骨を入れたように、死んだ赤子をこの甕に入れて土中に埋めてやりその子の再生を祈願することが、この埋甕のような形でも表現されていたのだという（吉田 2018, 41–48）。
　ところで埋甕の習俗の目的について、死産児や幼児を埋葬するための施設だとする解釈の他に、「胞衣」を埋納するための施設だとする説もある。胞

衣（後産）とは、子宮内で胎児を包んでいた卵膜と胎盤のことで、子どもが生まれた後、これが体外に排出される。生まれた子どもを覆っていた胞衣を家の出入り口や床下に埋めることは、近代まで日本に広く行われていた。したがって埋甕については、胞衣埋納説の立場を取る研究者も多い。[2]

　しかし一方で死産児や幼児の遺体を家の床下などに埋める風習も、かつてやはり広く行われていたことが知られている。そこで生物史学者の中村禎里氏は、埋甕は死産児・幼児埋葬にも、胞衣埋納にも使用された可能性があり、埋甕のすべてがどちらか一方だとするのは難しいとする（中村禎里 1999, 167）。また考古学者の桐原健氏も、死産児と胎盤をその子の再生を願って同じ埋甕に入れる場合もあったのではないかと考えている（桐原 1998, 193–194）。

　つまり埋甕は、死産児・幼児の遺骸か、胞衣、あるいはその両方を埋納した施設で、いずれにしても大地の母神と子どもの魂に深く関わる遺物だということができる。ただ、死んだ子どもの再生を願う幼児埋葬の場合に比べ、胞衣埋納の場合はその目的がややはっきりしない点が問題である。

3. 胞衣の民俗

（1）なぜ胞衣を埋めるのか

　前に述べたとおり、胞衣とは、母親の子宮の中で胎児を覆っていた卵膜と胎盤のことで、胎児は臍帯によって胎盤と繋がり、ここを通して胎児に必要な酸素や栄養などと、二酸化炭素や排泄物などが交換される。子どもが生まれたあと、胞衣が速やかに母体から排出されることで無事に出産が終わる。

　胎児を包んでいた胞衣を家の出入り口の敷居の下やその付近、あるいは床下などに埋める習俗は、北海道から沖縄まで日本各地で広く行われていた。[3] 近世初期の武家産式書や女性向けの礼式書・便利書などにも、武家や庶民が胞衣を桶などに入れて敷居下、床下などに埋めたことが記されているという（中村 1999, 62–68）。

　胞衣が排出されたということは、多くの場合無事に出産が済んだということである。ではなぜ、何のためにわざわざ特別に手間をかけて埋めるのだろうか。各地の言い伝えでは、多くの人に踏まれると生まれた子が丈夫に育つ、胞衣の上を最初に通ったものをその子は生涯恐れるので父親に踏ませ

る、男の子なら筆と墨、女の子なら針と糸などを一緒に埋めて技術の上達を願うなどという。あるいは逆に、埋め方が悪いと子どもが夜泣きをする、病気になる、災難に遭うなどともいう。[4] つまり胞衣は生まれた子どもと密接な関係を持っているので、その子の健やかな成長を願って注意深く埋めるのだと説明されている。

　ところで胞衣を埋める場所は、便所の出入り口やその付近、家畜小屋、屋敷や庭の隅なども多いが、家の出入り口、床下とするものがもっとも多い。家の出入り口へ埋設することは、縄文時代の埋甕が竪穴住居内の出入り口に埋められたことと一致する。中村氏が指摘しているように、竪穴式住居のような古来の地床式の住居だけでなく高床式の住居が普及していくにつれて、胞衣を「床下」に埋めるやり方も増えていったのだろう。縄文時代の埋甕が埋設された家の出入り口が、大地母神の胎内へ通じる入り口であったとすれば、床下もやはり、地下世界と床上の人間世界との中間点であり、大地の母の国に接する出入り口として相応しい位置である。

　近代の伝承では、子どもが丈夫に育つように「胞衣を人が良く踏むところ（戸口や土間など）に埋める」とも、「人が踏まないところや日陰（床下など）に埋める」ともいう。一見すると正反対の伝承だが、どちらにしても埋められた胞衣の上を母親が跨ぐことになるのは共通しており、それも縄文時代の埋甕の場合と同様である。

　また胞衣を入れる容器には、壺や土瓶、箱などが使われることが多い。ここではとくに土瓶が用いられている点が注目される。土瓶は密封された容器ではなく、注ぎ口となる部分が開いている点に特徴がある。開口部を持つという独特の性質は、縄文時代の多くの埋甕の底部が欠損していたことと共通する。埋甕の底を開けて大地に埋めるのは、死んだ子どもの魂が大地の子宮と母親の胎内との間を行き来するのを妨げないためだと解釈されていた。胞衣を入れる容器として開口部のある土瓶をわざわざ選ぶことにも、やはり子どもの魂の出入りへの配慮が認められるのではないかと思われる。このように縄文時代の埋甕と胞衣埋納の習俗の共通性はきわめて高い。

　ところで胞衣に、頭付きの魚を添える風習が、岩手、長野、三重、山口、香川、長崎など各地に散見される。[5]

　　胞衣・臍の緒は折り箱に入れ頭付き干し魚二尾を入れて縁の下に埋める

者もある。（岩手県）[6]

　庭の出入り口の頻繁なところを掘って頭付きの小魚を上に置きともに埋める。（香川県）[7]

　一方で死産児や幼児を埋葬するときにも、同じように子どもに魚を添えたり咥えさせたりすることがあった。そうすると次に完全な子が生まれる、あるいは直ちにまた妊娠できるという。[8] 民俗学者の柳田国男氏はこの風習について、死んだ子どもが早く再びこの世に出て来やすくするためだとして、次のように述べている。

　　青森県の東部一帯では、小さな児の埋葬には魚を持たせた。家によっては紫色の着物を着せ、口にごまめを咥えさせたとさえ伝えられる。(中略) 生臭物によって仏道の支配を防ごうとしたものらしく、七歳までは子供は神だという諺が、今もほぼ全国に行われているのと、何か関係のあることのように思われる。津軽の方では小児の墓の上を、若い女を頼んで踏んでもらう風習もある。魚を持たせてやる南部の慣行とともに、いずれも生まれ替わりを早くするためだということを、まだ土地の人たちは意識しているのである（柳田国男 1990, 201）。

　死んだ子どもに魚を持たせることで、その子の早い再生を願ったのだとすれば、同じようにして胞衣に魚を添えることで期待されたのは、子どもを養う胞衣自体の速やかな再生だったと思われる。つまり胞衣＝母の子宮の生産力を回復させることである。
　胞衣を埋める際に、桟俵（米俵の両側の蓋）で覆ったり、胞衣と一緒に米粒を入れたり、産湯を注いだりすることが各地で報告されている。[9] ここにも米や湯の生命力を胞衣に与えることによって、再び子どもを生む力を回復させようという意図が見うけられる。
　中村禎里氏は、胞衣を「生命の根」のようなものだとする。胞衣は、植物の地下部のような存在で地上部を再生する能力を持ち、生命の根として生産力を発揮してその上を通る母親を新たな妊娠に誘う（中村 1999, 119）。

産婦自ら自身の胞衣に腰かけると産後の肥立ちがよいという。(愛媛県越智郡波止浜町)[10]

産婦が出入り口から用便に通ってその納めた上を踏むと後子を早く孕むのでこの場所を選ぶのだともいう。(沖縄県八重山群島)[11]

後子の遅い婦人はその胞衣を納めた上に放尿すると早く孕むという。(同八重山群島)[12]

　このような言い伝えは、母親が胞衣を跨ぐことで母体が回復して新たに妊娠するのを期待するものである。
　こうしてみると胞衣を丁寧に埋納してわざわざその上を跨ぐのは、すでに生まれた子どもの成長を促進するためだけではないと思われる。その目的は、子どもが生きて生まれたか、死産であったかに関わらず、死産であればなおのこと、出産を終えた母親に再び妊娠する力を回復させることにあったのではないかと考えられる。つまり役目を終えて「破れた胞衣＝母親の子宮」を、大地母神の体内に帰すことで修復し、大地が生み出す新たな子どもの魂を再び受胎できるようにするためである。同じようなやり方で行われる胞衣埋納と死産児・幼児埋葬の背後には、大地の胎内に帰した胞衣と子どもの再生を求める共通した考え方を認めることができる。それはどちらも、縄文時代に遡る古い世界観を基盤とするものだと思われる。

（2）破れた胞衣を修復する物語
　出産の際、胞衣を被ったまま子どもが生まれてくることがある。そのような子のことを「袋子」と呼び、「袋をかぶって生まれることがよくあるから、生まれるとすぐ泣き声がしない時は早く見て袋をかぶっていたら袋を破ってやらないと死ぬ」[13]などという。
　袋子が生まれるのは「めでたいことだ」(長崎県対馬)[14]、「出世する」(福岡県山門郡)[15]、「顔が美しい」(福井県坂井郡)[16]などと伝えられる。しかしその一方で忌み言葉ともされ、袋子が生まれるから妊婦は「袋物を縫ってはならぬ」(大阪府泉北郡)[17]などともいわれるような、両義的な存在である。飯島吉晴氏によれば、袋子の伝承は文献上でも平安時代まで遡るとい

う。[18]

　母親のことを「お袋」と呼ぶように、「袋」というのは子どもを包む母胎としての胞衣を表す比喩として、きわめて分かりやすい。この「袋」が重要な役割を果たす昔話がある。継子いじめの昔話で「米福粟福」などと呼ばれ、東日本・北日本を中心に広く分布する。

　主人公の名前は地域によって異なるが「米福、粟福、糠福」など、「〜ぶく」と伝承されることが多い。その中で「米袋、粟袋、糠袋」というように「〜ぶくろ」と呼ぶ地域があることが注目される。この名はこの話の主人公が本来、袋と深く結びついた「袋子」の同類であることを示唆している。

　物語は、娘が継母から底に穴の空いた「破れた袋」を持たされて、山に木の実を拾いに行く場面から始まる。

　　おふじとおたまの姉妹。おふじは継子。母親が二人に袋を与えて椎拾いにやり、妹には姉のあとをついていけという。姉が椎を拾っていると髪を乱した女が現れ、袋の穴を縫ってやり、その間に髪をすかせる。帰りに家の戸棚に着物と下駄があると教える。その女はおふじの亡母であるという。大名が姉妹の家に立ち寄る。お茶を汲んで妹は失敗をする。姉は戸棚の着物をさがして着る。お茶を汲んで、それから後で大名のところに行く。「今まではふじやたまやと呼ばれたが咲いていくぞやふじの花」という歌がある。(静岡県賀茂郡)[19]

　　お糠とお米、お糠が継子。姉妹は栗拾いに行く。継子の袋は穴があって少しもたまらない。お糠の昼飯の団子は糠の中に灰が入っており、お米のは白くて甘い。小川に投げるとお糠のは浮かんで流れ、お米のは沈む。姉妹は仲が良くお米はお糠にやる。お米は一人で家に帰る。お糠は母の墓前で泣いていると墓が二つに割れて亡母が現れる。欲しいものは何でも出る袋と栗を一粒くれ、鍋に入れて煮よという。家に帰ってお糠は栗を煮て姉妹で町に売りに行くが、お米のは売れない。継母はお米を連れて弥彦に参詣し、お糠には石臼を挽き据風呂を湧かしておけといいつける。お糠も亡母からもらった袋から着物を出して弥彦参りに行く。お米と継母に会う。お糠は先に帰ると石臼も風呂もできている。お米は弥彦でおまえに似たものに会ったという。殿様がお糠を嫁にもらいに来

る。継母はお米をやろうとするので、殿様は酒をつくらせる。継母がき
かないので、梅の枝に雀を止まらせて折らせる。殿様はお糠をもらって
帰る。(新潟県西蒲原郡)[20]

　娘は傷んだ袋を携えて山奥に入り、そこで母の霊と出会って袋を繕っても
らう、あるいは何でも生み出す新しい袋をもらう。こうして継子が生還する
と、その袋から着物や宝物が出て娘は幸福な結婚をする。虐げられて山を彷
徨っていた娘は、立派な美しい娘となって再生を遂げたのだ。
　この昔話において、実母を失った娘が持っていた「破れた袋」は、子ども
を生み養い育てる力を失った母の「胞衣」である。この袋は一種のあの世で
ある山奥に持ち込まれることで、母の霊や山姥などの力によって修復されて
その機能を回復させ、美しい娘や富を生み出した。つまり主人公を再生させ
る「子宮＝こぶくろ」としての力を発揮できるようになった。
　この昔話は「破れた胞衣が母神の力で修復され、再び生み出す力を獲得す
る物語」として読むことができる。胞衣埋納の習俗において求められていた
のも、出産を終えて破れ傷ついた胞衣が大地の母神の力によって再びその生
産力を回復し、また子どもを生み出すことだったのではないだろうか。

（3）胞衣を被る水子の霊

　江戸時代の中頃まで、胎児は出産直前までは子宮の中で直立していると考
えられていた（中村 1999, 71）。そのため胞衣はしばしば、胎児の頭を覆っ
て保護する「被り物」（蓑笠、傘など）としても表現されてきた。
　とくに絵画などにおいて、胞衣は「蓮の葉」として描かれることがある。
江戸時代の女性用教訓書『女重宝記』三（苗村常伯撰）には、母胎内での
十ヶ月間の胎児の姿を描く「胎内十月図」と呼ばれる絵が掲載されている。
ここに描かれた九ヶ月目の胎児の姿を見ると、胎児の頭は逆さまの蓮の葉で
覆われ、その蓮の葉の茎は臍の緒と繋がっている。（図5）川村邦光氏や飯
島吉晴氏が指摘しているように、このような蓮の葉が胞衣を表していること
は明かである（飯島吉晴 2001, 252-255; 川村邦光 2000, 134）。
　このように生まれる直前の胎児が蓮の葉を被った姿で描かれた一方で、流
産したり間引かれたりして死んだ水子の霊もまた、蓮の葉を頭に被った姿で
表現された。井原西鶴の『好色一代女』巻六には、格子窓の内側にいる女性

図5　苗村常伯撰『女重宝記』巻三（部分）

図6　井原西鶴『好色一代女』巻六

の前に、大きな蓮の葉を被った水子の霊たちが腰から下を血に染めて泣きながらさまよう姿が描かれている。（飯島 2001, 252–255）（図6）

　また山東京伝の『本朝酔菩提』巻之一に掲載された「賽之河原図」にも、

図7　山東京伝「本朝酔菩提」巻之一

蓮の葉を被った水子たちが地蔵菩薩のもとへ救いを求めて這って行く姿が描かれ、本文には、水子たちは「胞衣を頭に被りつつ、花折る事も叶はねば、河原に捨てたる枯花を、口にくはへて痛しや、仏の前に這行きて、地蔵菩薩に奉り、錫杖衣に取り附いて、助け給へと願ふなり」とある。[21]（図7）つまり子どもの魂、とくに早く死んだ子どもや水子の魂は、成仏できずに胞衣の蓮の葉を被って再生の機会を求めてさまよっていると考えられていたことがわかる。このような水子の姿は、破れた袋を手にして山中をさまよう米福粟福の姿を彷彿とさせる。

　ところで胞衣を被るのは、水子だけとは限らなかったようだ。中世末期から江戸時代にかけて作られた「熊野観心十界曼荼羅」には、人間の誕生から死、そして地獄などを経て再生するまでの遍歴が描かれているが、そこに描かれた死後の世界の中には蓮の葉を被った成年男女の姿も見える。川村邦光氏は、彼らが被った蓮の葉の笠は再生のシンボルとして胞衣を表象しており、この男女がこれから成仏して生まれ変わろうとしていることを示してい

194

るという（川村 2000, 138/185）。活力を取り戻した新たな蓮の葉の胞衣を被ることが、幼児や死産児に限らず基本的にはすべての人間の魂の再生のために必要なことなのだろう。

4. おわりに

　私たちの社会においては古くから、人間の魂は大地の母神の胎内から生み出され、人間の母親の母胎を通ってこの世に誕生し、やがて老いて死んで大地に埋葬されて母神の胎内に帰って行く。そして母神の子宮で再び妊娠され、いつかまた地上に生まれ出ると考えられてきた。しかし死産児や生まれてすぐに死んでしまった子どもに対しては、このような魂の循環を待ちきれない思いがあるように思われる。

　無事に子どもを生んだ母親は、破れた胞衣を甕に入れて大地の胎内で繕ってもらい、また新たに妊娠する力を回復することを願う。しかし死産であったり、生まれて間もなく子どもが死んでしまった場合には、その子どもたちの魂は、胞衣＝母胎との絆を残したまま、まだ家の近くをさまよっている。だからその子の遺骸と胞衣を、大地母神の子宮を表す甕に入れて家の出入り口に埋め、その上を母親が跨ぐことで、回復した母胎に新たな胞衣を被った子どもが帰ってきてまた宿ることを願う。

　子どもの魂の再生や母体の回復に対するこのような考え方は、もちろん仏教等の影響も大きく受けているだろうが、その本質的な部分は、縄文時代まで遡る私たちの古い世界観に根ざしたものだと考えられる。

注

1) 吉田敦彦 2018、1995、1993、他。
2) 引用した文献において木下忠 2000、桐原健 1998 もこの立場を取るが、幼児埋葬の可能性を完全に否定するものではない。
3) 恩賜財団母子愛育会編 2008、大藤ゆき 1968。
4) 注 3 参照。
5) 注 3 参照。
6) 恩賜財団母子愛育会編 2008、243 頁。
7) 同書、254 頁。
8) 注 3 参照
9) 注 3 参照
10) 恩賜財団母子愛育会編 2008、254 頁。
11) 同書、257 頁。
12) 同書、257 頁。
13) 同書、317 頁。
14) 同書、256 頁。
15) 同書、256 頁。
16) 「フクロゴ」民族学研究所編 1955。
17) 同上。
18) 飯島吉晴（2001）は胞衣をめぐる民俗、伝承について詳しく論じている。筆者は『古事記』に登場する「袋を担いだオホクニヌシ」にも袋子の性質が認められると考える（古川のり子 2009）。
19) 関敬吾 1978、89–90 頁。
20) 同書、92 頁。
21) 山東京伝 1918、247 頁、飯島吉晴 (2001)、川村邦光（2000）参照。

参考文献

飯島吉晴 2001：「胞衣のフォークロア——胞衣の境界性」筑波大学民俗学研究室編『心意と信仰の民俗』吉川弘文館。
梅原猛・渡辺誠 2003：『人間の美術 1　縄文の神秘』学習研究社。
大藤ゆき 1968：『児やらい』岩崎美術社。

恩賜財団母子愛育会編 2008：『日本産育習俗資料集成』日本図書センター。
川村邦光 2000：『地獄めぐり』筑摩書房（ちくま新書）。
木下忠 2000：『埋甕　古代の出産習俗』雄山閣出版（POD 版）。
桐原健 1998：『縄文のムラと習俗』雄山閣出版。
山東京伝 1918：「本朝酔菩提」巻之一『昔話稲妻表紙・本朝酔菩提』有朋堂書店。
関敬吾 1978：『日本昔話大成』5、角川書店。
中村禎里 1999：『胞衣の生命』海鳴社。
古川のり子 2009：「袋＝胞衣を被った子どもたち――誕生・結婚・葬送の民俗と神話・昔話」東洋英和女学院大学死生学研究所編『死生学年報 2009』リトン。
民族学研究所編 1955：『総合日本民俗語彙』3、平凡社。
柳田國男 1990：「先祖の話」『柳田國男全集』13、筑摩書房（ちくま文庫）。
吉田敦彦 1993：『縄文宗教の謎』大和書房。
吉田敦彦 1995：『日本人の女神信仰』青土社。
吉田敦彦 2018：『女神信仰と日本神話』青土社。
渡辺誠 1970：「縄文時代における埋甕風習」『月刊考古学ジャーナル』40 号。

図版出典

図1　東京国立博物館編『縄文――一万年の美の鼓動』NHK・朝日新聞社、2018 年、80 頁。
図2　梅原猛・渡辺誠『人間の美術 1　縄文の神秘』学習研究社 2003 年、146 頁。
図3　茅野市教育委員会編『中ッ原遺跡　埋蔵文化財緊急発掘調査概要報告書』茅野市教育委員会、1998 年、図版 12。
図4　富士見町教育委員会編『唐渡宮　八ヶ岳南麓における曽利文化期の遺跡群発掘報告』富士見町教育委員会、1988 年。
図5　苗村常伯撰『女重宝記』巻三、宝永 8 年（1711）油屋版（国立国会図書館デジタルコレクション）。
図6　井原西鶴『繪入好色一代女』巻六、愛鶴書院、1927 年（国立国会図書館デジタルコレクション）。
図7　山東京伝「本朝酔菩提」巻之一『昔話稲妻表紙・本朝酔菩提』有朋堂書店、1918 年、244–245 頁（国立国会図書館デジタルコレクション）。

The Souls and Rebirth of Children

by Noriko FURUKAWA

How have the Japanese people thought about the whereabouts of the souls of children who died too young, or of stillborn children? Through ancient myths, Jōmon period religion and burial customs, traditional folk tales of young women wandering with "torn bags" (wombs), and the modern custom of burying the placenta, it is made clear. While the soul of the deceased child is thought to still be nearby, people would place the child's body and placenta into a container representing the womb and bury it in the ground, in the hopes that the child's soul would quickly reappear in the mother's womb, restored to vitality by the power of the great mother goddess. This way of thinking is rooted in an ancient worldview dating back to the Jōmon period.

〈論文〉
コロナの時代とフランクルの『夜と霧』

秋本　倫子

1. 初めに　『夜と霧』との出会い

　『夜と霧』は、オーストリアのユダヤ人精神科医 Viktor E. Frankl（以下、「フランクル」という）が、ナチス・ドイツの強制収容所から奇跡的に生還し、そこでの体験を「一心理学者として」記した書で、世界的なベストセラー、ロングセラーである。Viktor Frankl Institut Vienna（2020）によれば、現時点で 50 ヶ国語に翻訳されている。日本では、霜山徳爾による翻訳で『夜と霧　ドイツ強制収容所の体験記録』としてみすず書房より 1956 年に出版され、発売 2 ヶ月で 12 刷、という大変な勢いで売れ（河原 2017, 45）、「空前のベストセラーとなり、それから半世紀を超えた今でも、みすず書房の売れ行き No.1 の本である」、そして、この 1 冊の本との出会いが、小さな出版社であったみすず書房を支えただけでなく、「100 万近い日本の読者の心に届き、この国の「良心」を支えつづけている」(みすず書房トピックス アーカイブ) という。さらに、霜山訳、フランクル自身が改訂して出版した 1977 年版を訳した池田香代子訳『夜と霧　新版』(2002) 共に、コロナの自粛期間の影響か、現在では電子書籍化され、一般の読者に一層届きやすくなっている。

　学生時代、筆者は上智大学で霜山ゼミに属していたので、当然のように霜山訳の『夜と霧』を購入はしたものの、正直なところ、大して真面目に『夜と霧』を読んでいたとは思われない。末尾に強制収容所の残虐行為を伝えるショッキングな写真が収められていて、何度も開けて見るに堪えなかった。

　"真面目に"じっくり再読したのは、多分、東日本大震災が起こってからである。あのときは、日本の半分が海に沈んだような感覚を持ち、この国は今になくなってしまうのでは、と思った。身近なところに直接的に犠牲になった人はいなかったのだが、東京にいても、繰り返し余震を体験したし、

町中、電車の駅も計画停電で火が消えたように暗く、テレビから賑やかな番組が消えて、沈鬱ムードが漂っていた。前期授業いっぱいかけて、ゼミで、学生たちと池田訳『夜と霧　新版』を熟読した。学生たちも疲弊していたが、当時は筆者も、心身共にエネルギーが低下した状態にあって、先の目標を見出せなくなっていた。『夜と霧』から、どのような状況にあっても生きる意味があり、私たちは人生からの問いに答えるべく要請されている、という、明確なメッセージを受け取ったのはこの時だった。この年に、筆者は、「V. E. フランクル『夜と霧』再訪──"運命"の生き方──」（秋本 2012）という小論を書いたが、それは、霜山徳爾の教え子の一人として本学に身を置いていることの意味を自身に問い、自身を鼓舞するためでもあった。

　このたびは、新型コロナウィルス感染症感染拡大、である。それは、ほとんど得体の知れないものとして突如やってきて、誰もが感染するかも知れない、また死にも至り得る可能性をほとんどすべての人、全世界に突き付けた。これを書いている 2020 年 11 月 24 日現在で、日本国内の累積感染者数は 13 万 3087 人、死者は 1995 人（日本経済新聞 2020）、全世界での感染者数は 5900 万人を超え、死者数も 140 万人に迫っている（Johns Hopkins University & Medicine Coronavirus Resource Center 2020）。一時減少したかに見えた感染者数が秋になって再び増加し始め、第 3 波、と言われ、緊迫感が増してきている。ワクチンの成功が報道される一方で、未だウィルス自体は終息の気配がない。現時点での、感染者数と死者数を見ると日本は深刻さの度合いが低いように見えるが、自殺が急増しており、2020 年 10 月の自殺者数は 2153 人と新型コロナウィルス感染による死者数を超えている（警察庁 HP 2020）。これには暗澹たる気分にさせられる。

　この未曾有の状況に生きる私たちに、『夜と霧』は、フランクルは、何を教えるだろうか。

2. 霜山徳爾とフランクル

　筆者は、先に、霜山徳爾という人を介して、その向こうに透けて見えるフランクルを知っていた。そこで、フランクルとその書を日本に紹介した霜山徳爾について少し述べておきたい。霜山は、本学、東洋英和女学院大学において創立時より教鞭を執り、本学における死生学および臨床心理学教育の創

始に大きく貢献があった人でもある。本人（霜山 2006, 6）および、かつて
霜山が講師、理事をしていた東京保育専門学校の校長であった畑島（畑島
2006, 13–15）によれば、霜山は、大正 8 年（1919）東京生まれ、戦時下
に東京大学文学部心理学科で学ぶも、戦況の悪化により半年繰り上げ卒業と
なり、昭和 18 年（1943 年）学徒出陣で戦地に赴く。太平洋戦争中、海軍
予備士官として過ごしたが、同期の 3 分の 1 以上が戦死したという。戦後、
飢えに苦しむ窮乏生活を送りつつ、成蹊高等学校教授を経て、昭和 30 年よ
り平成 2 年（1990 年）まで上智大学での心理学、特に臨床心理学教室の設
立と発展に尽力した。霜山が目標とした教育水準は高く、実際、ゼミは厳し
いことで有名だった。自らが 3 年次の演習について「これは、将来、臨床
心理学を専攻しようとするプロのためのゼミであり、宿題や試験も多く、き
わめてハードなゼミで、例年ドロップアウトする者も多いので、それ位なら
始めから選択しないことをすすめる。（中略）教員も厳格な上に老年期痴呆
の症候を有し、とかくの風評のある人物であるからなるべく避けた方がよい
と思われる」（霜山先生に感謝する会 1990, 223）と紹介していたにもかか
わらず、そして、ドロップアウト率が実際に高かったにもかかわらず、上智
大学の心理学科で一番人気のゼミだった。実際には学生を見棄てることのな
い、温かい人柄であった。それへの返礼として、卒業生も、「霜山先生の面
倒を一生見る会」を結成していた。しかし、霜山の授業やゼミで私たちは、
心理療法の具体的な理論や技術を細かに学ぶことはほとんどなかった。霜山
の弟子はおそらく皆異口同音に言うであろうが、授業は、漢詩や短歌、俳句
も含む古今東西の文学や思想を散りばめた文学や哲学のようであり、しばし
ば挿入される難解な語句や英語、ドイツ語、フランス語の専門用語に引っか
かりながらも、詩の朗読を聴くようであった。霜山は、臨床にはスキルより
むしろ、人間観、哲学が重要とする立場だった。

　授業の中で、また、霜山の著作を通して繰り返し語られていたのが、フラ
ンクルとの出会いである。戦後、ボン大学に留学していた際に、書店で偶然
見つけた小さな「初版で粗末な装丁の本」（霜山 2005, 57）が『夜と霧』の
原書『一心理学者の強制収容所体験』であった。フランクルとの出会い、交
流は、よほど印象深かったものと見えて、様々な書の中に、微妙に筆致を変
えて書かれている。

　たとえば、霜山訳『夜と霧』訳者あとがき（フランクル 1961, 206–208）

には、以下のようにある。

> 私はウィーンに彼を訪ねたことを想い出す。彼は心から親切にこの東洋の一心理学者をもてなしてくれ、数日のウィーン滞在中あらゆる便宜を私のために計ってくれた。快活、率直な彼の人となりにひかれ、私は彼と十年の知己の如く親密になった。しかし最も印象的だったのは、ウィーンの郊外の森の有名な旗亭アントン・カラスでワインの盃を傾けながら、彼からアウシュヴィッツの話をきいた時であった。謙遜で飾らない話の中で私を感動させたのはアウシュヴィッツの事実の話ではなくて……それは別のルポルタージュで私はよく知っていた……彼がこの地上の地獄ですら失わなかった良心であった。

　池田訳『夜と霧　新版』に寄せた文章の中では、これに続いて、二人共が、グスタフ・マーラーの『大地の歌』を好むことがわかり、暗い夜道で一緒に声を張り上げて歌ったこと、最初の1章の「大地の哀愁に注ぐ酒の歌」の、各節についた「生も昏し、死も暗く」とうリフレインを「共に歌いながら帰ってきたのだが、明るく強い彼の言葉に陰翳のようにあるもの、彼の彼の世界観の深い底にある哀しさ、を示しているかのようであった」（霜山 2002, 159–164）ことが書かれている。
　深い傷を負った留学中の霜山に、この世の地獄を経験し尚且つほとんどの身内をナチスに殺されながら快活で明るいフランクルは強い印象を与えた。そして、その明るさは「生来の楽天性」によるのかも知れなかったが、他方でその内部に深い哀しみや苦悩があるのがふと垣間見え、それは長調と短調が入れ替わるマーラーの調べとも相俟って、霜山の深い共感を呼んだのであろう。霜山の出版に関する執筆活動は、「翻訳から始まっているということであり、自著本の出版を間に、全ての翻訳本は全てフランクルによって占められていて、それはそのまま、德爾とフランクルとの関係の濃密さを物語っている」（畑島 2006, 73）という。霜山の初期の著作の中には、フランクルと自身の思想が一体化しているようなところも見受けられる。そして、「人間学的」と言いつつも特定の流派に依らず自称「一匹狼」（霜山先生に感謝する会 1990, 335–336）だった霜山の最後の書となったのは、86歳で出版された『共に生き、共に苦しむ私の「夜と霧」』（霜山 2005）だった。霜山

にとっての「夜と霧」も戦争体験である。「共生共苦」は、霜山が生涯、臨床のモットーとした姿勢であるが、フランクルのそれと重なる。「苦悩することが意味に満ちているのと同じように、苦悩を共に遂行すること、共に苦悩することも意味に満ちています」（フランクル 2004, 219）とフランクルは書いている。

　では、『夜と霧』には何が書かれていたのか。

3. 『夜と霧』とは何か

　『夜と霧　新版』（ここでは、現代の読者によりわかりやすい池田訳を引用する）は、「『心理学者、強制収容所を体験する』。これは事実の報告ではない。体験記だ」（フランクル 2002, 1）で始まり、この書が、ホロコーストのルポルタージュではなく、あくまでもフランクルという個人の体験を書いたものであるという断り書きがある。しかし同時に、心理学者として、「すでに数十年前から知られている拘禁にかんする心理学や精神病理学に寄与するものである」（フランクル 2002, 9）ともある。そこで、主観的な記録と客観的な論考、という意見相容れない二つの観点から、強制収容所生活における心理状態の変化が、第1段階　収容、第2段階　収容所生活、第3段階　収容所から解放されて（解放と解放後）と、段階を追って描かれている。これらは、他の被収容者を観察した内容と、フランクル自身の体験がないまぜになった形に見える。

　第1段階（フランクル 2002, 11–32）では、「アウシュヴィッツ」に到着したときの、ショック、恐怖、そこから楽天主義が顔を出して「恩赦妄想」に似た形で希望にしがみついたこと、たった一人の親衛隊高級将校が人差し指をかすかに右か左に動かす方法で、生き残れるか、ガス室送りになるかの「選別」が行われたこと、全てを取り上げられて、「それまでの人生をすべてなかったことにした」こと、「やけくそのユーモア」や「好奇心」が生まれたこと、「人間にはなんでも可能だ」ということを驚きを持って認識したこと、そして、「ある世界をふまえた基本姿勢」から、「鉄条網に走らない」、つまり自殺はしない、と決意したこと、などが書かれている。

　第2段階（フランクル 2002, 33–140）では、何を見ても感動が消滅した状態（アパシー）になり、醜悪なものへの嫌悪感やサディスティックな行為に対する苦痛

の感情が消滅し、冷淡、無関心になっていったこと、それが精神にとって必要不可欠な自己保存メカニズムだったこと、飢えに苛まれ、食べ物をめぐる夢や日常の想念に表れたこと、しかし、あらゆる高次の関心が引っ込む中で、政治への関心と宗教への関心だけは例外であり、むしろ内面的・精神世界、たとえば妻についてのありありとした空想やたまに接する芸術や美しい自然、が重要性を増すようになっていったことが書かれている。第1段階でも「やけくそのユーモア」（フランクル 2002, 24）があったが、ここでも生きるための「ユーモアへの意志」について書かれている。強制収容所では、被収容者は番号として扱われ、個々人の命は全く問題とされず、とことん貶められた。監視兵の気まぐれにより生死が翻弄されるような生活、それに空腹と睡眠不足が加わると、自分は単に運命のたわむれの対象であると考えるようになり、自ら決断を下すということから退く。未来に希望を失い自己放棄に陥った被収容者は死に至る。そのような中で、「生きることの問い」についてのフランクルの核となる考えが展開されている。

　　ここで必要なのは、生きる意味についての問いを180度転換することだ。わたしたちが生きることからなにを期待するかではなく、むしろ生きることがわたしたちからなにを期待しているかが問題なのだ（フランクル 2002, 131）。

さらに、以下が続く。

　具体的な運命が人間を苦しめるなら、人はこの苦しみを責務と、たった一度だけ課される責務としなければならないだろう。人間は苦しみと向き合い、この苦しみに満ちた運命をともに全宇宙にたった一度、そしてふたつとないあり方で存在しているのだという意識にまで到達しなければならない。だれもその人から苦しみを取り除くことはできない。だれもその人の代わりになって苦しみをとことん苦しむことはできない。この運命を引き当てたその人自身がこの苦しみを引き受けることに、ふたつとないなにかをなしとげるたった一度の可能性はあるのだ（フランクル 2002, 131）。

　本来なら一刻も早く逃げたいはずの苦しみを、「たった一度だけ課される責務」（フランクル 2002, 131）と考え、むしろ何かを成し遂げる唯一のチャンスと考える。通常なら思いつくようなことではないが、これは、最もマイナスの状況を最もプラスに反転させる、究極の方法である。これは、「生き延びる見込みなど皆無のときにわたしたちを絶望から踏みとどまらせる、唯一の考えだった」（フランクル 2002, 131）という。

　ある日の夕方、フランクルは、自己放棄、精神的な崩壊による次の犠牲者が出ることを未然に防げるよう、「少しばかり解説してもらいたいのだが」と、居住棟の班長から依頼され、「魂を教導」した。「生存率は 50％」と見積もる中で、「人間が生きることには、つねに、どんな状況でも、意味がある、この存在することの無限の意味が苦しむことと死ぬことを、苦と死をもふくむのだ」と告げ、犠牲にも意味があることを語った。その結果、「居住棟の梁に電球がひとつともった。そしてわたしは、涙を浮かべてわたしのほうへ、礼を言おうとよろめき寄ってくるぼろぼろの仲間の姿を見たのだ」（フランクル 2002, 146）。フランクル自身も死を覚悟する中で、生のみならず、犠牲になること、死も意味があると、つまり全ての状況に意味があると語った。それは、少なくとも確実に一人の被収容者、そしておそらくは多くの被収容者を勇気づけたのである。

　第 3 段階（フランクル 2002, 33–140）は、ついに強制収容所から解放され、ゲートが開く日が来たが、急激な変化により完全な精神的弛緩、強度の離人症症状、語ることの心理的強迫が起こり、数日を経て感情、歓喜がほとばしった過程が書かれている。しかし、収容所の生活から日常生活に戻るのは決して平坦ではなく、「強制収容所から解放された被収容者はもう精神的ケアを必要としないと考えたら誤り」で、むしろそこからが精神医の使命が始まることが示唆されている。そして、そこには、フランクル自身、「誰かが待っている」希望にすがり、「母と妻との再会という未来のみが私を奮い立たせていた」（フランクル 2019, 63）。ところが、母親はアウシュヴィッツで、妻のティリーはベルゲン＝ベルゼン強制収容所で亡くなっていて、もはや会うことが叶わないという残酷な現実に迎えられ、これ以上はないほどの悲しみ、喪失、絶望と喜びの喪失、を経験する。この「自分は考えられるかぎりの苦悩のどん底にたっしたと、何年ものあいだ信じていた人間が、いまや苦悩は底無しで、ここがもっとも深いということはないのだと、そして

もっともっと深く、もっともっと落ちていくことがありうるのだ、と見定めてしまうのだ……」（フランクル 2002, 155）という最悪の結果、予想を超えた試練にここで見舞われた。しかし、そこでまた、「……これを克服するのは容易なことではない。そうは言っても、精神医をめげさせることはできない。その反対に、奮い立たせる。ここには使命感を呼び覚ますものがある」（フランクル 2002, 156）と、自らを鼓舞する。こうして、この書は、その後のフランクルの再起と活動を予感させるところまでで終わっている。

　霜山訳の冒頭に添えられた「出版者」の解説では、フランクルは「自らユダヤ人としてアウシュヴィッツ収容所に囚われ、奇蹟的に生還しえた」とあるが、正確には、クリンバーグによれば、フランクルは約 2 年 7 ヶ月の間、四つの強制収容所を経験している。現在のチェコにあるテレージエンシュタットに 2 年 1 ヶ月留め置かれた後、ポーランドのアウシュヴィッツ、正確には複数ある「悪名高いその支所」（フランクル 2002, 2）（アウシュヴィッツ＝ビルケナウ）のうちの一つにいたのは 3 日間のみであったという。その後、ダッハウ強制収容所の支所であるカウフェリング第 3 収容所とトゥルクハイム（カウフェリング第 6）（ドイツ・バイエルン地方）に合わせて約半年間収容された後、ソ連軍により解放された（クリンバーグ 2006, 1, 169–223）。『夜と霧』は、これら四つの収容所をわたり歩いた経験を、時系列に沿って記述したものではなく、実は、ある意図に添ってまとめたものである。クリングバーグは、これを、「フランクルは、『夜と霧』でホロコーストの記録を試みたのではなく、他者を勇気づけるために、自分自身の経験から——彼の表現によれば——「なんらかの意味を搾り出す」ことを意図したのだ（クリングバーグ 2006, 2, 360–361）と述べている。また、「四つの強制収容所における彼自身の経験の個人的な叙述というよりは、むしろ具体的な例により、ロゴセラピーの核となる思想をわかりやすく説明することをめざした」という分析（フランクル 2019, 27）もある。精神医学の道に進んだフランクルは、実は、強制収容所に送られる十数年以上前の 1930 年代、20 歳代の頃に既に、ロゴセラピーの思想をほぼ体系化していた（フランクル 1998, 80）。ロゴセラピー（別称：実存分析）[1] は、「患者に彼の存在にかくれているロゴス（意味）を意識させる」（フランクル 2016, 23）分析的プロセスであり、①意志の自由、②意味への意志、③人生の意味の三つの概念

に基づく（フランクル 2015, 8）。フランクルが哲学を学んでいた高校生当時、ウィーンの高校生たちの間では、悲観的、無神論的なニヒリズムが蔓延し、自殺が多発していた。フランクルもその悲観主義に苦しめられたが、より肯定的で、宗教的ですらある視点に立つ実存主義哲学に触れてニヒリズムを克服し、「やはり人生には意味があるのだ」という希望を取り戻したという（クリングバーグ 2006, 1, 82–83）。強制収容所以前に、この青年期の実存的危機を経験し、人生の意味を重視する価値観の基を既に築き始めていたという。そして、1934 年から 1937 年の間に、自殺の危険がある 1200 人もの鬱病患者と接する中で、自殺の危険がある患者と付き合う技術を着実に磨いていき、人生に意味があれば患者は自殺願望から解放されると学んだ（クリングバーグ 2006, 1, 122）。

　つまり、『夜と霧』は、自らが期せずして自らによるロゴセラピーの実験台になった体験を通して、苦難のどん底にある人々を鼓舞し希望を与える目的でかなり意識的に書かれた本のようである。

4.『夜と霧』後　責任と愛

　しかし、『夜と霧』の結末にあるように、強制収容所から帰還したフランクルは、両親と弟、そして最初の妻ティリーを失くし、天涯孤独となった。「苦悩は底無し」（フランクル 2002, 155）とあったように、堪え続けた末に期待が裏切られた際の精神的苦悩は、強制収容所にいた時以上だったかも知れない。フランクルは、悲しみに打ちひしがれる中で、生き残った者として責務があること、そして、医師として心の復興を行う仕事があることを認識した。「生き残ったという事実を目の前にすると、生存者の責任、すなわち『サバイバーズ・レスポンシビリティ』を感じざるをえません」（フランクル 2019, 38）。「人生の喜びはもはや存在せず、あるのは義務だけです。僕は良心に支えられて生きているんです」（フランクル 2019, 57）。さすがに、そこには悲壮感を禁じ得ないが、フランクルを救ったのは、再婚相手となったエリー・シュヴィントとの出会いと愛であった。エリーは、フランクルの死後、彼女を訪問した朝日新聞記者の河原理子にこう述べている。「私たちが出会ったとき、彼は 2 冊の本を書き上げて、生きる意欲をなくしていた。私たちは食べるのも忘れて語り合い、彼は自分の苦悩を話してくれた。私は彼

の話に打たれ、この苦悩に満ちて悲しそうな人をどうやって救い出そうか
と考えた。彼は一通り話した後で終止符を打つように『もうこれで話した。
すべて終わりだ』と言ったの」（河原 2017, 236）。二人は深い愛で結ばれ、
フランクルによれば、「彼女は、私の講演旅行のすべてに同行しただけでな
く、光をもたらす暖かさそのものであった」（フランクル 1998, 151）。フラ
ンクルが 1950 年に出版した『苦悩する人間』には彼の直筆によるエリーへ
の献辞が残されていた――エリーへ　あなたは、苦悩する人間を愛する人
間に変えてくれました。ヴィクトール（クリングバーグ 2006, 2, 510）。フ
ランクルとエリーは、2 人で 50 年以上の間に 5 大陸の全てで講演旅行し、
1993 年時点で 1000 万 km 旅したと見積もられ、アメリカ合衆国のみで 92
回訪れている。数十万人がフランクルの講演を直接聴き、数百万人が講演記
録を読み、テープを聴いた（クリングバーグ 2006, 2, 432–433）。確かにフ
ランクルは大変エネルギッシュで雄弁な人ではあったが（その様子は、you
tube 動画でも観ることが可能である。さらに筆者は、1990 年代に、学会で
直接フランクルの講演を聴いたことがある）、フランクルが多くの著作を残
せたことは、エリーの口述筆記による助けがあったからであり、世界中を
回って講演できたこともエリーが同行したからであった。ふたりの会話は
ユーモアと遊び心にあふれていたという。『夜と霧』後のフランクルは、苦
悩する人間から愛する人間になっただけでなく、創造する人間にもなった。
夫妻を 7 年間取材したクリングバーグは、二人の間の深い愛情が「世界へ
の献身」に発展したと分析している（クリングバーグ 2006, 2, 14）。しか
し、フランクルが、人生の意味とそれに対する責任について頑固なまでに揺
るがない信念を持ち続けたのには、他の要因もあったのではないだろうか。

5. 信仰について

　実は、フランクルの人生観やロゴセラピーの基盤には、揺るがない信仰が
あった。彼はユダヤ教徒として、戒律、特に「父と母を敬うこと」を守る責
任を大きく捉え、両親のために敢えて亡命しないことを選択したほどであっ
た。両親の影響は大きく、「フランクルの心の錨は、つねに両親の信仰と希
望の中に下ろされていたのである」（クリングバーグ 2006, 1, 87）。フラン
クルは非常に宗教的な人、敬虔なユダヤ教徒であり、祈りの人でもあった

（クリングバーグ 2006, 2, 486）。「フランクルは慈悲に富んだ神の摂理に対する揺るぎない信仰を持ち続け、あるいは与えられた」のであり、「それは、神も —— 私たちのために、私たちゆえに、私たちとともに、私たちに寄り添って —— 同じく苦しみ、終わりなき苦しみに耐えているという確信」だったのだとクリングバーグは分析している（クリングバーグ 2006, 2, 488）。彼は、強制収容所において、しばしば幸運を感じたが、そこに神の慈悲を感じ、希望をそこに置いていたのだと思われる。『夜と霧』におけるフランクルは、「神」という言葉を用いることには控えめであった。自らが信仰を持っている者だと告白しているのは、1箇所のみ（フランクル 2002, 139）で、ユダヤ教という言葉も出していない。フランクルは、心理療法としてのロゴセラピーについて、「『信仰があるとないとにかかわらずあらゆる患者に適用可能であるとともに、その個人的世界観にかかわらずあらゆる医師によって適用可能である』のでなければならない」（クリングバーグ 2006, 1, 35）と考えて、信仰についての記述を差し控えていたようである。先にも述べたように、『夜と霧』は、信仰を持たない人、ましてやユダヤ教を信じない人々にもメッセージが伝わるよう、熟慮して書かれたのだろう。また、フランクルは宗派にはこだわらない。「宗派は形式、道にすぎません。人にとって目標に到達することが大事であればあるほど、道のために争うことはなくなります。その道は単なる道、一つの目標へと向かういくつかの道の一つにすぎないと思うのです。それが寛容ということです」（フランクル 2004, 213）。すべての人類を一つの家族として抱き寄せる一人類主義の立場を取り、世界が信者と異教徒に分断されるのを、頑として拒否した（クリングバーグ 2006, 2, 486）。フランクルはユダヤ教徒、エリーはカトリック教徒だったが、そのことは全く問題にならなかった（クリングバーグ 2006, 2, 492）。彼は、世界中のあらゆる宗派の人々に語りかけ、異なる人種、民族、信条や考え方の人々をつないだのである。「この地球で、苦難の連帯より偉大な連帯はないでしょう。私たちがなすべきことは、この苦難の連帯から行動の連帯を作りあげることです。私たちがしようとしているのは、苦難の仲間が戦う仲間になることです」（フランクル 2019, 228）。

　　"… There is survival value in the will to meaning, but as to mankind, there is hope for survival only if mankind is united by a common

will to a common meaning – in other words, by an awareness of a
common task."（意味への意志には、生き延びるための価値がある。し
かし、人類にとっては、生き延びる希望があるのは、共通の意味への共
通の意志によって、すなわち共通の課題を認識することによって人類が
一つになる時のみである。〈拙訳〉）(Frankl 2000, 141)

　この、フランクルの言葉は、あたかも今この時代のために書かれたかのよ
うである。パンデミックという地球規模の苦難は、共通の意味、共通の課題
を認識することによって、人類が一つになるために他ならないのではない
か。大事なことは、宗派や教条に固執することではなく、共通の目的のため
に連帯し、行動することだ。地球上には、これまでも常に人種、民族や思
想・信条の違いに起因する対立があり、戦乱が絶えなかった。
　感染者が8万5000人を超えた、しかしまだパンデミック、と宣言されて
いなかった2月にこの流行についての想いを綴ったイタリアの数学者、パ
オロ・ジョルダーノは、流行を抑える対策により一定期間、感染を抑えるこ
とに成功しても、対策が緩んだ途端に、指数関数的な増大に戻り、「こうし
てもっとも困難な第三の段階、忍耐の段階が始まる」ことを予測していた。
彼は、パンデミックを、「この新しいかたちの連帯責任、もはや僕らの誰ひ
とりとして逃れることの許されない責任」（ジョルダーノ 2020, 319）と書
いている。なぜなら、この新型ウィルスの流行に関して、「どうしても犯人
の名を挙げろというのならば」地球という生態系を侵略しているがゆえに
「すべて僕たちのせい」（ジョルダーノ 2020, 404）だからだ。「そのほうが
よければ、COVID-19の流行はあくまでも特殊な事故だ、ただの不運な出
来事か災難だと言うことも僕たちはできるし、何もかもあいつらのせいだと
叫ぶこともできる。それは自由だ。でも、今度 の流行に意義を与えるべく、
努力してみることだってできる」（ジョルダーノ 2020, 619）。私たちは皆こ
の責任から逃れられないと同時に、フランクル流に考えれば、これは、苦難
を、何かを成し遂げるチャンスと捉え得る。
　繰り返し考えるのは、「なぜ、今このようなパンデミックの時代に私は生
きているのか」「パンデミックは、私に何を要請しているのか」ということ
である。
　『夜と霧』から再度引用しよう。

生きることは日々、そして時々刻々、問いかけてくる。わたしたちはその問いに答えを迫られている。考えこんだり言辞を弄することによってではなく、ひとえに行動によって、適切な態度によって、正しい答えは出される。生きるとはつまり、生きることの問いに正しく答える義務、生きることが各人に課す課題を果たす義務、時々刻々の要請を充たす義務を引き受けることにほかならない。(中略) ここにいう生きることとはけっして漠然としたなにかではなく、つねに具体的ななにかであって、したがって生きることがわたしたちに向けてくる要請もとことん具体的である（フランクル 2002, 130)。

　今、難しいのは、一つ一つの行動が、正しいかそうでないか、結果を見るまで、というよりむしろ結果がたやすく見えないために、判断できないことである。こちらを立てればあちらが立たない、ということも日常的である。外食や買い物を自粛すれば感染拡大には貢献するだろうが、経済活動が停滞して生活に困る人も出てくることを私たちは知っている。人に会って元気づけたいと思うが、会うことで相手を感染させるかも知れないとも考える。したがって、おそらく正解はなく、一人一人がその時々で判断して行動を選択しなければならない。それが、フランクルの言う、「この要請と存在することの意味は、人により、また瞬間ごとに変化する」ということで、問いは一人ひとりに発せられ、一人一人が自分だけの、具体的な答えを出す、ということであって、誰がこうしたから絶対に間違っている、と断罪するようなことではないのだと思う。万人に通用する正解はない。一人一人に具体的な運命、課題があり、一人一人が答えを出さなくてはならない。政府がこう言うからとか、周囲の人が見ているからとか、そういうことではない。また、他の人が出した答えを、非難することはできないのだ。人を非難するよりむしろ、自分は何をすべきかを考えることだろう。「人生は文字通り、人間が最後の息を引き取るまで意味を持ち続けるということが私の信念なのです」(フランクル 2015, 10)。

　このパンデミックは大きな問いなのだ。状況がいかに悲観的に見えたとしても、日々直面する、二律背反の、答えのない問いに忍耐強く答え続けた後に、新しい世界が開けることを信じて、希望を持ちたいと思う。

筆者は、フランクルのように雄弁に、たとえば、自死を考える人に向かって、生きる意味を説くことはできないと思う。しかし、やはり決して雄弁でも声高でもなかった霜山が、「共に生き、共に苦しむ」形で、とことん病める人々に寄り添ったことを思い起こし、筆者も、自らの限られた領分で、できる限り「無関心」な態度を避け、ささやかでも隣人にこころを寄せられたらと思う。怠りがちな心に「意識すること」「意識し続けること」を思い出させてくれるのがフランクルであった。

注

1) 英語圏では、ビンスワンガーの原理もフランクルの Existenzanalyase も共に exis-
tential analysis と訳されたため、混同を避けるため、英語で本を出版する場合に
は、できるだけ実存分析という用語は差し控えるようにしたのだという（フランク
ル 2015, 17）。

参考文献

Frankl, V. E. 2000: *Man's Search for Ultimate Meaning*. New York: Perseus.
Frankl, V. E. 2006 (1946): *Man's Search of Meaning*. Kindle edition, Boston: Beacon
Press.
Viktor Frankl Institut Vienna homepage 2020: https://www.viktorfrankl.org/books_
by_vf. html、2020 年 9 月 14 日閲覧。
Johns Hopkins University & Medicine Coronavirus Resource Center 2020: https://
coronavirus.jhu.edu/map.html、2020 年 11 月 24 日閲覧。

秋本倫子 2012：「V. E. フランクル『夜と霧』再訪―"運命"の生き方―」『東洋英和
女学院大学人文・社会科学論集』第 30 号、59–82。
河原理子 2017：『フランクル『夜と霧』への旅』朝日新聞出版。
クリングバーグ, ハドン・ジュニア 2006：『人生があなたを待っている〈夜と霧を越
えて〉』1・2、赤坂桃子（訳）、みすず書房（原書：Klingberg, H. Jr., *When Life
Calls Out to Us. The Love and Lifework of Viktor and Elly Frankl.* New York:
The Doubleday, a division of Random House, Inc., 2001）。
霜山先生に感謝する会 1990：『どら猫たちからありがとう』非売品。
霜山徳爾 2001：『時のしるし』霜山徳爾著作集 7、学樹書院。
霜山徳爾 2002：「『夜と霧』と私―旧版訳者のことば」（ヴィクトール・E・フランクル
2002：『夜と霧　新版』、池田香代子（訳）、みすず書房）。
霜山徳爾 2005：『共に生き、共に苦しむ私の「夜と霧」』河出書房新社。
ジョルダーノ, P. 2020：『コロナの時代の僕ら』飯田亮介（訳）、早川書房、Kindle 版
（原書：Giordano, P., *Nel Contagio*. Giuio Milan: Einaudi Editore, 2020）。
畑島喜久生 2006：『霜山徳爾の世界　ある心理学者にかんする私的考察』学樹書院。
フランクル, ヴィクトール・E. 1975 (1961)：『夜と霧　ドイツ強制収容所の体験記

録』霜山徳爾（訳）、みすず書房（原書：Frankl, V. E., *Ein Psychologe erlebt das Konzentrationslager. Österreichische Dokuments zur Zeitgeschichte I.* Wien: Verlag für Jugend und Volk, 1947）。

フランクル, ヴィクトール・E. 1998：『フランクル回想録　20 世紀を生きて』山田邦男（訳）、春秋社（原書：Frankl, V. E., *Was nicht in meinen Büchern steht, Lebenserinnerungen* (2., durchges. Auflage), Quintessenz MMV München: Medizin-Verlag, 1995）。

フランクル, ヴィクトール・E. 2002：『夜と霧　新版』池田香代子（訳）、みすず書房（原書：Frankl, V. E., *... trotzdem Ja zum Leben sagen: Ein Psychologe erlebt das Konzentrationslager*, München: Kösel-Verlag, 1977）。

フランクル, ヴィクトール・E. 2004：『苦悩する人間』山田邦男・松田美佳（訳）、春秋社（原書：Frankl, V. E., *Homo Patiens: Versuch einer Pathodizee. Der Leidende Mensch: Anthropologische Grundlagen der Psychotherapie.* Zweite erweiterte Auflage, Bern: Verlag Hans Huber, 1984）。

フランクル, ヴィクトール・E. 2015：『絶望から希望を導くために　ロゴセラピーの思想と実践』広岡義之（訳）、青土社（原書：Frankl, V. E., *The Will to Meaning.* Plume, Penguin Publishing Group, 1988(1969)）。

フランクル, ヴィクトール・E. 2016：『ロゴセラピーのエッセンス　18 の基本概念』、赤坂桃子（訳）、本多奈美・草野智洋（解説）、新教出版社（原書：Frankl, V. E., *Grundkonzepte der Logotherapie.* Wien: Facultas Verlags und Buchhandels AG., 2015）。

フランクル, ヴィクトール・E. 2019：『夜と霧の明け渡る日に　未発表書簡、書簡、講演』赤坂桃子（訳）、新教出版社（原書：Frankl, V. E., *Es Kommt der Tag, da bist du frei. Unveröffentlichte Briefe, Texte und Reden.* München: Kösel-Verlag, 2015）。

警察庁HP 2020：https://www.npa.go.jp/publications/statistics/safetylife/jisatsu.html、2020 年 11 月 25 日閲覧。

みすず書房トピックス　アーカイブ：https://www.msz.co.jp/topics/archives/shimoyama.html、2020 年 9 月 14 日閲覧。

日本経済新聞 2020：「チャートで見る日本の感染状況　新型コロナウィルス」https://vdata.nikkei.com/newsgraphics/coronavirus-japan-chart/#d3、2020 年 11 月 2 日閲覧。

A Viktor E. Frankl Re-read
During the Time of the Coronavirus Pandemic

by Michiko AKIMOTO

A worldwide best seller Yoru to Kiri (English title: Man's Search for Meaning, 1946/2006) was written by a Jewish psychiatrist, Viktor E. Frankl. The book has encouraged, empowered, and given hope to countless people in their sufferings world-wide. Tokuji Shimoyama, who first translated the book into Japanese, repeatedly referred to Frankl in his lectures and writings, and pursued, just like the psychiatrist, living with and suffering with those in distress throughout his whole life. The aim of this article is to search for some hints from Frankl's philosophy of life for living through this extraordinary situation when COVID-19 infection is rampant. In the Nazi concentration camps where the chance of survival was low, Frankl applied his logotherapy both to himself and to other prisoners. He suffered even more after he was released from the camp, as most of his beloved ones had died. What saved him from despair was the love of his second wife, Elly. In addition, he kept a strong faith in Judaism. According to Frankl, "life ultimately means taking the responsibility to find the right answer to its problems and to fulfill the tasks which it constantly sets for each individual" (1946/2006, p. 77). The pandemic may be a huge problem, but it can also be seen as a task that has been presented to the whole of mankind as well to each one of us. Each person must respond to it in each moment. In addition, Frankl said that mankind should be united by a common will to a common meaning or task. The author hopes that, by responding patiently to unanswered questions day by day, we will see a new and better world.

<エッセイ〉

86歳のパンデミック体験

玉谷　直実

はじめに

　玉谷直実先生のことは、まだ私が20代の頃に、ご著書や訳書を通して知り、先輩女性セラピストとして憧れを抱いていましたが、直接お会いしたりお話をお聴きしたりする機会はありませんでした。それが、数年前、思いがけなく、間に人を介して、Facebookで繋がり、それから交流させて頂くことになりました。

　玉谷先生は80歳半ばを超えた現在も、社会に対して広く深い関心を寄せられ、読書会や教会でお世話役として、重要なお役割を担われています。そして、日常生活上の出来事のみならず社会事象に関しての思いなども、日々精力的にFacebookを通して発信なさっています。特に、新型コロナウィルス感染症の流行が始まってからは、国内外での動向を詳細に書き留められ、思いを発信して来られました。このようなお姿、生き方は、若い学生たちにとって模範になると思い、2020年11月13日に、「人生後半の心理学 / 生涯発達心理学 / 生涯発達の心理学」（Zoomによるリアルタイム授業、秋本倫子担当）でご講演をして頂きました。先生の、揺るぎないキリスト教信仰の上に立った、自身も弱い者として常に他者に心を寄せ、常に役に立てること、支援の方法を探しかつ実行に移す、というご姿勢は、学生たちの心に響き、強い印象を残しました。そのことは、学生たちのコメントを読むとわかります。さらに多くの方々にも玉谷先生のご講演内容をお伝えしたく、このたびのご寄稿をお願い致しました。

（秋本　倫子）

私は 1933 年、昭和 8 年に生まれ、現在は奈良県に在住しています。兵庫県に生まれ、大阪府から 40 年前奈良に移住しました。1918–1920 年の 3 年間にかけてスペイン風邪のパンデミックが世界をおそいました。私はその 13 年後に生まれています。友人には 1920 年代生まれの方が割合いて両親をスペイン風邪で亡くし、叔父叔母に育てられた方もいます。今から 100 年前の話です。100 年というのは長そうですが、案外短いと感じます。今年〔2020 年〕8 月に町内会から米寿と喜寿の祝いを送るので、署名するようにという「回覧板」が来ました。私は 86 歳だから、米寿には関係ないわと思い、ふと見ると、昭和 8 年の方とあります。数えでいうと、私は 88 歳になるらしい。88 歳でパンデミックに遭おうとは、思いもしませんでした。

　秋本倫子先生から Zoom 講義を 1 時間依頼されたとき、いつもは迷いに迷う私は一発で引き受けました。最晩年のパンデミック体験を聞いてもらいたいと思ったからです。題目も「86 歳のパンデミック体験」としました。そこで約 100 年前に起きたスペイン風邪パンデミックについて調べ始めました。ところが統一された記録がほとんどないのです。当時の世界の人口は 15 億で 1 億人死亡したというのと、5000 万人死亡したというのがあります。30 名に 1 人か 15 名に 1 人が死亡したことになり、感染者も 5 億人にも上ったといわれ、ほぼ 3 人に 1 人が感染したというのですからその恐ろしさがわかります。日本では感染者は 2390 万人。1920 年の人口は 5600 万人、約半数に近いですが記事のなかでは半数以上ともなっています。死者は 45 万人。124 人に 1 人が死亡という計算になります。

　鈴木琢磨（2020）によると、文壇では芥川龍之介（1892–1927）が感染して、辞世の句 1 ）を詠んでいるそうです。また、菊地寛は自らをモデルにした短編小説『マスク』を書いているそうです。そのくだりに「〈友人はもとより、妻までが、自分の臆病を笑った。自分も少し神経衰弱の恐怖症（ヒポコンデリア）に罹って居ると思った〉が、感冒に対する自分の恐怖は、どうにもまぎらわすことは出来ない実感だった。」という内容があり、そのことを孫の菊地直樹さんに聞くと、「私もちょっと意外でした。どんと構えた、親分肌にみえますからね。でも菊地寛は現実主義者でした。怖いものは怖い。イヤなものはイヤ。自分の気持ちを尊重したんです」という答えだったそうです。

　ウイルスが分離、すなわち特定のウイルスをつかまえ増殖させることに成

218

功したのは1933年で偶然にも私の生まれた年。当時の人々にはスペイン風
邪の正体はわからない。恐怖はすごかったはずです。特に与謝野晶子の一家
は全員感染し鋭い政府批判をしています。「なぜ大呉服店、学校、興行物、
大工場、大展覧会等、多くの人間が密集する場所の一時的休業を命じなかっ
たのでしょうか」(滝野隆浩2020) と。

　話を2020年に戻しましょう。私はどうしていたか？　皆さん、86歳も
年を重ねているから、びくともしないとおもわれるでしょう？　私も普段は
ここまで生かしてもらったのだから、少々のことでは参らないだろうと……
高をくくっていたところがあります。ところが実は「自分がいかに小心者で
怖がりか」を実感させられてしまいました。奈良はコロナ感染第一号をだし
たところです。武漢からの観光客を60名2日間にわたり乗せていたバス運
転手の陽性が判明したのは1月28日でした。[2]
　2020年のお正月、70年来の親友が亡くなっていたことを知りました。摂
食障害で老衰でした。それは私には衝撃でしたが、2月ころから、「彼女は
いい時に死んだな」と度々思うようになりました。パンデミックの少し前で
したから、お葬式も小さくできましたし、ミサもしてもらえました。もし、
今年亡くなっていたら、葬儀そのものが不可能、ミサも不可能だったことで
しょう。

《2月の思い出》
　2月中頃、まだコロナウイルスという名が、はやり始めた悪性の風邪には
ついていなかったとおもいます。新型肺炎がはやり始めた……といういい方
だったようにおもいます。中頃、私はいままで、経験しなかったくしゃみに
驚いていました。外にでて帰宅し、家の玄関を入ると同時にすごいくしゃみ
がでて、鼻水ずるずる……眼もかゆくなる……

　「花粉症かしらね？　それとも嫌な風邪なんかしら？」知人の50歳の
男性に電話で話してみました。
　「今まで体験したことない？　それなら花粉症ですよ。大体家に入るま
では何ともなくて、入ると、くしゃみがでるんでしょ？　典型的な花粉
症ですよ。玉谷さん、この年にして花粉症デビューですな！」と笑いな

がら、彼はいいました。

「花粉症治してもらえるお医者さん知ってる？」

「ウチの店長のOさん、このお医者さん、最高と言って尊敬しているお医者さんありますよ」

「どこ？」

「あのね。漢方40年のベテラン老先生。近いですよ」

　その医院は私も前を通りかかるので、名前はよく知っていました。Ｉ医院。私はさっそく、出かけました。看板をよく見ました。「内科、腎臓内科、泌尿器科」とあります。これには驚きました。「内科」だけだと思っていたのです。出かけた日は老先生と若先生お二人での診察でした。私はここが腎臓内科ということを知らずに、花粉症のために診察受けたつもりだったのですが、鼻炎などそっちのけで、ここで、急に泌尿器科の漢方薬の話をしてみました。膀胱炎予防のために京都まで行っていたのですが、毎回大変なので、できましたら、Ｉ先生のところで漢方薬を出していただけませんでしょうかと。

　実はこのことが後々大きなことに繋がることになりました。私は膀胱炎の予防薬を貰いに京都下鴨のＥ先生のところに通っていました。次の予約は3月でした。コロナが本格的に危ない状態になってきたのは3月20日、大阪府は、大阪―兵庫間について、3連休の往来自粛要請をだしました。もし、私が花粉症にかからず、Ｉ医院を知らなければ、処方もしてもらえず、漢方薬は薬局で自費で買うほかありません。後には漢方は3週間に一度出してもらえるようになり、京都には行かなくてよくなり、Ｅ先生からも安堵したというお便りをいただきました。

《3月・4月の思い出》

　3月11日、ＷＨＯがパンデミック宣言をしました。私はカトリック信者です。だから、毎週ミサにゆくのです。そのミサでは多くの人が集まります。体のことも心配でしたが、ミサに行けないのも、辛いことでした。フランスはその前の3月8日から公開ミサが中止となっていました。日本はそれより、東京大司教の英断は早く2月27日には公開ミサ中止をきめていました。3月1日から関口教会（聖マリア大聖堂）の地下聖堂からはじめてミ

サが配信されました。こ
の日は四旬節第一主日に
あたっていました。不思
議なことに教会の暦と自
分の生活が例年より密接
につながっていったので
す。その日は3,565名
の視聴者がありました。
老齢で難聴の私にはこれ
は大きな喜びでした。地
下聖堂での配信ミサは3

聖マリア大聖堂

月8日4,000人に増え、3月22日からは大聖堂に移りました。3名のボラ
ンティアさんが映像配信に懸命に取り組んでいました。

　3月22日四旬節第4主日
　四旬節（受難節）第4主日は、カトリック教会などでは、司祭の祭服が、
喜びを表すバラ色になります。四旬節の典礼色は悔い改めを表す紫が使われ
ますが、バラ色は待降節第3主日と四旬節第4主日の年2回だけ使うこと
が許されています。「レターレ・サンデー」とも言われます。レターレとは
「喜び」というラテン語です。レターレ・サンデーはコロナ禍のなかで、や
はり小さな喜びでした。
　その頃、有名なドイツのメルケル首相の演説がありました。3月18日の
テレビ演説で「感謝される機会が日頃あまりにも少ない方々」として「スー
パーのレジ係や商品棚の補充担当」への謝意ものべました。この言葉はドイ
ツだけでなく、世界中の社会生活に不可欠な仕事に就く人々、エッセンシャ
ルワーカーへの励ましになったとおもいます。「誰もが疑問や不安で頭がいっ
ぱい」といいました。「頑張りましょう」とはいいません。ともに「私たち
は弱い存在なのだ」と共感の言葉をのべたのです。弱いがゆえに弱い人のこ
とがわかる。その方たちがかえって支援に乗り出したと、若松英輔さんがラ
ジオでも本でも述べていました。（若松英輔2020）

　その頃です。私は怖い夢をみました。それでたまらなくなり、2人の精神

科医の先生に聞いていただきたくなりメールしました。

　　　－夢－
　河合隼雄先生にあった。めったにあわないのに、どうしてかしら？　とおもった。
「先生にお目にかかれますか？」と聞いた。
「いいです。4時19分にしましょう」といわれた。
　場所は大阪の場末。出かけていった。だれかがいて、お茶が4人前でた。それを頂いた。
　先生は「皆にこれを食べさせなさい」といわれた。みると、お茶碗がいくつか並んでいた。そこには少しずつお粥がはいっていた。
　話はそれだけだった。

　夢の連想
　目覚めて、ぞーっとした！「死に逝く」時間だ！
　お茶碗は目覚めてから、意識がはいり、変化した。三角のなかに○がならんでいた。○　　○○　　○○○　　○○○○ 10個
　最初は9つとおもった。意識は動くらしく、10個になった。
　けれども4時19分は変わらない。
　京都教区の公開ミサが19日まで中止。と昨日きいた。
　教会暦と内面の夢が妙に頭の中をかけめぐった。
　私は「死」に直面している……これは今からでも遺書を書かないといけないと、おもった。

　「死」は当然この歳では受け入れることができます。しかし、コロナウイルスにやられた人たちはもう医療崩壊寸前まできてしまっていました。家族にもあえず、一人苦しんで逝く勇気など私にはありません。しかし、河合先生は時間で「死」を予告してきました。何と言っても大恩人です。若い時、私は河合隼雄先生から教育分析を受けていたのです。この時間がなければ、その後の私の臨床心理士としての生活はありえませんでした。夢の中でしたが、私は先生のいうことを聞くことになるのでしょう。もちこたえがきかなくなり、お二人の親しい精神科医の先生にお便りさせていただきました。

　この夢につづきまた河合先生と話している夢をみました。それは普通の
スーパービジョンのような感じでした。
　4月19日……この日に私はこだわりつづけました。H先生はこの夢に真
剣に取り組んでくださり、T先生に電話してお二人で私を支えないといけな
いという話になったそうです。多くの感想が書かれていました。まず、河合
先生の夢はよくみるのか、稀なのか？　と。ハッとしました。分析をやめ
てから、45年、河合先生は一度も夢にでてきませんでした。それと4月19
日はギリシャ正教の復活祭ですというお言葉がありました。
　私は返事をかきました。私の夢では「4」が多発しました。それも1と9
とをともないながら。今おもいますと「無意識というのはなんと賢いのだろ
う」ということです。意識で「死」にまつわる数字や、事柄を並べよといわ
れても、あまりでてきません。しかし、無意識は次から次へと「死について
の心の現象をまとめて配置する」「死の布置」ともいうべきものを見事に作
り上げてゆきます。その中にいる時は恐怖しかないのです。どうやら、4月
19日までは生きられそうだ……という思いでした。体にそれが出ていまし
た。お昼は悪寒、悪寒。熱はないどころか、35度台です。それなのにゾーッ
とする寒さ。風邪かもしれないけれど、おかしなことに4時半（ここもま
た4です）になるとおさまってしまうのです。そして、夜中は汗でビシャ
ビシャ。何枚か下着と寝巻を用意して、眠りました。
　19日がすぎて、悪寒はピタリと止まりました。夜中も一度くらいの汗に
なりました。今日、漢方医に受診したときに、夜中の汗だけといいました
ら、「多分物理的なものだろう。ずっと続くようなら、また来なさい」とい
われました。熱も咳ものどの痛みもありません。
　だから、私は恐怖の現れとおもっています。「死の配置」の夢は4回（こ
れもまた4）でピタリと終わりました。中には大きな夢といわれるものもあ
りました。その後は夢をみません。今おもいますのは、また第二波がやって
くるという予感です。

《4月19日までのこと》
　4月7日 緊急事態宣言がでました。4月12日は復活祭であり、柳美里さ
んの洗礼式がありました。柳美里さん入門式の様子が1月21日のブログに、
次のように書かれていました。

今朝は、南相馬市のカトリック原町教会のミサで、洗礼のための入門式がありました。

13歳の時にミッションスクールに入学し、聖書と出会い（宗教委員でした）、教会に通いつづけてきましたが、洗礼の手前で立ち止まっていました。

どうしても、一歩が踏み出せなかった。

だから、わたしの人生にとって、受洗は、非常に大きな決断で、血の気が失せるほど緊張しました。

幸田和生司教に名前を呼ばれ、祭壇の前に進み出ます。

そして、幸田司教に、

「あなたはなにをお望みになりますか？」と問われます。

「神に近づき、キリストの教えに従って生きることを望みます」

と、答えるはずだったのですが、緊張のあまり声が喉に詰まり、手脚が震えてしまいました。

それでも、なんとか声にすると、幸田司教が

「キリストに従う者の共同体にあなたを迎え入れます」とおっしゃり、わたしの額に十字を描いてくださいました。

これが……

消えない……

ずっと、額に十字架がある。

踏み絵などで棄教を迫られ、それに応じないで死を選んだ殉教者の額にも十字架があったのだな、と思いました。

いまは、イエス・キリストの足音に耳を澄ましています。（柳美里 2020）

　この式で私にとって大事なことは柳美里さんの霊名がエディット・シュタインであったことです。[3] エディット・シュタインはナチスに職をうばわれました。今も同じ状況の人たちがいます。特に今コロナ禍でおもうのは、彼女のお墓はガス殺された多くの人達同様「お墓のない死」になってしまったことでした。コロナ禍ではまさかそこまではゆかないにしろ、死に逝く人により添えないのです。実は私はエディット・シュタインを巡る会（エディッ

ト・シュタイン研究、普及に努める会）の運営をしていました。柳美里さん
の生き方に俄然興味がわきました。

　彼女は鎌倉に住んでいましたが、南相馬市で原発から半経 20 キロ圏内の
地域が「警戒区域」として閉ざされた 2011 年 4 月 22 日の前日から原発周
辺地域に通ううち、12 年 3 月 16 日からラジオ番組「ふたりとひとり」と
いう 30 分番組を頼まれ、毎月行くのが大変なので、南相馬市に移住してし
まった方です。そこで本屋「フルハウス」を開き、倉庫で演劇をし、カフェ
までつくったのです。[4] このような事業は実に自然の流れでそうなっていっ
たのです。私はこの方の動きに大きな力を貫った気がしました。「自然の流
れ」、これは私の禅の指導者である精神科医の T 先生が私に常にいってくれ
たことばでした。

　4 月 12 日、復活祭。まさか、ここまでミサがないとは 3 月はじめには思っ
てもいませんでした。しかし、復活祭以後、昇天祭がきても聖霊降臨祭（5
月 31 日）がきても、まだ公開ミサにはなりませんでした。公開ミサになっ
たのは、出席人数を何回かに分けるという限定された条件でのものでしたが
……6 月 14 日通常の 12 主日からでした。

　復活祭はさすがに大聖堂の配信ミサは 8,790 名の参加者がありました。
3,547 名が待機するなか，鐘の音が鳴り響き、ミサが始まりました。復活祭
のミサで気持ちも明るく少しは高揚しましたが、コロナ禍で命が失われる現
実のなかでのミサはそれにかじりつきたい気持ちの方が強かったです。　司
祭がたも皆マスクをされていました。福音朗読、説教共々、非常に聞きやす
く、難聴の私にはありがたいミサでした。

　4 月 19 日がきました！

　4/19 復活節第二主日、主のいつくしみの主日です。少し良くなったと
思ったフランスで、またコロナ感染者数が増えてしまいました。これは今ま
で数に数えられなかった老人ホームの感染者などが数に入ったためですが、
日本人がもっと真剣になるべきだと、知人は指摘していました。

　「このところフランスは天気が良くて、少し気が緩んでしまっている感じ
です。病院は飽和状態、集中治療室が足りないので、高齢者が亡くなってい
くのを、手を施す術もなく見守ることしかできない、悲惨な状況が続いてい
ます。だから医療関係者は外を出歩く家族連れや、遊びまわる子供達を見か

けると、やるせない思いで、憤慨しているそうです。海外にいる日本人は、今でも日本にいる人たちが、インフルエンザと変わらないだろう？と全然真剣にとらないのを見て、やきもきしています。」[5]

この日の大聖堂のミサは 6,804 名。大司教は 3 月 1 日から常に配信ミ

パリ・日本人カトリックセンター

サのなかでよびかけました。「どのような世界が感染症のあとに展開するのか、その行方は今危機のなかにある私たちがどのような言動をするかにかかっています。連帯の道を選び、互いに助け合いながら、嵐に翻弄される船に乗り合わせた仲間として前進することが大切です」「信仰は一人でいきるものではなく、キリストの体である共同体の絆の内に結ばれている」と。

大聖堂の配信ミサとは別に、湯沢慎太郎さん（パリ日本人カトリックセンター責任者）が「み言葉の祭儀」[6]を Zoom と YouTube で配信してくれました。Zoom ミーティングによる、み言葉の祭儀は、4 月 5 日の枝の主日（四旬節初日）から始まりました。み言葉の祭儀を YouTube Live で配信して、いつでも見られるようにされたのは 5 月 24 日の主の昇天のみ言葉の祭儀からです。み言葉の祭儀は日曜日の夜、日本時間 9 時からおこなわれました。解説が抜群でした。どれだけ、心が耕され、養われていったことか！　毎週日曜の午後 9 時からの 1 時間は慰めと喜びの日々でした。

恐ろしかった 4 月 19 日は「いつくしみの主日」といわれる日で無事その日が暮れてゆきました。私は内面の掘り下げも大事だけれど、これから、どういう生き方してゆこうかな？と思いはじめました。とにかく夢では 10 個のお茶碗を一杯にしなければならないのです。家族は 10 名でした。家族のために死んでゆけたら、それでいい……と思いはじめましたが、生きている間、内外のバランスが自分の心に必要な気がしていました。その時です。私

の先生（精神科医・禅老師）が「りんご通信」というのをはじめられたのです。

《5月の思い出》

　塚崎直樹先生（つかさき医院院長）が「りんごプロジェクト通信」というのを発送されました。以下にその趣旨を引用します。

　リンゴプロジェクトとは

　　新型コロナの感染被害に対して、政府から各自に10万円の支給が行われることが発表されました。（10万円支給決定は4月17日）

　　コロナ感染に関連して思わぬ出費になった方は、それを補填されるために使われることでしょう。しかし、折角の機会ですから、このお金を何らかの形で、有効に使うことはできないでしょうか。今の時代に必要とされていることを、自分の責任で選択し、企画実行して、その効果が如何なるものであったかをご自分で評価する。そういうことがあってもよいのではないか。コロナウイルスの感染で、妙に心理的に追い詰められて不自由な気持ちに、皆さん、なっておられませんか。正体不明なものに追い込まれて、なんだかわからない内に、選択を奪われていませんか。コロナウイルスに追い詰められているのか、あるいは、社会に追い詰められているのか。こういう時こそ、自分たちの主体性を考えてみるべきではないでしょうか。そこで考えたのが、この「リンゴプロジェクト」です。

　リンゴプロジェクトのねらい。

　　このプロジェクトは、情報を目にした人が、それを読んでいる内に、こういうことならやってみたいとか、ちょっと方法を変えて、こういう風にしたらどうだろうか、そういうアイディアを交流させる場です。自分はやらないけど、誰かがやってくれたらなあとか、もう少し、ここのところを改善したら良いのに、とか、ともかくアイディアを交流させる。そして、気に入ったら、自分でやってみるということです。

　　このプロジェクトでは、お金を募集しない。寄付もしない。ともかく金銭はからませない。あるアイディアが出ても、それで人を誘わな

リンゴの木（岩手県宮古市蟇目（ひきめ）
2014年9月武田俊一氏撮影）

い。呼びかけない。ど
うしても、一緒にやり
たいという人が出てき
たら、それは妨害しな
い。全ての行動は、自
分の能力を考えて、能
力を超えることに手を
出さない。それぐらい
の原則で、ともかく人
の創造力を刺激すると
いうことを大事にす
る。そのことで、自分
が刺激されることを求める。そういう考え方で、自分の主体性を捉え直
す、そして、自分のどのような行動が人の役に立つのかを振り返ってみ
るというものです。皆様、何かアイディアが閃きましたら、よろしく御
願いします。

　このリンゴプロジェクトという名前は、昔の映画で、『感染列島』と
いうのがありましたが、今でも Amazon Prime Video で見ることがで
きます。その映画の台詞のなかに「たとえ明日、世界が滅んでも、私は
リンゴの木を植える」という言葉があって、そこから取っています。ル
ターの言葉とされているものです。[7)]

　とりあえず、りんごの木を植えるイメージから、まず私が手始めにしたこ
とは休業に追い込まれた倉敷の工房支援でした。あとで聞いたのですが、こ
の工房（M工房）は5月連休のホテルでの複数の結婚式が取りやめになっ
たため、100個の商品がキャンセルされていたそうです。ジャムとお菓子の
商品です。その故か、5月31日までの注文限定品がでました。

　千円引き、送料無料です。買う方としてはこんなありがたい話はありませ
ん。私はお中元を「御礼」としてお送りすると、メールして訳を書き、まず
7件お送りしました。M工房はとても喜んでくれました。100個の商品もた
とえ7個であろうと、捌けることで、家賃の幾分かがでてきたということ
を知りました。

　次にしたことは、「就労継続Ｂ型、Ａ型支援カフェ」（Ｂカフェ）で作成している「手作りマスク」を買い求めることでした。1枚420円を20枚買いました。そのうち少しは作成しているＢ型、Ａ型の人たちの日銭になるからです。1枚50円くらいかもしれません。しかし、コロナ禍で仕事を失った人達には1日500円の日銭もものすごく大切なのです。私はこのマスクを私に消毒液とか、マスクとか、食品を送ってくださった方がたに2枚ずつ送り始めました。何度も洗える布マスクは案外やくにたちます。また秋からは第2波がおそらくやってきます。その時には役にたてるだろうとおもいました。マスクが売れることで、Ｂ型、Ａ型の人たちには活気がでてきたそうです。Ａ型には多少の給料がでます。それで皆、えらく頑張っていると聞きました。

　コロナウイルスで死ぬかもしれないという恐れは80代後半の私にはいつもつきまとっていました。死ぬのはかまいません。充分生かしていただいたのですから。一番困るのは保健所から通告受けても、病院には交通機関か、タクシーでしか行けないということでした。そして、それにまつわる近所の方がたの思い。「この地に生還しても帰られないかも？」

　その思いがつきまといました。それは私自身が近所の医院が閉院となったこと、死者が一人でたことで、感染経路が分かると、バスに乗れなくなったという自分のなかにある恐怖感からよくわかったのです。

　コロナ禍の間、私はハンセン病に関する映画を2本、ネットでみました。パリから送ってくださる方があったからです。一つは遠藤周作原作『わたしが・棄てた・女』の映画化『愛する』でした。一つは河瀬直美作『あん』でした。いずれもハンセン病への差別に関するものでした。私はハンセン病に関して、隔離政策が1995年まで続いたことを非難する方がたを知っていました。それでは自分ならどうする？　それがわかりませんでした。その時私は自分の住む奈良に「交流（むすび）の家」[8] があることをしりました。

　この「むすびの家」の発端は日本で初めてハンセン病の治療薬をつかったロシアの貴族に属する家柄の少年トロチェフ（日本在）と鶴見俊輔とのかかわりからはじまりました。その経過が胸をうちました。トロチェフはハンセン病から回復していましたから外出ができました。京都同志社大の教授であった鶴見俊輔と会うために、医師の証明書を持ち、草津の「栗生楽泉園」からバイクで京都にでてきたのです。京都ＹＭＣＡに宿泊の約束できました

が、その夜彼の足をみたＹＭＣＡから宿泊を拒否されたのです。その夜は、トロチェフは海員宿舎に何とか泊めてもらえました。それを聞いた鶴見さんは同志社のゼミ学生に話したのです。「ＹＭＣＡはクリスチャンじゃないか。クリスチャンもなにもあったものじゃない。同志社もクリスチャンだけれども、こんなことでは仕方ない」と。

　２、３日たってゼミ生の一人がやってきました。「先生、その人たちを泊められる宿をつくりましょう。私はもう、土地の交渉をしてきました」というのです。それが柴地則之さんでした。これは奈良にできたハンセン病回復者の家のはじまりでした。今はアジアのハンセン病患者回復活動を支援する家として、活動しています。このことについて、鶴見の考えを黒川創さんが次のようにいいます。

　「鶴見さんがハンセン病へのコミットについてあまり語られてこなかったことには、問題に関しての「告発」的な物言いが先行してしまうことへの自戒があったのではないかと感じます。むしろ、われわれ各自がハンセン病の患者、元患者の人達と、具体的な関係を結んでゆけば、それによって、これまでの世の中の在り方をかえられる、というかんがえですね」と。（黒川創2013）

　私はこの言葉に非常に影響をうけました。「具体的な関係を結んでゆく」、そこから、はじめればいいのだ……そう思ったのです。それが私のこれからの支援の方向を決めるだろうと思いました。最後にトロチェフはどうなったか？　かれは2006年米国で亡くなっています。母親の墓参りにいったのです。亡くなる一年半ほど前にボストンのロシア正教会の修道院に移り、アレクサンドル神父になっていたということです。りんご通信は自分の行動の在り方、考え方を進めてくれるようです。

《６月の思い出：基礎疾患の悪化とコロナ禍─憩室炎出血にいたるまで》
　私は６月８日から13日まで病院回りと整骨院で忙しくしていました。中頃から食欲がなくなりました。今まで必ず食べていたトマトは見ただけで、だめとなり、パンさえあれば朝幸せ人間なのに、パンが食べられなくなりました。焼きめしを作りました。いつもの半分であとは捨てました。好きなお寿司も２切れしか食べられなくなりました。
　おかしい！　味覚障害かも？

　それはいささか大げさですが、恐怖でした。つぎに基礎体温が5月1杯までは35度台だったのに、6月から36度台、36.5〜36.8度まで上がりました。1度上昇になります。医師は夏は上がると言いました。薬剤師は「体が温まる漢方、飲んでますね」と言いました。今から思えば、忙しさと病院での緊張感とでかなり疲労していたとおもいます。それが基礎にある憩室に炎症をおこし、発熱し、食欲がなくなっていたらしいということが、胃腸科でわかりました。6月は奈良では5月28日から7月3日までの38日間、感染者ゼロが続いた幸いな日々でした。いきなりの直腸検査には相当な苦痛が伴いましたが、体の具合が悪い原因がわかり、発熱の事実も、コロナウイルスではないことが分かり、どんなに安堵したか、計り知れないものがあります。コロナ禍に中では基礎疾患の治療を延期していたために、重くなった方が相当いるようです。おかしいな？　と思えば、医院を訪ねるのが一番です。また相談できる機関を知っていることが大事です。私はセコムマイドクタープラスというのに加入していて、健康問題はそこで、相談することができました。セコムは「平熱というのは非常に判定がむつかしいのです。その時決め手になるのは、ほかの症状です。普段とどうも違う……と思うことがあれば、医師に相談すべきです」といってくれました。この忠告はとても役にたちました。

　憩室炎がなおり、食欲が戻ってきたときのうれしさは格別でした。基礎体温がどれくらいなのか、体温計を買い替えました。使っていた体温計は5分から10分かかりました。テルモは20秒でピーッと知らせてくれます。37度になると平熱より高いと思われがちな理由は、昔の水銀計が37度のところに赤線が引いてあったからだということを、8月の新聞で初めて知りました。熱と食欲。大事ですね。

《7月・8月の思い出》

　りんご通信からはさらに多くのものを学びました。そのなかで私が思ったことはコロナ禍以後，「繋がりが深まった」ということです。毎週出かけていた教会のミサ。ミサそのものがその後の1週間を生きる力を与えてくれ、その後の友達との会話が楽しみでした。そのミサが3月1日から中止になりました。京都教区では直近1週間のうち、7名以上の感染者が出た場合、中止となりました。事実上、3月からミサにはでられないのです。そこで自

然に起こってきた動きがありました。facebook、messenger を使うスレッドというグループ作りです。スレッドを上手に作る方がいて、教会のメンバーが自分の友達 30 名位のグループをつくりました。その中には外国にいる日本人の神父さん、外国人の日本在の神父さんもはいっていました。マニラ在の日本人の方もいました。各国に住み、今は日本に落ち着いたという方もいました。年齢も 40 代から 80 代と多彩でした。そのうち、7、8 名が常に投稿するメンバーとなりました。

　私はこれを真似て、よく知っている 4 名のスレッドを作りました。その中にパリ日本人カトリックセンター責任者の湯沢慎太郎さんがいました。湯沢さんは毎週日曜夜に「み言葉の祭儀」をいれてくれました。これがとてもよかったので、4 名はいつもそこで Zoom で集まるようになりました。また先のスレッドからも参加者がでてきました。それがつぎつぎと各グループに話がとび、他のスレッドの方がたにも Zoom で出会うようになりました。フランス、ベルギー、ドイツ、フィリピン、日本各地の方々がいました。今では、ミサはあちこちから配信されるのと、このみ言葉の祭儀のズームに参加して、ながくお話することで、1 週間は充分な精神的栄養をもらって生きられるようになりました。またロザリオの祈り、聖書深読の会など、配信は多岐にわたりました。集会ができない時代、キリシタンたちはこのような信心業を代々受け継いで行き、信仰を守りとおしてきたのでしょう。

　禅の仲間のスレッドもあり、ここでは以前の座禅会の縮小版みたいな気安さがあります。このグループのメンバーには大阪禅寺の佐々木奘堂住職さんの Zoom 講義で出会いました。佐々木先生は禅の姿勢や、臨済禅師、法然、親鸞、一遍上人たちの言葉を紹介してくださいました。特に「迷う心が道しるべ」（一遍上人の言葉）[9] と言われたことは大きな力、慰めとなりました。

　このような繋がりは聖書や仏教の聖典を仲介とすることで、生まれてくるのです。個人的な話は時として面倒な問題をひきおこしますが、遺された聖なる書物を通じると、自分のなかに人々との繋がりと同時に内心の改心、安らぎがうまれるのです。これはコロナ禍で得られた私の宝物でした。

《9 月の思い出》

　また、支援もパリ日本人カトリックセンターに皆が寄付する体制をつくりました。Zoom 講義はセンターの方がたの寄付で成り立っていました。我々

日本にいる者はその恩恵をこうむっていたのです。日本人が寄付するのは当然です。センターへの寄付は繋がりから生まれた自然な支援です。誰かが言い出さないと、支援方法がきまりません。私はそのような時の世話役が昔から得意でした。人間にはただ一つだけは、才能があるといいます。私にあるとすれば「世話役がうまい」ということでした。冗談ですが、河合隼雄先生がいいました。「大体心理臨床などやるものは他に何の才能もないからです。あれば才能を用いた仕事をするでしょう」と。そういう者にも、「心のケアが割合上手」という才能があるのです（笑）。

　９月末まで、私はこのような状態で生きておりました。コロナ禍で知ったこと、体のことをよく知りケアすること、何らかの支援をいつも頭に置いておくこと、繋がりを大事に育てることでした。

《10月にはいって》
　今まで私は自分の家族の話を何もお話していませんでした。実はこの10カ月私はハラハラして暮らしていた理由があります。1月末孫娘が妊娠したことを知りました。妊娠中は肺炎が重症化しやすいと新聞は報じていました。孫娘には会社勤務があります。安定期にはいり、5月連休後出勤というとき、「働く妊婦の休業、企業に義務化へ」という記事がでました。コロナストレスが原因で休業が必要と医師が判断した場合、雇用主は主治医の指導に従った対応を取らねばならない、対応しなければ国が企業名を公表すると加藤厚生労働大臣が述べました（朝日新聞 2020.5.1.）。孫娘の上司は直ちにテレワークを命じてくれました。真夏の間もテレワークとなりました。妊娠後期に感染すると妊婦は重症化しやすい、感染経路は家庭内が57パーセントと産科医会調査で判明していました（9月22日）。実家に帰ったのが9月はじめ。父母、弟は勤務しています。感染の危険は毎日あるわけですから、ハラハラしました。10ヵ月間心配した孫娘の出産が10月14日。

　女の子が出来ました。私は曾祖母となったのです。それは大きな喜びでした。出産後5日間は夫も子供の顔を見ることはできませんでした。19日に退院できた時は本当に安堵しました。これからはこのひ孫のために、同時にパンデミックの最中に生を受けた子供たちのために私は「リンゴの木」を植え続けたいとおもっています。「明日世界が滅びるとしても、今日私はリンゴの木を植える」……これがコロナ禍の中でえた私の目標となりました。そ

れと同時に最後に私が毎日祈っている言葉を紹介しておきましょう。

「いつも喜んでいなさい。絶えず祈りなさい。どんなことにも感謝しなさい」[10]

注

1) 辞世の句
   病の人にとってはたかが鼻ではなく、「鼻」に固着してしまう自身の観念がどうしようもなく違ったという風に考えれば、少しはわかる気がする。鼻は「生命力」の象徴なのかもしれない。(山本健吉『定本 現代俳句』角川選書、1998 年)
2) 奈良県福祉医療部医療政策局 疾病対策課 HP 資料、2020 年 1 月 28 日配信。URL: http://www.pref.nara.jp/item/222663.htm#itemid222663
3) Edith Stein, 1891–1942、ユダヤ人としてドイツに生まれる、ユダヤ教を捨て無神論者に。フッサールに師事し、ドイツ哲学界の気鋭の哲学者となるが、カトリックになり、カルメル会修道院に入会。ケルンからオランダ・エヒトのカルメル会に逃れるが、ナチスに逮捕され、アウシュヴィッツでガス殺される。1998 年列聖。ヨーロッパの守護聖人となる。
4) 柳美里『JR 上野駅公園口』河出書房新社、2017 年、あとがきより引用。この作品は全米図書賞を 2020 年 11 月 19 日(日本時間)に受賞した。
5) 2020 年 10 月からフランスは感染第二波に襲われ、10 月 15 日には 1 日 3 万人の感染者が出て、厳戒体制が敷かれた。ロックダウンは 12 月 1 日まで続く見込み。
6) 司祭不在の緊急時に行われる集会祭儀。パリでは公開ミサがなくなり、また日本語のミサもないため、司教代理の要請により、湯沢慎太郎氏がコロナ禍中、集会祭儀をパリ・日本人カトリックセンターで行っている。
7) M・シュウーマン 2015：『ルターのりんごの木―格言の起源と戦後ドイツ人のメンタリテイ』棟居洋訳、教文館。書評、宮田光雄『本のひろば』(2016 年 2 月号)によれば、これはルター由来の言葉ではなく、ルターの作詞した讃美歌や詩編翻訳などを通して、ドイツのキリスト者の間で日常化していた言い回しを用いて、ほとんど意識されないままに言葉の入れ替えが行われて、出来あがったものだろうと推定されている。作者は一人ではなく多くの民衆だったと言うべきかもしれない、と書かれている。

8) むすびの家：URL https://leprosy.jp/people/plus03/
9) 備中御化益の頃、軽部の宿にて、花下の教願臨終ちかくなりて、「とにかくにま
よふこころのしるべせよ　いかにとなへて棄てぬちかひぞ」とよみて奉りければ、
上人御返し
とにかくにまよふ心をしるべにて　南無阿弥陀仏と申ばかりぞ
岡山県で、「教願」という人が臨終ちかくなって、「とにかく迷っている（私の）心
にしるべを与えてください。どのように唱えたら、阿弥陀の誓いにもれない（すて
られない）のですか？」と尋ねたのに対して、一遍上人も歌で「まよふ心をしるべ
にて」と返した。（一遍 1985, 67）
10) テサロニケ人への第一の手紙 5 章 16 節〜 18 節。

参考文献

一遍 1985：『一遍上人語録』大橋俊雄校注、岩波文庫。
黒川創／加藤典洋 2013：『考える人 鶴見俊輔』弦書房。
鈴木琢磨 2020：「特集ワイド：還暦記者・鈴木琢磨の、ああコロナブルー　木版漫画
家の特別な夏　蜘蛛の糸にむらがるエゴ」毎日新聞、東京夕刊 2 頁、2020 年 8 月
24 日。
滝野隆浩 2020：「与謝野晶子の問いかけ」『掃苔記』毎日新聞、東京朝刊 5 頁、2020
年 9 月 27 日。
柳美里 2020：ブログ「洗礼に向けて」『柳美里の今日のできごと』2020 年 1 月 12 日。
URL https://blog.goo.ne.jp/yu_miri/e/7034fee4abc41f3c5c6572aafba05f59
若松英輔 2020：『弱さの力』亜紀書房。

朝日新聞 2020.5.1.：「働く妊婦の休業、企業に義務化へ」。
毎日新聞 2020.8.28.：「日本人の体温の平均は 36 度 6 分から 37 度 2 分」（テルモ、広
報担当者）、『平熱 37 度の人が困っているコロナ社会』。
毎日新聞 2020.9.22.：「妊娠後期症状重く　感染経路家庭内 57% 産科医会調査」。

An 86-year-old's Experience in the Coronavirus Pandemic

This essay is about a Japanese woman's experiences in the first part of the coronavirus pandemic. The 86-year-old woman, in the eve of life, shares her experiences during the pandemic from January to October 2020. The themes she covers include her worries about health and a new awareness of the physical condition of her body, a dream about death, and connecting with others of her Catholic faith. For example, though mass was cancelled from March 1st, it was broadcasted on YouTube. Furthermore, she explains how she created a Facebook Messenger group to contact and communicate with Catholic friends, and the relief that gave her. In particular, she tells how Mr. Shintaro Yuzawa, the head of the Japanese Catholic Center of Paris, a member of her group, distributed religious materials and gave support to the group through a lecture on Zoom and how this deepened her faith. Finally, the Japanese blog *Ringo Tsuushin* (Apple Communication) gave her ideas of how to help people in need. One of these was "planting apple trees even if the world may end tomorrow". This has inspired her to plant an apple tree for her great-granddaughter born in October and other children born during the pandemic.

東洋英和女学院大学　死生学研究所報告 (2020 年度)

§ 役員
所　長：山田和夫　　人間科学部人間科学科教授
副所長：福田　周　　人間科学部人間科学科教授
幹　事：奥山倫明　　人間科学部人間科学科教授
幹　事：尾崎博美　　人間科学部人間科学科准教授
幹　事：西　洋子　　人間科学部保育子ども学科教授
幹　事：ミリアム・T. ブラック　　人間科学部保育子ども学科准教授
幹　事：渡部麻美　　人間科学部人間科学科准教授

§〈公開〉連続講座「臨床死生学の意義」（オンライン開催）
第 1 回　2020 年 9 月 19 日（土）15:00 ～ 16:00
　　　　山田和夫（本学人間科学部教授・本研究所所長）「霜山徳爾と V. E. フランクルの奇跡の出会い―東洋英和女学院大学大学院死生学専攻と上智大学大学院死生学専攻との連携の背景」
第 2 回　2020 年 9 月 19 日（土）16:00 ～ 17:00
　　　　秋本倫子（本学人間科学部准教授）「限界状況における人間―フランクル「夜と霧」を出発点として」
第 3 回　2020 年 9 月 26 日（土）16:20 ～ 17:50
　　　　大林雅之（本学人間科学部特任教授・名誉教授）「「小さな死」における「私」―「赦し」と「孤独」をめぐって」
第 4 回　2020 年 10 月 17 日（土）16:20 ～ 17:50
　　　　松下正明（東京大学名誉教授）「戦時講話『死ぬということ』―第一次世界大戦中の A .E. ホッヘ」
第 5 回　2020 年 11 月 21 日（土）14:40 ～ 16:10
　　　　島薗進（上智大学教授・グリーフケア研究所所長）「ともに悲嘆を生きる―童謡の時代を振り返る」
第 6 回　2020 年 12 月 12 日（土）16:20 ～ 17:50
　　　　伊藤高章（上智大学教授）「スピリチュアルケア理論構築への日本の貢献」
第 7 回　2021 年 2 月 20 日（土）16:20 ～ 17:50
　　　　奥山倫明（本学人間科学部教授）「近代日本における医療と宗教―死生学の制度的背景」

§〈公開〉シンポジウム　（オンライン開催）
　　　　「生と死」研究会　第 19 回例会（公益財団法人国際宗教研究所との共催）
　　　　2021 年 1 月 9 日（土）14:40 〜 17:50
　　　　テーマ：「増大するいのちの脅威と死生観の探求」
　　発題(1)　渡辺和子（本学名誉教授）「『ギルガメシュ叙事詩』の死生観を読み解く」
　　発題(2)　山田和夫（本学人間科学部教授・本研究所所長）「COVID-19 禍で自殺者急
　　　　　　増の中死生観を再認識する意義」

§研究協力
　　上記のように公益財団法人国際宗教研究所との共催でシンポジウムを企画した。

§大学図書館のリポジトリに『死生学年報』掲載稿公開継続
　　本学図書館からの要請を受け、『死生学年報』掲載稿の図書館リポジトリへの PDF 公
　　開を順次行っている。https://toyoeiwa.repo.nii.ac.jp/

§刊行物
　　『死生学年報 2021　臨床死生学の意義』リトン、2021 年 3 月 31 日発行。
　　〔NEWS　LETTER〕
　　・NEWS LETTER No1　2020 年度死生学研究所連続講演会予定　2020 年 4 月発行
　　・NEWS LETTER No2　パンデミックと創造性　2020 年 5 月発行

§幹事会（メール会議にて適宜開催した）

§死生学年報編集会議（メール会議にて適宜開催した）

§ウェブサイト更新
　　本研究所のホームページについて、今年度の情報を更新した。
　　http://www.toyoeiwa.ac.jp/daigakuin/shiseigaku/

§役員の業績
　　2020 年 1 月から 2021 年 3 月までの業績（著書、論文、学会発表、公開講座講師など）
　　を種類別に列記する。ただし、『死生学年報 2020』の「役員業績」に記載済みのも
　　のは除く。名前のあとの（　）内は学位と専門領域。

　　＊山田和夫（博士（医学）、臨床死生学／精神医学／病跡学／精神薬理学）
　　〔論文〕

238

・「ゲーム依存症と『死に至る病』」『心と社会』51巻2号、2020年6月、54-63頁。

・「パンデミックと創造性」『日本病跡学雑誌』99、2020年6月、2-3頁。

・「天才の精神分析—病跡学への誘い」『医学のあゆみ』vol274 No12、2020年9月、1227-1229頁。

・「京都アニメーションスタジオ放火殺人事件と『死に至る病』」『心と社会』51巻4号、2020年12月、64-68頁。

・「精神科医療におけるスピリチュアルケアについて—精神科医神谷美恵子のケアからの考察」『東洋英和女学院大学院紀要』6、2021年3月、1-6頁。

［学会発表］

・「スペイン風邪の時代を生きたS.フロイトの病跡」第67回日本病跡学会総会、宇都宮、2020年8月。

［学会特別講演］

・「不安性の苦痛を伴ううつ病（DSM-5）に対する薬物療法」第12回日本不安症学会学術大会、2020年3月6日。

［書籍］

・「不安・ストレス・不眠・頭痛を解消する『ふくらはぎこすり』」『足をもむと免疫力アップ』マキノ出版ムック、2020年12月、41-43頁。

・「ストレス科学シンポジウム誌上開催　うつにならない　第10弾『うつにならない・負けない生き方』」公益財団パブリックヘルスリサーチセンター　ストレス科学研究所、2021年3月。

［シンポジウム］

・「COVID-19禍で自殺者急増の中死生観を再認識する意義」東洋英和女学院大学死生学研究所・(公財)国際宗教研究所共催「生と死」シンポジウム、2021年1月9日。

［研究会講演］

・「最新のうつ病の診断と治療—最新の抗うつ薬に対する期待と治療的位置付け」八千代市薬剤師会講演会、2020年1月22日。

・「新しいうつ病診断分類（ICD-11・DSM-5）に対する新しい薬物療法」札幌うつ病フォーラム2020、2020年1月25日。

・「うつ病治療におけるデュロキセチンの役割」これからのうつ病治療を考える会、2020年1月29日。

・「最新のうつ病の診断と治療—最新の抗うつ薬トリンテリックスに対する期待と治療的位置付け」神奈川県精神神経科診療所協会・神奈川県精神科病院合同講演会、2020年2月27日。

・「ADHDの社会問題とその対処法・治療法」発達障害のトータルを考える会、2020年2月28日。

・「うつ病治療におけるデュロキセチンの役割」Mind & Body 講演会　on Web

2020 年 6 月 4 日。

・「2020 年コロナ危機による不眠・不安・うつ激増の時代　新しい Orexin 受容体拮抗薬 Lemborexant の薬理と有用性」不眠症診療 Web セミナー、2020 年 7 月 1 日。

・「最新のうつ病の診断と治療―最新の抗うつ薬トリンテリックスに対する期待と治療的位置付け」神奈川県精神神経科診療所協会・神奈川県精神科病院協会合同 WEB 講演会、2020 年 7 月 7 日。

・「Lemborexant の薬理と臨床的有用性」Yokohama Sleep Seminar、2020 年 7 月 28 日。

・「最新のうつ病の診断（DSM-5・ICD-11）と治療―最新の抗うつ薬トリンテリックスに対する期待と治療的位置付け」トリンテリックス錠 WEB 講演会、2020 年 7 月 29 日。

・「COVID-19 下のメンタルヘルスへの影響をうつ病中心に考える」イフェクサー SR インターネット講演会、2020 年 10 月 11 日。

・「理想の不眠症治療剤を求めて―新しい Orexin 受容体拮抗薬 Lemborexant の有用性とその使い所」不眠症治療 Web セミナー、2020 年 10 月 12 日。

・「双極症に対する新しい抗精神病薬 Lurasidone の薬理と臨床的有用性」鶴見区精神科医会、2020 年 10 月 22 日。

・「COVID-19 流行下に必要とされる不安の診立てと対応」LUVOX WEB LIVE セミナー、2020 年 11 月 25 日。

・「ロナセンテープの薬理と臨床的有用性」外来・維持期統合失調症エリアフォーラム、2020 年 12 月 23 日。

・「理想の不眠症治療薬を求めて―コロナ不安の中、他職種連携を含めて」他職種連携不眠症治療戦略セミナー、2021 年 1 月 12 日。

・「脱 BZ 時代の到来―理想的な不眠症治療薬 Lemborexant の有用性とその使い方」不眠症診療 Web セミナー、2021 年 1 月 26 日。

・「Aripiprazole LAI の双極症に対する臨床的応用」Otsuka Web Seminar、2021 年 1 月 27 日。

・「COVID-19 禍のうつ病の診立てと必要な薬物療法」イフェクサー SR インターネットシンポジウム、2021 年 2 月 8 日。

・「COVID-19 禍に急増しているうつ病の診立てと自殺予防に必要な薬物療法」トリンテックス全国 Web 講演会、2021 年 2 月 24 日。

・「コロナ禍のうつ病治療におけるデュロキセチンの役割」座長：村崎光邦北里大学名誉教授、Kanagawa Duloxetine Web Seminar、2021 年 3 月 4 日。

・「COVID-19 禍で急増するうつ病の予防と自殺予防に必要な薬物療法」座長：河西千秋札幌医科大学教授、Mental Health Web Network、2021 年 3 月 5 日。

・「脱 BZ 時代の到来―理想的な不眠症治療薬 Lemborexant の有用性とその使い所」

第 271 回中区医師会学術講演会、2021 年 3 月 9 日。

＊福田　周（教育学修士、臨床心理学）
［論文］
・「なぐり描きを用いた表現技法にみる「偶然性」と「自発性」について―ナウムブルグ・ウィニコット・ブルトン―」『東洋英和女学院大学心理相談室紀要』第 24 号、2020 年 12 月、40-49 頁。
［研修会講師］
・武蔵野市教育支援センター内部研修会講師「教育相談の中で活かす描画や箱庭」2020 年 8 月 4 日、武蔵野市教育支援センター。

＊奥山倫明（博士（文学）、宗教学・宗教史学）
［学会発表］
・個人研究発表「近代仏教研究におけるフィリップ・C・アーモンドの位置」日本宗教学会第 79 回学術大会（駒澤大学、オンライン開催）2020 年 9 月 18 〜 20 日。（『宗教研究』94 巻別冊、2021 年 3 月刊行所収）
［書籍］
・(共著)「近代における〈宗教〉の概念と制度」佐藤文子・吉田一彦編『日本宗教史6　日本宗教史研究の軌跡』吉川弘文館、2020 年 10 月、12-37 頁。
［公開講座］
・東洋英和女学院大学死生学研究所 2020 年度連続講座「臨床死生学の意義」第 7 回「近代日本における医療と宗教―死生学の制度的背景」2021 年 2 月 20 日（オンライン開催）。

＊尾崎博美（博士（教育学）、教育哲学／教育思想／教育目的論）
［論文］
・「デモクラシーとしてのラーニング・コミュニティが示唆すること（フォーラム 2高等教育とデモクラシー―アメリカにおけるラーニング・コミュニティ論の歴史的検討から―司会コメント）」、『近代教育フォーラム』vol.20、pp.42-45、教育思想史学会、2020 年 9 月。
［学会報告］
・「「教育目的」を「関係性」から問うことの意義―「ケアリング」論と進歩主義教育が示唆する 2 つの系譜の検討（フォーラム 1）」、教育思想史学会第 30 回大会、日本大学（オンライン開催）、2020 年 9 月 12 日〜 9 月 18 日。
［研究会報告］
・「「親性」を問う視点としての「home」概念―「ケアリング」論に基づく関係性の

検討」科研「パラダイム転換にもとづく「親性」生成に関する総合的研究」研究会、2020 年 1 月 13 日、同志社大学 今出川キャンパス。
・「「home」概念からみる「共同体」の再考―「ケアリング」論に基づく「親性」は「知」をいかに育成しうるか」科研「パラダイム転換にもとづく「親性」生成に関する総合的研究」研究会（オンライン開催）、2020 年 8 月 30 日、中部大学。
・「「home」概念からみる「教える―学ぶ」の再考―「包括的な知」の形成と文化の「継承」」、科研「パラダイム転換にもとづく「親性」生成に関する総合的研究」研究会（オンライン開催）、2021 年 2 月 27 日。

＊西　洋子（博士（学術）、身体表現論／表現教育学）
［学会発表］
・「共創するファシリテーションのダイナミックレイヤ（3）―ことばからはじまる」共創学会第 4 回年次大会、慶応義塾大学（オンライン開催）、2020 年 12 月 5-6 日。
・寺井奈穂美、西洋子「保育者は保護者とどのように向き合うか―エピソードの検討を通して」共創学会第 4 回年次大会、慶応義塾大学（オンライン開催）、2020 年 12 月 5-6 日。
［招待講演］
・東京芸術劇場（公益財団法人東京都歴史文化財団）主催「障害とパフォーミング・アーツ シンポジウム『多様で豊かな舞台芸術の創造をめざして』」2019 年 3 月 6 日。
［研修会講師］
・東京芸術劇場（公益財団法人東京都歴史文化財団）主催「東京のはら表現部」企画・チーフファシリテータ、東京劇術劇場、2020 年 6 月〜 2021 年 3 月の期間に 12 回の連続ワークショップ・研究会（オンライン開催）。
［研究活動など］
・「「共創するファシリテーション」理論の構築と現場への活用」科学研究費助成事業（学術研究助成基金助成金）基盤研究（C）研究代表者。
・NPO 法人「みんなのダンスフィールド」でのインクルーシブな身体表現活動のファシリテータ養成、年間 20 回。
［メディア取材・掲載］
・公益財団法人東京都歴史文化財団ＨＰ、事業報告「会場全体に光あふれる野原が広がった！東京のはら表現部 オープンのはら season1〈東京芸術劇場〉」2020 年 3 月 17 日掲載、https://www.rekibun.or.jp/art/reports/20200317-22306/

＊ミリアム・T. ブラック（M. A. in TESOL, 英語／英語教育）
［学会発表］
・Japanese Association for Language Teaching (JALT), JALT2020 Online: Com-

munities of Teachers and Learners, "Speaking English With Preschoolers", Workshop Presentation, November 22, 2020.

［英文編集］

・『死生学年報2021』の英文編集。

＊渡部麻美（博士（心理学）、社会心理学）

［論文］

・「ひきこもり状態にある人々の実態：内閣府調査の結果を中心に」『死生学年報 2020 死生学の未来』リトン、2020年3月、157-177頁。

［研究活動など］

・「感謝スキルが対人関係と自己認知に及ぼす形成・拡張効果の介入的実証研究」（研究代表者：相川充）科学研究費助成事業（学術研究助成基金助成金）基盤研究（C）一般課題番号 17K04307 研究成果報告書、57-98頁。

［学会発表］

・「女子大学生におけるチームワーク能力向上プログラムに基づくトレーニングの効果：トレーニング内容と変化した下位スキルの関連」日本心理学会第84回総会、東洋大学（オンライン開催）、2020年9月8日〜11月2日。

執筆者紹介

松下正明	（まつした　まさあき）	東京大学名誉教授
島薗　進	（しまぞの　すすむ）	上智大学グリーフケア研究所所長
伊藤高章	（いとう　たかあき）	上智大学大学院実践宗教学研究科教授
山田和夫	（やまだ　かずお）	本学人間科学部教授
小林　茂	（こばやし　しげる）	札幌学院大学心理学部准教授
山田智正	（やまだ　ともあき）	パリ社会科学高等研究院・博士課程
		レンヌ第二大学 言語文化センター
		日本語セクション特任講師
大林雅之	（おおばやし　まさあき）	本学人間科学部特任教授・名誉教授
坂井祐円	（さかい　ゆうえん）	仁愛大学人間学部准教授
奥山倫明	（おくやま　みちあき）	本学人間科学部教授
古川のり子	（ふるかわ　のりこ）	本学国際社会学部教授
秋本倫子	（あきもと　みちこ）	本学人間科学部准教授
玉谷直実	（たまたに　なおみ）	英知大学（聖トマス大学）名誉教授

編集後記

　今年度は世界中がコロナ禍に見舞われ、多かれ少なかれ誰もが死と生に直接向き合わざるをえない年となりました。死生学研究所も連続講座の延期やオンラインでの開催など、様々な影響を受けました。その中で無事に死生学年報が発行できたことは、執筆者の皆様そして公開講座を支えていただきました皆様のご尽力の賜物と存じます。

　今回で 17 巻目となる『死生学年報 2021』では、長らく研究所所長を務められた渡辺和子先生のご退職に伴い、今年度より新たに所長となられました本学教授の山田和夫先生のご尽力により「臨床死生学の意義」をテーマとして、多彩な論考を掲載することができました。

　校正にあたっては今年度本学にご着任され研究所幹事となられた奥山倫明先生に全面的にご協力いただき、ミリアム・ブラック先生には例年通り英文編集をご担当いただきました。ありがとうございました。そのほかご協力いただいた幹事の先生方にも感謝申し上げます。

　また、今回より研究所の事務をお願いすることとなりました伊藤尚子さんには多々ご面倒をおかけしました。ご尽力感謝申し上げます。最後に、今回も丁寧な組版製本をしていただきましたリトンの大石昌孝さんに深謝いたします。

死生学年報編集委員長

福　田　　　周

Annual of the Institute of Thanatology, Toyo Eiwa University

Vol. XVII, 2021
The Significance of Clinical Thanatology

CONTENTS

Medicine and Religion in Modern Japan:
An Institutional Backdrop of Japanese Thanatology
by Michiaki OKUYAMA

145

❈

The Souls and Rebirth of Children
by Noriko FURUKAWA

181

❈

A Viktor E. Frankl Re-read
During the Time of the Coronavirus Pandemic
by Michiko AKIMOTO

199

❈

Essays

An 86-year-old's Experience in the Coronavirus Pandemic
by Naomi TAMATANI

217

❈

Report on the Activities from 2020 of the Institute of Thanatology

237

251

死生学年報　2021　臨床死生学の意義

発行日　2021 年 3 月 31 日

編　者　東洋英和女学院大学 死生学研究所

発行者　大石昌孝

発行所　有限会社リトン
　　　　101-0061　東京都千代田区神田三崎町 2 -9-5-402
　　　　　　　　TEL 03-3238-7678　FAX 03-3238-7638

印刷所　株式会社 TOP 印刷

ISBN978-4-86376-087-5
　　　　©Institute of Thanatology, Toyo Eiwa University <Printed in Japan>